글쓰기와 읽기

글쓰기와 읽기

지은이 박인찬, 구연상, 구자황, 김병구, 김병길, 박승억
박영욱, 박정일, 서정혁, 신희선, 이광모, 이명실
이상원, 이선옥, 이은자, 이정옥, 이진남, 이황직
조용길, 표정옥, 한금윤, 황영미
펴낸이 조경희
펴낸곳 경문사
펴낸날 2011년 3월 5일 1판 1쇄
2017년 3월 2일 1판 5쇄
등 록 1979년 11월 9일 제313-1979-23호
주 소 04057, 서울특별시 마포구 와우산로 174
전 화 (02)332-2004 팩스 (02)336-5193
이메일 kyungmoon@kyungmoon.com
facebook facebook.com/kyungmoonsa

값 19,000원

ISBN 978-89-6105-422-5

글쓰기와 읽기

숙명여자대학교 교양교육원 의사소통센터 지음

KM 경문사

머리말

상대의 생각을 잘 파악하고 자신의 생각을 잘 표현하여 서로간의 의견을 주고받는 행위로서의 의사소통은 별다른 능력이나 훈련이 필요 없는, 그래서 시간이 지나면 으레 습득되게 마련인 것처럼 여기기 쉽다. 그런데 다른 사람의 생각을 제대로 파악하거나 자신의 견해를 조리 있게 전달하는 일은 저절로 얻어지는 게 아니다. 무엇보다도 그 생각이 매개된 결과물의 안과 밖을 찬찬히 따져볼 줄 알아야 하고, 동시에 자신의 생각거리를 하나하나 정리하여 제시할 줄 알아야 한다. 게다가 타인의 생각이건 나의 생각이건 기본적으로 언어를 통해 표현되는 것이기에 그 언어를 다루는 능력이 반드시 따라야 한다. 최근의 의사소통 교육에서 요구되는 창의적 사고나 문제해결능력도 이러한 기본 능력이 전제될 때 비로소 가능하다.

생각해보면, 의사소통처럼 통합적인 능력을 필요로 하는 것도 없다. 교육현장에서는 편의상 읽기, 쓰기, 말하기, 듣기 혹은 토론하기 등으로 나누어 가르치곤 하지만 그 중 어느 하나만으로는 제대로 된 소통을 할 수가 없다. 글을 잘 쓴다는 것도 어휘력이나 문장력만 있다고 해서 되는 게 아니라, 다른 사람의 글을 읽어내고 자신의 생각을 세울 수 있어야 가능하다. 마찬가지로 읽기와 쓰기 능력을 갖추지 않은 말하기와 토론은 자칫 피상적이거나 공허하기 쉽다.

의사소통은 그것에 필요한 기본능력뿐 아니라 그 제재에 있어서도 통합적이다. 이것은 의사소통의 실제 상황이 우리를 낯설고 다양한 지식에 끊임없이 노출시키기 때문이다. 자신이 잘 모르는 분야의 글과 마주하여 쉽지 않은 시간을 보낸 경우가 누구에게나 있을 것이다. 특히 현대사회가 학제간의 교류를 기반으로 하는 지식생산 사회로 변화하면서 하나보다는 여러 분야의 지식과 다각적으로 소통해야 하는 상황이 자주 발생한다. 대학에서의 의사소통교육이 특정 분야에 국한되거나 그래서는 안 되는 이유도 바로 이러한 의사소통의 통합적 성격 때문이다.

이 책은 글을 이용한 의사소통능력, 즉 읽기와 쓰기 능력을 통합적으로 기르기 위한 '글쓰기와 읽기' 수업의 교재로 기획되었다. 이 책에 앞서 지금까지 두 권의 교재가 출판되었다. 그 중 첫 번째는 센터가 창립된 2002년에 나온 『글』이고, 두 번째는 그것을 고전 50권에 기초하여 대폭 개정한 2005년의 『글읽기와 쓰기』이다. 이번에 내놓는 『글쓰기와 읽기』는 이전 교재들과는 전혀 다른 새로운 책이다. 이전 책들이 고전 중심의 강독 선집에 가까웠다면, 이번 책에서는 앞서 사용된 고전을 제시글이나 부록의 읽기자료로 일부 선별하여 사용하되, 무엇보다 실질적인 교재로서의 성격을 갖추는 데 주력하였다. 그 결과 교재의 전체 구성에서는 읽고 쓰기를 한 묶음으로 하여 요약, 분석, 비평의 단계별 구성을 취하였고, 대학생활에 꼭 필요한 논문 쓰기를 이어서 배치하였다. 세부 설명에서도 이론적 서술보다는 간략하고 명확한 서술을 가능한 지향하였으며, 단원의 요지가 눈에 잘 들어오도록 표와 그림을 적절하게 사용하였다. 그리고 문제 중심의 단계별 학습에 걸맞게 다양한 실례와 과제, 피드백 등을 제공하여 실제 수업에 필요한 워크북 형태의 교재가 되도록 노력하였다.

숙명여자대학교는 미래를 이끌 여성인재 양성을 위해 2002년 3월에 의사소통센터를 설립하고 전담교수를 두어 교양필수과목 '글쓰기와 읽기'와 '발표와 토론'을 운영해왔다. 2009년 12월에는 의사소통센터를 새로 설립된 교양교육원 산하의 센터로 편성하여 전담교수의 수를 점차 늘려갔으며, 2011년부터 운영되는 교양필수과목으로 '인문학 독서토론'을 신설하였다. 이번의 새 교재를 센터창립 10주년이 되는 올해에 내놓게 되어 여러모로 뜻 깊고 감회가 새롭다.

이 책은 수년간의 연구와 교육경험을 바탕으로 집필되었다. 집필은 센터 교수 전체가 '발표와 토론' 필진과 '글쓰기와 읽기' 필진의 두 그룹으로 나누어 진행하였으며, 작업하는 동안 센터 차원의 전체 토의와 필진 세미나를 주기적으로 병행하였다. 실제 집필은 시종일관 공동필진이 전담하되, 책의 전체 구성과 내용을 확정하는 단계까지는 전체 회의에서의 토의 내용을 반영해가며 집필하였다.

이렇듯 수차례에 걸쳐 회의를 갖고 원고를 돌려 읽으며 수정하였지만 모든 면에서 수월했던 것은 아니다. 읽기와 쓰기를 통합적으로 엮는 어려움이 있었으며, 제시글의 난이도와 수준을 정하는 데 적잖은 논의가 필요하였다. 그리고 좀 더 중장기적인 과제이겠지만 온라인을 교재 제작에 적극 활용하는 방안이라든가, 활자문자 이외의 텍스트에 관한 교재 개발에 대해서도 고민을 남겨두었다. 책이 처음 출간되었을 당시부터 그러했듯이, 앞으로도 우리나라의 의사소통 교육을 선도하는 데 이 책이 이바지할 수 있도록 계속 연구하고 개선해나갈 것을 약속드린다.

2011년 2월

박인찬

목차

1. 글쓰기와 읽기의 목적

대학에서의 글쓰기와 읽기란 무엇인가. 새삼스럽게 왜 대학에서 글쓰기와 읽기교육이 필요한 것일까? 학생들이 글쓰기와 읽기 수업에서 가장 먼저 하는 질문이 십수 년 제도교육 기간 내내 배운 내용을 왜 대학에서 다시 배워야 하는가이다. 쉽게 답을 하자면 목적과 내용이 다르기 때문이다. 중·고등학교의 시민적 문식성 교육과 달리 대학의 글쓰기와 읽기교육은 '학술적 담화 공동체 성원으로서의 규범적인 글쓰기와 읽기' 교육으로 정의할 수 있다. 즉 일상적인 생활을 하는 데 필요한 의사소통 능력의 교육이 중·고등학교의 국어 교육이라면, 대학에서는 일정한 전문적 영역의 글쓰기 규범에 따라 학술적 글을 읽고 쓰는 능력을 함양하는 것이다.

대학에서의 글쓰기를 학술적 담화 공동체 속에서 이루어지는 지적 담론의 생산이라는 관점에서 본다면, 개인의 인지적 측면에서 글쓰기 능력을 키우는 것만이 아니라 사회적 맥락에서 글쓰기의 의미를 인식하는 것도 중요하다. 지적 담론들이 한 시대와 사회 구성원들의 삶에 어떠한 영향을 미치고, 어떠한 방향으로 역사를 변화시켜 왔는지 이해하는 일이 중요하다는 말이다. 그 때문에 대학들도 단순히 글쓰기 기술을 교육하는 것이 아니라 다른 지적 전통과의 의사소통능력과 비판적 사고력을 키우기 위해 노력하고 있다. 특히 읽기교육을 강조하는 이유는 그 때문이다.

그렇다고 쓰기교육이 읽기교육에 종속되는 것은 아니다. 앞서 대학에서의 글쓰기는 학술적 담화공동체가 사용하는 규범적인 글쓰기라고 정의하였다. 글쓰기 교육은 논문이나 비평적 에세이, 서평 등에서 실제로 사용되는 글쓰기 규범을 익히도록 하는 것이다. 그러나 인터넷 글쓰기에 익숙한 학생들의 경우 비규범적 글쓰기와 규범적 글쓰기 사이의 간극을 줄이는 데 상당한 어려움을 느끼고 있다. 또한 무한복제가 가능한 글쓰기 환경에서 표절과 인용의 차이도 구분하기 어려워한다. 따라서 글쓰기 교육은 규범적 글쓰기 안에서 자신을 표현하는 능력과 학문적 윤리성을 키워나가는 중요한 역할을 맡고 있다.

2. 이 책의 구성

이 책은 4부로 구성되어 있다. 1, 2, 3부는 읽기 방법론과 쓰기를 결합하고 있으며, 4부는 쓰기 방법론을 담고 있다. 읽기와 쓰기를 결합하는 방식으로 기술되어 있지만 구성상 읽기교육이 앞에 배치되어 있어서 기존의 글쓰기 교육과는 변별점을 보인다. 그 이유는 타인의 생각을 정확히 파악하는 것이 모든 의사소통의 출발점이기 때문이다. 오독이나 자의적 해석이 범람하는 인터넷 환경의 독자라면 정확한 해석의 중요성은 더욱 커진다. 그렇다고 쓰기의 중요성이 간과되는 것은 결코 아니다. 읽기-쓰기 과정은 늘 하나의 과정으로 이루어지며, 때로는 읽기가 앞서고 때로는 쓰기가 앞서는 통합적 활동이다. 이 책을 공부할 때도 자유롭게 읽기 부분과 쓰기 부분을 넘나들며 필요한 활동을 결합하여 활용할 수 있다.

뒤에 부록에는 다양한 읽기 자료를 실었다. 본문의 제시글과 비교하여 읽거나, 읽기 연습 자료로 사용하면 좋을 것이다.

1) 읽기

읽기는 1부 요약하며 읽고 쓰기, 2부 분석하며 읽고 쓰기, 3부 비평하며 읽고 쓰기로 구성되었다. 각 단계마다 읽기 방법론과 쓰기 과제가 결합되어 있으며, 쓰기 부분의 주요한 설명은 4부를 참고하도록 제시하고 있다. 다음의 표로 읽기 방법론의 단계를 개괄적으로 살펴보자.

읽기의 과정

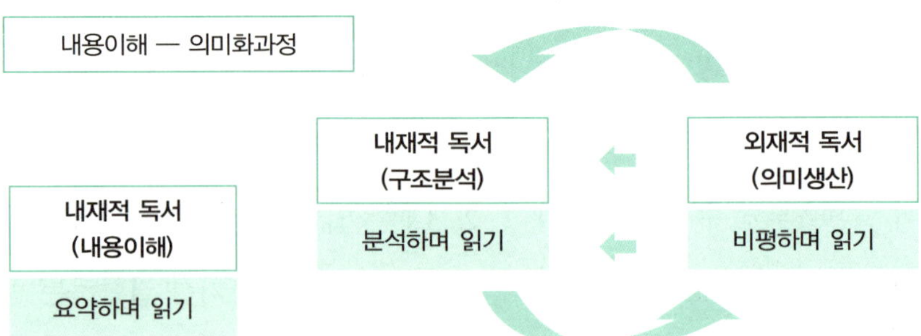

1부 요약하며 읽기는 글에 대한 개괄적인 이해를 목적으로 하는 단계이다. 글의 줄거리, 주제, 글쓴이의 목적 등을 파악하여 글에 대한 전체 지도를 마련한다. 2부 분석하며 읽기는 텍스트 구조를 파악하는 세밀한 읽기이다. 개념어, 주장과 논거, 논증의 방법, 서술 전략 등이 어떻게 이루어져 있는지를 파악하는 단계이다. 여기까지는 텍스트 자체를 해석하는 단계이기 때문에 내재적 독서라 볼 수 있다.

텍스트 해석이 끝나면 비평하며 읽기, 즉 판단의 단계로 이어진다. 이 단계에서 자신이 읽은 글에 대한 옹호, 비판, 판단보류 등의 가치 판단이 이루어진다. 가치 판단을 하기 위해서는 텍스트를 컨텍스트와 연결하는 맥락적 읽기가 중요한 활동이 된다. 작가, 독자, 역사, 사회현실 등의 컨텍스트(맥락)와 연결되었을 때, 텍스트가 생산하는 지적 담론은 어떤 의미를 지니게 되는가를 판단하여 텍스트의 의미를 생산하는 단계이다. 따라서 내재적 독서와 외재적 독서가 통합적으로 이루어진다.

이러한 읽기의 단계 또한 순차적으로 이루어지는 것은 아니다. 교육의 과정으로 필요한 단계적 학습이지 우리의 사고과정 안에서는 통합적이고 융합적으로 이루어지는 과정임을 이해할 필요가 있다. 다만 학습과정에서 이러한 단계적 독서과정을 확인하게 되면 자신의 독서습관에서 잘못된 부분을 쉽게 교정할 수 있는 장점이 있다. 예를 들어 성급하게 판단하는 습관이 있는 학생이라면 분석하며 읽기를 좀 더 꼼꼼히 학습하는 편이 좋다. 계속 해석에만 불안하게 매달려 절대 판단하려 하지 않는 습관이 있는 학생이라면 비평하며 읽기를 충실히 학습하면 좋을 것이다.

2) 쓰기

이 책의 4부는 글쓰기의 핵심이라 할 수 있는 논문쓰기를 중심으로 집필되었다. 앞서 언급한 것처럼 대학에서의 글쓰기는 규범이 있는 학술적 글쓰기이다. 대학에 들어와서 읽어야 하는 전공 서적들과 논문들, 그리고 과제로 제출해야 하는 보고서의 형식을 배우고 익힐 수 있는 좋은 길잡이가 될 것이다.

그간 대학에서 글쓰기 과목의 영역으로 다루어온 장르들을 살펴보면 다음과 같다.

글의 목적에 따른 구분	창의적 글쓰기 creative writing
	비판적 글쓰기 critical writing
	정치적 글쓰기 political writing
	설명적 글쓰기 explanatory writing

창의적 글쓰기는 흔히 문예문으로 감상문, 수필, 시, 소설 등이 이에 해당한다. 비판적 글쓰기와 정치적 글쓰기는 논설문 장르이지만 주장과 논증의 강조점에 따라 나누어진다. 전자는 논증이 객관적으로 이루어져야 하는 논증적 글쓰기라면, 후자는 논증보다는 주장이 좀 더 강조된 주장적 글쓰기라 볼 수 있다. 비판적 글쓰기의 예로는 서평, 비평적 에세이, 논문 등을 들 수 있고, 정치적 글쓰기로는 사설, 칼럼 등을 들 수 있다. 설명적 글쓰기는 말 그대로 설명문 장르이다. 표제어와 정의항으로 이루어진 사전처럼 개념을 설명하기 위한 보고서 등이 있다.

지금까지 대학에서의 글쓰기는 위에 제시된 다양한 범주의 글쓰기를 그야말로 다양하게 교수자의 관심에 따라 강의해 온 경향이 있다. 이 책에서는 그 중에서 전공서적과 논문 등 학술적 글쓰기의 중심 장르인 비판적 글쓰기를 교육의 중심으로 삼았다. 이러한 글쓰기 교육이 충실히 이루어져야 전문적 영역의 글을 읽고 쓰는 능력을 기를 수 있을 것이다. 주로 과제로 하게 되는 서평, 비평적 에세이 등의 쓰기 팁은 그때그때 쓰기 과제에서 제시하였으며, 논문쓰기는 4부에서 자세하게 다루었다.

3. 텍스트로서의 '글'

글이란 단락이 모여 이루어진 하나의 텍스트라고 정의할 수 있다. 2부에서 구체적으로 살펴보겠지만, 우리가 글을 텍스트라 부르는 이유는 글이란 구조적으로 규범성과 응집성, 일관성을 지닌 언어의 연속체이기 때문이다. 책을 영어로 번역할 때 흔히 Book, Work, Text 등의 용어를 사용하는데, 각각의 용어는 다음의 의미적 차이를 지니고 있다.

글이란 단락이 모여 이루어진 하나의 텍스트

명칭	정의
BOOK	인쇄되어 출간된 하나의 글
WORK	작가의 산물 노작, 독자의 수동적 수용
TEXT	경험성, 물질성, 규범성, 응집성과 일관성을 지닌 구조 독자의 적극적 의미 생산

이러한 의미적 차이를 염두에 둘 때 우리가 글을 텍스트로 정의하고 읽어내는 이유는 분명해진다. 하나의 구조로서 규범성과 일관성이 있기 때문에 분석이 가능한 무엇이라고 생각하는 것이다. 그렇기 때문에 오독이 있고, 올바른 독해가 있다. 어떤 해석이든 다양하게 인정되어야 하는 것이 아니냐는 질문을 하는 학생들이 많다. 물론 일정한 구조로 이루어져 있다고 해서 글의 해석이 하나의 정답만 있는 것은 아니다. 그러나 다양한 해석도 글이 내포하고 있는 해석의 가능성 안에서 이루어져야 한다. 예를 들어 인터넷 민주화를 옹호하는 글을 반대로 비판하는 글이라고 해석하는 것은 오독에 해당한다. 옹호의 정도가 강력하냐 약하냐의 정도는 해석의 다양성에 포함될 수 있을 것이다. 함축적인 글은 해석의 스펙트럼이 더 넓고, 명시적인 글은 해석의 스펙트럼이 더 좁은 차이는 있다. 글을 텍스트로 파악하게 되면, 구조분석을 통해 다양한 해석을 펼치면서도 자의적인 해석을 최대한 줄일 수 있다.

이 책의 학습과정을 잘 따라가 보면, 텍스트의 구조적 특성을 이해하고 자신의 글을 쓸 수 있는 능력을 키워나갈 수 있을 것이다. 읽고-쓰기 활동은 늘 일직선으로 이루어지는 과정이 아니어서 학습자의 입장에서는 답답하고 좌절하기 쉽다. 그러나 읽고-쓰기 능력은 나선형 구조의 성장과 닮아 있다. 나선형 구조의 성장은 늘 같은 자리로 되돌아오는 것 같아도 조금씩 앞으로 나아간다. 이 책도 일직선의 순차적 학습보다 나선형 학습으로 활용되길 바란다.

제1부

요약하며 읽고 쓰기

요약의 목적은 원문의 정보를 정확하고 빠르게 이해하려는 데 있다. 따라서 글 전체를 개괄적으로 읽고 주요한 정보를 파악하는 일이 요약하기의 기본이 된다. 글의 주요한 정보를 파악하는 요약적 읽기가 학술적 글쓰기에서 특히 중요한 이유는 저자의 관점, 핵심 개념, 주제, 논증 등을 파악하여 이해하고, 비교하고, 비판하는 비판적 글쓰기의 기초를 이루기 때문이다.

1부에서는 글을 개괄적으로 읽고 전체를 파악하는 과정을 살펴본다. 글이란 단락이 모여 이루어진 하나의 텍스트이다. 단락은 저자의 생각을 펼치는 최소단위로 주제문과 논거로 이루어진다. 이러한 단락들이 모여 글을 이룬다. 우리가 글을 텍스트라 부르는 이유는 하나의 글은 구조적으로 규범성과 응집성, 일관성을 지닌 언어의 연속체이기 때문이다. 쉽게 말해 내용이 언어로 잘 짜여 있다는 말이다. 그러나 개괄적으로 읽는 첫 단계부터 구조분석을 하며 읽는 것은 아니다. 글의 줄거리 즉 무엇에 관한 내용인지를 파악하는 단계가 독서의 첫걸음이다. 글을 요약하기 위해 글의 짜임새도 파악할 줄 알아야 하지만, 이러한 구조분석에 대해서는 2부에서 자세히 살펴보기로 하고, 여기서는 요약하기만을 중점적으로 다루기로 한다.

1. 요약이란 무엇인가

요약要約은 글의 핵심을 짧게 줄여 잡는 일이다. 요약 대상은 원문의 핵심 내용과 글쓴이의 주요 관점이나 의도 등이 된다. 원문의 핵심 내용은 주제문과 글의 구성 방식 그리고 논증 구조를 통해 찾아낼 수 있고, 글의 관점이나 의도는 전제와 결론을 통해 밝혀낼 수 있다.

◉ 요약하기

- 글에 들어 있는 중요한 생각을 간추리는 활동
- 글에 제시된 정보와 자신의 경험을 바탕으로 내용을 압축하고 주제를 찾아내는 활동
- 주요한 정보와 부차적 정보를 구분하는 독해과정

요약의 목적은 원문의 정보를 정확하고 빠르게 이해하려는 데 있다. 따라서 글 전체를 개괄적으로 읽고 주요한 정보를 파악하는 일이 요약하기의 기본이 된다. 글의 주요한 정보를 파악하는 요약적 읽기가 학술적 글쓰기에서 특히 중요한 이유는 저자의 관점, 핵심 개념, 주제, 논증 등을 파악하여 이해하고, 비교하고, 비판하는 비판적 글쓰기의 기초를 이루기 때문이다.

2. 요약의 방법

요약의 기본은 정보 가치가 높은 것을 우선적으로 간추려 내는 것이자, 관련된 정보들을 하나로 묶어서 단순하게 제시하는 것이다. 요약은 줄이기이다. 줄이기에서는 정보의 삭제와 선택, 통합과 재구성은 불가피하다.

2.1 요약하기

1) 삭제와 선택

요약자는 원문을 읽는 가운데 요약할 정보 가치가 있는 내용들은 간추리고 알맞지 않은 내용들은 버린다. 이로써 원문은 요약 가치의 관점에서 취사선택되고 재해석된다. 삭제는 잉여적인, 핵심적이지 않은 정보를 제거하는 방식이며, 선택은 정보간의 관계가 명백하게 드러나는 정보를 생략하는 요약의 방법이다. 하나의 단락에서 주장과 논거, 부연의 문장들이 있다면 제일 먼저 어떤 문장을 삭제할 수 있을까. 정보의 중요도에 따라 불필요한 부연〉논거〉주장의 순서로 삭제해나가게 된다. 선택은 이와 유사하지만 정보간의 관계에서 전제〉결론의 순서로 주요 핵심을 골라내는 방법이다.

삭제와 선택의 방법으로 아래 보기 글을 요약해 보자.

◉ 보기 글 1

"당신 자신에 대해서 말해보시오."라는 요구는 누구나 쉽게 이해할 수 있는, 지극히 상식적인 것으로 보인다. 그러나 자기 개념self-concept을 묻는 이 질문에 대한 대답은 문화에 따라 천차만별이다. 미국인과 캐나다인들은 주로 성격 형용사(친절하다, 근면하다)를 사용하거나, 자신의 행동(나는 캠핑을 자주 한다)을 서술한다. 이에 반해, 중국, 일본 그리고 한국 사람들은 주로 자신이 속해 있는 사회적 맥락을 동원하여 대답하고(예를 들어, '나는 친구들과 노는 것을 좋아한다.', '나는 직장에서 아주 열심히 일한다.'), 또한 자신의 사회적 역할에 대해 많이 언급한다. 한 연구에 따르면, 일본인들은 맥락을 제시해 주지 않은 채로 자신을 기술하게 하면 어려워하지만, 친구들과 있을 때나 직장에서와 같은 특정한 맥락을 제시해 주고 그 상황에서 자신을 기술하게 하면 아주 능숙하게 해낸다. 그러나 미국인들의 경우 이와 정반대의 패턴을 보였다. 또 다른 연구에 따르면, 자신을 기술할 때 '다른 사람'

을 언급하는 정도가, 일본인이 미국인보다 2배가 높았다고 한다. ('나는 내 누나와 요리를 같이 한다.')

리처드 니스벳 지음, 최인철 옮김, 『생각의 지도』, 김영사, 2004, 53쪽.

윗글을 효과적으로 줄이기 위해 먼저 '요약을 위한 질문들'과 함께 읽어 보자.

요약을 위한 읽고 쓰기 도움말

질문 1 ››› 윗글에서 말하고자 하는 바는 무엇인가? 삭제와 선택의 방법을 활용하여 한 문장으로 써보시오.

···› ______________________________

질문 2 ››› '자기가 누구인지'를 밝히는 대답의 특징은 무엇인가? 윗글에서 찾아 한 문장으로 적어보시오.

···› 미국인과 캐나다인들은 ______________________

···› 중국, 일본 그리고 한국 사람들은 ______________________

···› 일본인이 미국인보다 ______________________

질문 3 ››› 윗글에서 한국인과 관련된 내용만을 뽑아내려 한다면, 어떤 내용을 간추려야 하는가?

···› 자기 개념self-concept을 묻는 질문에 대해 한국 사람들은 ______

질문 4 ››› 윗글은 '미국인과 한국인의 자기 파악 방식의 차이점'이라는 관점에서 요약될 수 있다. 이러한 관점을 염두에 두고 글 전체의 논지가 크게 어긋나지 않는 한에서 두 문장으로 줄여보시오.

···› ______

질문 5 ››› 요약문은 인용이 아니고, 간결하게 써야 한다는 규칙을 생각하면서 윗글을 두세 문장으로 줄여보시오.

◉ 줄인 글

2) 일반화하기

일반화하기는 구체적인 용어로 설명된 정보들을 하나의 '큰 말'로 묶는 방법이다. 예를 들어 인형, 오뚝이, 쌓기놀이를 하나로 묶을 수 있는 일반화된 용어는 장난감이 된다. 일반화하기는 구체적인 정보들을 추상화된 상위 개념으로 묶어내는 방법이기 때문에 요약자 자신이 일반적 지식을 배경 지식으로 이미 갖추고 있을 때 가능하다. 이러한 방법을 통해 요약문을 만들어보자.

◉ **보기 글 1**

개인적 윤리로서의 관용은, 많은 경우 선善이라고 말할 수 있다. 타인의 거슬리는 취향을 기꺼이 용인하는 마음이기 때문이다. 우리가 친구의 불쾌한 웃음소리나 학생들의 거슬리는 복장, 동료의 종교적 열정이나 낯선 이의 불쾌한 냄새, 옆 집 정원의 너저분함 같은 것들을 좀 더 관용할 수 있다면, 확실히 세상은 좀 더 우아하고 아름다운 곳이 될 것이다. 인류 전체 그리고 아마도 감각을 가진 동물들은 모두, 일상적으로 이러한 수준의 관용을 실천하며 살아간다. 하지만 다양성, 정체성, 정의 그리고 시민적 공존의 특정한 양태와 관련된 정치적 담론으로서의 관용은, 이러한 개인적 윤리와는 다른 차원의 것이다. 정치적 담론으로서의 관용은, 불쾌함을 유발하는 것들에 대한 행동이나 발언을 참는 것 이상을 의미한다. 그것은 사회적·정치적·종교적·문화적 규범들을 부과하는 행위이며, 관용의 대상이 되는 이들을 관용을 베푸는 이들에 비해 열등하고 주변적이며 비정상적인 이들로 표지하는 일인 동시에, 상대가 관용의 한계를 넘어섰다고 판단될 경우 부과할 수 있는 폭력 행위를 사전에 정당화하는 기제이다. 더 나아가 정치적 담론으로서의 관용은 단순히 기존의 정체성을 다루는 것이 아니라 정체성의 생산에 관여하며, 문화를 종족이나 인종과 뒤섞고, 믿음과 신념의 문제를 유전적 형질과 결합시키는 데 일조한다. 궁극적으로 정치적 담론으로서의 관용은 이러한 일련의 과정을 탈정치화함으로써, 자연스럽게 정체성 그 자체를 관용의 대상으로 구성한다.

웬디 브라운 지음, 이승철 옮김, 『관용: 다문화제국의 새로운 통치전략』, 갈무리, 2010, 37~38쪽.

윗글을 효과적으로 줄이기 위해 아래의 도움말을 따라 다시 읽어 보자.

요약을 위한 읽고 쓰기 도움말

질문 1 ››› 윗글이 말하고자 하는 바는 무엇인가? 일반화하기를 활용하여 한 문장으로 써보시오.

⋯› ______________________________

____

질문 2 ››› 윗글은 관용을 쉽게 이해할 수 있는 개인적 보기와 압축적이고 추상적인 개념으로 설명하고 있다. 이러한 내용들을 어떻게 일반화된 상위 개념으로 묶어낼 수 있을까? 각각의 내용을 따로따로 한 문장으로 써보시오.

⋯› 개인적 윤리로서의 관용은 ______________________________

⋯› 정치적 담론으로서의 관용은 ______________________________

질문 3 》 윗글에서 '정치적 담론으로서의 관용'에만 특별히 주목한다면, 어떻게 요약할 수 있는가? (두 문장으로 요약하시오.)

···▸

질문 4 》 요약문은 인용이 아니고, 간결하게 써야 한다는 규칙을 생각하면서 윗글을 두세 문장으로 줄여보시오.

◉ 줄인 글

3) 재구성하기

재구성하기는 글의 주제가 표면에 드러나 있지 않은 경우 요약자가 글의 내적 관련성을 발견해 그 주제를 자신의 말로 구성해내는 방법이다. 이때 요약자가 파악해야 할 내적 관련에는 어떤 상태, 사건, 과정, 행위의 조건, 상황, 요소, 결과 등이 있다. 요약자는 이러한 정보들 간의 본래적 관련성을 발견하여 주제문이나 핵심내용을 재구성하면 된다.

간단한 예를 들어 보자.

a. 우리는 한 마을에서 태어났다.

b. 우리는 항상 단짝으로 붙어 다녔다.

c. 그는 내가 힘들어 할 때는 언제나 나를 위로해 주었다.

d. 그는 5학년 때 전학을 갔다.

e. 나는 그 이후로 그의 소식을 알 수 없다.

위 문장들 간의 내적 관련성은 무엇인가? 그와의 추억을 회상하는 내용과 오랫동안 그의 소식을 알지 못한다는 정보를 통해 요약자는 '나'의 마음의 상태가 그리움이라는 것을 추론해 낼 수 있을 것이다. 이러한 추론을 바탕으로 '나는 그가 그립다'라는 주제문을 재구성할 수 있다.(한철우 외, 『과정중심독서지도』, 교학사, 2001, 7장 참조)

'재구성하기'로 아래 보기 글을 요약해 보자.

◉ **보기 글 1**

온라인 친구를 만날 때는, 옷을 갈아입을 필요도 없고 거울을 보고 옷매무새를 다듬을 필요도 없으며 차를 타고 어디론가 갈 필요도 없다. 이전의 펜팔과는 달리, 며칠 동안 답장을 기다릴 필요도 없다. 몇 자 적어 넣기만 해도 전 세계의 친구들과 즉시 연결된다. 누군가가 재미있는 이야기나 자극적인 것을 말해 오면, 즉시 똑같은 답장을 보낼 수 있다. 다른 사람의 반응을 살피느라 조심하게 되는 현실 세계에서는 꿈도 꾸지 못했던 것들을 말로 할 수도 있다.

천성적으로 조심성이 많은 경우에도 사이버 공간에서는 운에 맡기고 무언가를 시도해 볼 수 있다. 현실 세계에서 알고 지내는 사람들이 당신을 재미없고 뚱뚱하다고 생각해도, 인터넷상에서는 약간의 예술적 파격만 갖추면 더 젊고 매력적인 사람이 될 수 있다. 워베곤 호수에 대한 개리슨 킬러의 묘사를 빌려 설명하면, "인터넷 공동체는 모든 여성이 대담하고 모험적인 자태로 뽐낼 수 있다. 모든 남성이 금발에 25살인 건장한 사내로, 모든 아이가 뛰어난 창의력과 나이에 비해 훨씬 성숙한 모습으로 비춰질 수 있는 바로 그런 장소가 된다."

인터넷 중독자들은 인터넷을 단순히 정보나 통신 수단으로 여기지 않으며, 그저 재미 삼아 이용하지도 않는다. 알코올 중독자가 술을 마실 때 보이는 일종의 중독 증세처럼, 이들에게 인터넷은 온라인에 있는 동안 현실의 문제를 잊게 해 주는 일종의 탈출구이다.

그러나 문제는 이 탈출이 일시적이라는 데 있다. 인터넷 중독자가 밤에

컴퓨터를 끄고 나면, 환상적인 세계가 펼쳐졌던 화면은 까만 플라스틱 상자의 한 면일 뿐이다. 현실 세계의 문제가 되살아나고, 이제 더 어려운 상황에 직면한다. 우울함이 깊어지고, 외로움이 심해지며, 가족이나 배우자를 소홀히 했다는 생각에 죄책감이 더해진다. 오히려 이렇게 되면 온라인 접속 시간이 더 길어지게 되는데, 결국에는 깨어있을 때의 고통에 대한 만병통치약이 인터넷이라는 것을 발견하게 되며, 채팅룸이나 뉴스 그룹에서 있었던 일을 기억하면서 더 '강력한' 것을 찾게 된다.

킴벌리 S. 영 지음, 김현수 옮김, 『인터넷 중독증』, 나눔의 집, 2000, 44~46쪽.

윗글을 효과적으로 줄이기 위해 아래의 도움말을 따라 다시 읽어 보자.

요약을 위한 읽고 쓰기 도움말

질문 1 ››› 윗글에서 말하고자 하는 바는 무엇인가? 재구성하기를 통해 한 문장으로 써 보시오.

···›

질문 2 ››› 윗글은 인터넷 중독에 관한 묘사적 서술이다. 윗글의 주요한 흐름을 세 문장으로 써보시오.

···› 인터넷 온라인은 접속자를 누구에게나 즉시 연결해 줄 뿐 아니라 자신의 모습을 자신이 원하는 대로 바꿀 수 있다.

질문 3 ››› 누군가 윗글에서 온라인에 들어갈 때 사람들이 바뀌는 태도에 특별한 관심을 가졌다 치자. 이 사람을 위해 위 보기들을 요약한다면, 그 보기들을 어떻게 재구성할 수 있는가? (두 문장으로 구성해 보시오.)

질문 4 ››› 앞의 질문에 답한 내용들을 바탕으로 윗글을 두세 문장으로 줄여보시오.

◉ **줄인 글**

2.2 요약문 쓰기

요약문 쓰기는 독자에게 자신의 요약을 전달하는 행위이다. 따라서 독자의 요구에 맞추어 자기 말로 짧게 바꿔 써야 한다. 요약은 가능한 한 적은 글자 수로써 많은 양의 정보를 나타낼 수 있어야 한다. 이를 위해 원문을 가지치기하는 것만으로는 충분치 않고, 새롭게 고쳐 쓰는 일이 요구된다.

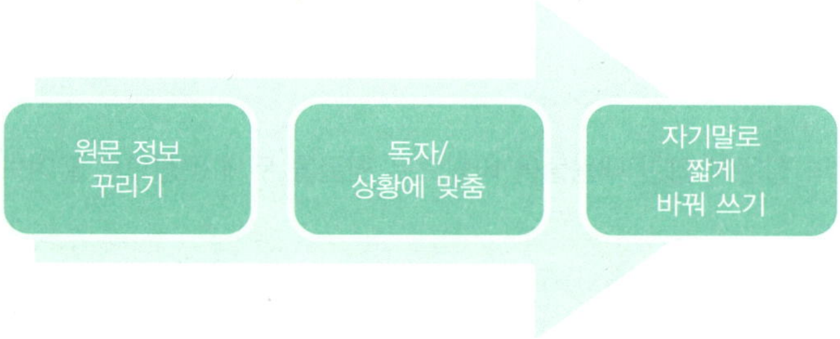

요약은 결코 인용이 아니다. 인용은 어떤 책이나 글로부터 문장 자체를 '따오는 일'인 반면, 요약은 원문으로부터 캐낸 정보로써 '새로운 글을 짓는 일'이다. 요약은 정보가 아니라 표현 방식을 줄이는 일이다. 장황한 표현, 수사적 표현, 부정확한 표현만 간결한 표현으로 바꿔도 글은 짧아질 수 있다. 치밀한 논증적 표현을 결론만 간략히 제시하는 주장적 표현으로 바꿀 때도 글의 길이는 훨씬 줄어든다.

요약은 여행 가방 꾸리기에 빗댈 수 있다. 숙희가 여행을 떠날 준비를 한다고 치자. 숙희는 짐의 크기를 줄여 가방에 차곡차곡 넣을 것이다. 그리고 여행지에 도착하면 가방 속 짐들을 원래대로 꺼내 놓을 것이다.

이처럼 요약은 원문 속에 담긴 정보를 '좀 더 짧은 글'에 담는 일이다. 요약문은 원문과 표현이 달라지지만 정보는 '원문에서와 다르지 않게' 유지해야 한다.

요약은 원문의 정보를 알기 쉽게 전달해 주기 위한 것일 뿐 아니라, 요약자가 그 원문을 어떠한 관점에서 파악했고, 또 그 원문의 의의를 어떻게 평가하고 있는지를 가능한 한 객관적으로 전달하기 위한 것이기도 하다. 요약의 목적이 정보 전달에 있는 이상, 요약자는 예상 독자의 배경 지식과 요약의 상황을 잘 고려해야 한다.

◉ 요약문을 쓸 때 주의해야 할 사항

1) 요약要約은 인용引用이 아니다.

2) 요약은 창작創作이 아니다.

3) 요약은 간결함이 생명이다.

① 요약은 인용引用이 아니다.

요약은 원문을 부분적으로 그대로 뽑아 모으는 일이 아니라, 요약자가 이해한 내용을 요약의 분량에 맞춰 자기 말로 고쳐 쓰는 일이다.

② 요약은 창작創作이 아니다.

원문의 개요와 논증을 존중하는 게 좋다. 요약에서는 원문 속 핵심 문장이나 문구 또는 개념이 인용될 필요가 있다.

③ 요약은 간결함이 생명이다.

요약문 자체는 무엇보다 읽기 쉬워야 하고, 그 내용 전체가 한 눈에 파악될 수 있어야 한다.

◉ 간결한 글쓰기를 위한 도움말

1. 형용사와 부사를 덜어내라.
2. 모호한 낱말이나 접속사를 피하라.
3. 꾸미는 말이 너무 길지 않도록 하라.
4. 조사를 바르게 써라.
5. 구체성을 높여라.
6. 명칭은 일관되게 술어는 다양하게 써라.
7. 상투어를 피하라.
8. 한국어 어법에 맞는 말을 써라.

3.
요약의 실제

아래에서 제시된 보기 글을 적절한 방법으로 요약하시오.

3.1 E.H. 카아, 『역사란 무엇인가』

19세기는 사실事實을 탐구했던 위대한 시대다. 『어려운 시절*Hard Times*』에서 그래드 그라인드 씨는 "내가 원하는 것은 사실이다. 인생에서는 사실만이 필요하다."라고 말했다. 19세기의 역사가들은 대체로 그의 말에 동의했다. 랑케는 1830년대에 도덕적인 역사학에 대해 근거 있는 항의를 하며, 역사가의 임무는 '단지 실제로 있었던 것을 보여주는 것'이라고 주장했다. 그다지 심오하지도 않은 이 경구는 놀라운 반향을 일으켰다. 이후 약 90여 년 동안 독일과 영국의 역사가들, 심지어는 프랑스의 역사가들마저도 '단지 실제로 있었던 사실을 보여주는 것'이라는 구절을 마치 주문呪文처럼 읊어대면서 싸움터를 향해 행진하였다. 대부분의 주문과 마찬가지로 이 주문 역시 스스로 생각해야 하는 성가신 의무로부터 벗어나게 해주었다.

과학으로서의 역사를 열렬히 주장하였던 실증주의자들positivists은 이와 같은 사실 숭배에 대해 강력한 영향력을 발휘했다. 실증주의자들은 '먼저 사실을 탐구하고, 그러고 나서 그 사실로부터 결론을 이끌어내라.'라고 역설했다. 영국의 경우 로크에서부터 버트런드 러셀에 이르는 이러한 역사관은 영국 철학의 지배적인 경향이었던 경험주의적 전통과 완전히 일치했다. 지식에 대한 경험주의적 이론은 주체와 객체 사이의 완전한 분리를 전제한다. 사실이란 감각적인 인상과 마찬가지로 외부로부터 관찰자에게 부딪혀 들어오는 것으로서, 관찰자의 의식과는 별개다. 그리고 그 수용과정은 수동적이다. 관찰자는 먼저 자료를 수용하고 난 다음, 그 자료에 반응한다. 옥스퍼드 영어 소사전(小辭典, 유용하기는 하지만 경험주의 학파의 영향력이 스며들어 있는)에 따르면, 사실이란 '결론과 별개인 경험의 자료'라고 정의함으로써 그 두 과정을 명백히 분리하고 있다.

이를 '상식적인 역사관'이라고 부를 수 있을 것이다. 역사는 확인된 사실의 덩어리로 이루어져 있다. '사실fact'은 생선 가게의 가판 위에 놓인 생선처럼, 문서나 비문碑文이나 기타 등등으로부터 역사가들에게 제공된다. 역사가는 그것을 수집한 다음, 집에 가지고 가서 자기 마음에 드는 방식대로 요리를 하여 내놓는다. 요리 취미가 소박素朴했던 액턴은 그것을 담백하게 요리하기를 원했다. 초판『케임브리지 근대사』의 필자들에게 보낸 기고문에서 액턴은 다음과 같이 요구했다. "우리가 워털루 전투에 대해 기술한 것은 프랑스인, 영국인, 독일인, 네덜란드인을 모두 만족시킬 수 있어야 한다. 누구라도 저자의 명단을 확인하지 않고서는 옥스퍼드의 주교가 어디에서 펜을 놓았는지, 그 펜을 다시 집어든 사람이 페어베언인지, 또는 개스퀫인지, 리베르만인지, 해리슨인지 모르게 해야 한다." 심지어 액턴의 태도에 비판적이었던 조지 클라크 경마저도 역사에서의 '사실이라는 딱딱한 씨'와 '그것을 둘러싸고 있는, 논쟁의 여지가 많은 해석解釋이라는 과육果肉'을 대비하였다. 아마도 그는 과일의 과육 부분이 딱딱한 씨보다 더 가치가 있다는 점을 잊었던 것 같다.

"먼저 사실을 움켜잡아라. 그러고 나서 해석이라는 움직이는 모래 속으로 위험을 무릅쓰고 빠져들어라." 이것이 경험주의적 역사, 즉 상식적인 역사를 옹호擁護하는 학파의 궁극적인 지혜다. 이것은 위대한 자유주의 저널리스트인 C. P. 스콧1846~1932이 말한 다음과 같은 유명한 격언을 상기시킨다. "사실은 신성하고, 의견은 자유롭다."

그러나 지금에 와서 이런 말은 분명 통하지 않을 것이다. 나는 우리가 가지고 있는 과거에 대한 지식의 본질에 관해 철학적인 논쟁을 벌이고 싶지 않다. 편의상 카이사르가 루비콘 강을 건넜다는 사실과 방 한가운데 탁자가 있다는 사실이 동일하거나 혹은 유사한 것이라고 가정하자. 그리고 이 두 사실은 같거나 유사한 방식으로 우리의 의식 속으로 들어오고, 그 두 사실을 알고 있는 사람들에게 똑같이 객관적인 성격을 갖는다고 가정해 보자. 그러나 대담하긴 하지만 그다지 그럴듯하지 않은 이 가정에서조차 우리는 다음과 같은 곤경에 빠지게 된다. 즉 과거에 대한 사실facts about the past이 역사적 사실historical facts이 될 수 없으며, 혹은 역사가가 과거에 대한 사실을 역사적 사실로 취급해 주지도 않는다는 것이다. 그렇다면 과거에 대한 사실로부터 역사적 사실을 구별해내는 기준은 무엇인가?

역사적 사실이란 무엇인가? 이것은 우리가 좀 더 면밀히 생각해 보아야 할 중요한 문제다. 상식적인 견해에 따르면 모든 역사가가 동일하게 취급하는, 말하자면 역사의 뼈대를 구성하는 기본적인 사실이 있다. 예를 들면 헤이스팅스 전투가 1066년에 벌어졌다는 사실이 그것이다. 그러나 이러한 견해에는 두 가지 고찰해야 할 점이 전제되어 있다.

먼저, 역사가들이 일차적으로 관심을 갖는 것은 그와 같은 사실이 아니라는 점이다. 분명하게 말하자면 대전투가 1065년이나 1067년이 아니라 1066년에 벌어졌다는 것, 그리고 이스트본이나 브라이턴이 아니고 헤이스팅스에서 벌어졌다는 것을 안다는 것은 중요하다. 적어도 역사가는 이런 사실에 관해서 틀려서는 안 된다. 그러나 이런 종류의 문제가 제기될 때마다 나는 '정확성은 의무일 뿐 미덕은 아니다.'라는 하우스먼의 말을 떠올린다. 어떤 역사가를 두고 정확하다는 이유로 칭찬하는 것은, 마치 어떤 건축가가 잘 말린 목재나 잘 반죽된 콘크리트를 사용하여 집을 짓는다는 이유로 칭찬하는 것과 동일한 의미를 지닌다. 그것은 그의 작업상 필요한 조건일 뿐이지 본질적 기능은 아니다. 바로 이러한 점 때문에 역사가는 역사학의 보조학문인 고고학, 금석학金石學, 고전학, 연대측정학 등에 의지하는 것이다. 그러나 역사가는 도자기나 대리석 조각의 기원과 연대를 결정하거나, 불분명한 비문을 판독하거나, 정밀한 천문학적 계산을 하여 정확한 날짜를 확정하는 데 필요한 전문적인 특별한 기술을 가질 필요는 없다. 모든 역사가에게 동일하게 적용되는 기본적인 사실이란 것은 대개 역사가가 취하는 원료의 범주에 속하는 것이지, 역사 그 자체의 범주가 아니기 때문이다.

두 번째로 고찰해야 할 점은, 기본적인 사실을 확정해야 할 필요성은 사실 자체가 지니는 특성에서 기인하는 것이 아니라 역사가가 내리는 선험적 결정에 따라 좌우된다는 것이다. 스콧의 경구警句에도 불구하고 오늘날 모든 언론인은 언론에 영향력을 미치는 가장 효과적인 방법이 바로 적절한 사실을 선택하고 배열配列하는 것이라는 점을 잘 알고 있다. 흔히 "사실은 스스로 말한다."라고 한다. 물론 이는 진실이 아니다. 사실은 역사가들이 불러줄 때에만 말을 한다. 어떤 사실에 발언권을 줄 것인가, 그리고 어떤 순서로 배열할 것인가, 상황이 어떻게 진행되었는가 등에 대한 결정권은 역사가에게 있다. "사실이란 자루와 같아서 그 안에 무엇인가를 넣기 전까지는 서지 못 한다."라고 말한 사람은 피란데로의 작중인물 중 한 사람이었던 것 같다.

우리가 헤이스팅스 전투가 1066년에 벌어졌다는 것을 알려고 하는 유일한 이유는, 역사가들이 그것을 주요한 역사적 사건으로 간주하기 때문이다. 역사가는 나름대로의 근거根據를 가지고 카이사르가 루비콘이라는 작은 강을 건넜다는 것을 역사적 사실로 결정한다. 그 전이나 후에도 수백만 명의 사람들이 루비콘 강을 건넜지만 그 점에 대해서는 누구도 관심을 갖지 않는다. 여러분이 30분 전에 걸어서 또는 자전거를 타거나 차를 타고 이 건물에 도착했다는 사실과, 카이사르가 루비콘 강을 건넜다는 사실은 똑같이 과거에 대한 사실이다. 그러나 역사가들은 아마도 그 점을 무시할 것이다. 톨콧 파슨스 교수는 과학을 '실재에 대한 인식 지향指向의 선택적 체계'라고 정의했다. 이를 좀 더 간단하게 표현할 수도 있을 것이다. 역사는 다른 학문보다 선택적이다. 역사가는 필연적으로 선택적이 될 수밖에 없다. '역사적 사실이라는 딱딱한 씨'가 역사가의 해석과 무관하게 객관적으로 존재한다는 믿음은 어리석은 오류다. 그러나 이 오류를 뿌리 뽑기는 매우 어렵다.

단순한 '과거에 대한 사실'이 '역사적 사실'로 전환轉換되는 과정을 살펴보도록 하자. 1850년 스톨리브리지 웨이크스라는 곳에서 생강빵 장수가 사소한 말다툼 끝에 성난 군중의 발에 차여 살해되었다. 그것은 다분히 고의적인 결과였다. 그렇다면 이것을 역사적 사실이라 할 수 있을까? 1년 전만 하더라도 나는 주저 없이 '아니다'라고 말했을 것이다. 그 사건은 별로 알려지지 않은 목격자의 비망록 속에 기록되었다. 나는 이 사실이 역사가가 언급할 만한 가치가 있는 사건으로 판단될 것이라고 생각해 본 적이 없었다. 그런데 1년 전 키트슨 클라크는 옥스퍼드 대학의 포드 기념 강연에서 그 사실을 언급했다. 이 언급을 통하여 그 사실이 곧바로 역사적 사실이 될 수 있는가? 나는 아직은 아니라고 생각한다. 그 사실이 처해 있는 현재의 지위地位는 역사적 사실이라는 상류 클럽의 회원 후보로 추천된 상태다. 그것은 이제 후원자와 보증인을 기다리고 있는 중이다. 아마도 앞으로 몇 년 사이에 이 사실이 19세기 영국에 관한 논문이나 저서의 각주脚註에 나타나거나, 혹은 그 이후 본문에 실리게 될 것이다. 그렇게 되면 그 사실은 20~30년 내에 확고부동한 역사적 사실이 될 수도 있다.

그러나 이와는 정반대로 아무도 이 사실을 거론하지 않는다면, 그 사실은 키트슨 클라크 박사의 용감한 구출 노력에도 불구하고 과거에 대한 비역사적 사실로서 망각 속으로 빠져들어갈 것이다. 이 두 가지 경우 중 어떤 경우가 발생할 것인지를 결정決定하는 것은 무엇인가? 내가 보기에 그것은 키트슨 클라크 박사가 이 사건을 인용한 논문이나 해석이 다른 역사가들에 의해 타당하고 중요한 것이라고 받아들여지느냐의 여부에 달려 있다고 본다. 즉 그 사건의 지위는 역사적 사실로서의 해석 여부에 좌우된다. 이처럼 해석이라는 요소는 모든 역사적 사실에 개입한다. – 중략中略 –

그러면 20세기 중반에 살고 있는 우리는 사실에 대한 역사가의 의무를 어떻게 규정해야 할 것인가? 사실과 문서를 너무 대범하게 취급한다는 비난에서 벗어나기 위해 나는 최근 몇 년 동안 문서를 찾아 정독하고, 역사 서술 속에 적절하게 주석註釋에 달아야 할 사실을 채워 넣는 일에 충분한 시간을 보냈다. 사실을 존중해야 하는 역사가의 의무는 사실이 정확한지 아닌지 살펴보는 것으로 끝나지 않는다. 그는 자신이 다루고 있는 주제나 자신이 제시하려는 해석과 이런저런 의미로 관련이 있는, 알려지거나 또는 알려질 수 있는 모든 사실을 그려내도록 애써야 한다. 만일 그가 빅토리아 시대의 영국인을 도덕적이고 합리적인 인간으로 묘사描寫하고자 한다면, 1850년 스톨리브리지 웨이크스에서 일어난 일을 잊어서는 안 된다. 그렇다고 해서 역사의 생명원生命源인 해석을 제거해도 좋다는 의미는 아니다.

비전문가, 즉 학계에 있지 않은 사람들이나 혹은 다른 학문 분야에 있는 학자들이 이따금 나에게 "역사가가 역사를 서술할 때 어떻게 작업하느냐"라고 묻는다. 상식적으로 역사가의 작업은 뚜렷하게 두 가지 단계나 시기로 나뉜다. 먼저 역사가는 사료史料를 읽고 그의 공책에 사실을 적어 넣는 등 오랜 준비 기간을 보낸다. 이 일이 끝난 다음에는 사료들을 치워 놓고, 공책을 펼치고 처음부터 끝까지 순서대로 서술해 나간다.

그러나 이런 모습은 나에게는 잘 납득이 가지 않으며 그럴듯해 보이지도 않는다. 내 경우를 보면, 주요 사료라고 생각되는 것들 중에서 몇 개만이라도 입수되면 너무나 좀이 쑤셔서, 반드시 처음부터가 아니더라도 어느 부분이든 상관없이 쓰기 시작한다. 그런 후에는 읽기와 쓰기를 동시에 진행한다. 읽기를 계속하면서 써 놓은 것을 추가하거나 재구성하거나 삭제削除한다. 읽기는 쓰기를 통하여 인도引導되고 지시를 받으며 결실을 맺는다. 쓰면 쓸수록 내가 찾고 있는 것이 무엇인가에 대해 더 잘 알게 되고, 내가 발견한 것의 의미와 연관성을 더욱더 잘 이해하게 된다. 어떤 역사가들은 마치 장기판과 말도 없이 머릿속에서 장기를 두듯이, 펜이나 종이나 타이프 등을 사용하지 않고서도 이 준비 단계의 글쓰기를 머릿속으로 해내기도 한다. 그것은 내가 부러워하지만 흉내낼 수 없는 재능이다. 그러나 나는 이름 있는 역사가들은 경제학자가 '투입input'과 '산출output'이라고 부르는 두 과정을 동시에 진행한다고 믿는다. 이 두 과정은 단일한 과정의 일부분이다. 만일 이것들을 분리하거나 어느 하나를 다른 하나보다 우월한 것으로 삼고자 한다면, 여러분은 두 가지 극단적인 과정 중 하나에 빠지게 된다. 즉 의미나 뜻도 없는 가위와 풀의 역사를 쓰거나, 아니면 선전문이나 역사소설을 쓰면서 역사와는 아무런 상관이 없는 종류의 글쓰기를 장식하기 위해 과거의 사실fact of the past을 이용할 것이다.

지금까지 역사가와 사실의 관계를 검토해 보았다. 그런데 우리는 분명히 다음 두 가지 불안정한 상황에 직면했다. 우리의 입장은 미묘하게도 두 위험 지역 사이에 있다. 즉 하나는 역사를 객관적인 편집編輯으로 보고 해석보다는 사실이 무조건 우위에 있다고 믿는 역사이론과, 다른 하나는 역사란 해석 과정을 통해서 역사의 사실들을 확정하고 이를 지배하는 역사가의 주관적 산물이라고 보는 역사이론이 그것이다. 둘다 스킬라나 카리브디스와 같이 모두 타당치 못한 역사이론이다. 다시 말하면 우리는 과거에 무게 중심을 두는 역사관과 현재에 무게 중심을 두는 역사관 사이에서 어렵사리 항해하는 상태에 놓이게 된 것이다.

그렇지만 우리가 처한 상황은 생각보다 덜 불안정하다. 우리는 이러한 문제에 관해 이 강연의 다른 장에서 사실과 해석의 이분법과 동일한 이분법(특수한 것과 일반적인 것, 경험적인 것과 이론적인 것, 객관적인 것과 주관적인 것)으로 만나게 될 것이다. 역사가가 빠진 곤경困境은 바로 인간의 본성을 반영한다. 인간은 아마도 아주 어렸을 때나 아주 늙었을 때를 제외하고는, 자신의 환경에 완전히 매몰되지 않으며 무조건 그것에 종속되지도 않는다. 다른 한편 인간은 환경으로부터 완전히 독립되어 있지도 않고, 환경의 절대적 지배자가 될 수도 없다. 인간과 환경의 관계는 역사가와 그의 연구 주제의 관계와 같다.

역사가는 사실의 비천한 노예奴隸도 아니고, 난폭한 지배자도 아니다. 역사가와 사실의 관계는 평등한 관계, 주고받는 관계다. 연구 중인 역사가가 잠시 멈추어서 자신이 생각하고 글을 쓰는 일에 대해 반성해 보면 금방 알 수 있듯이, 역사가는 자신의 해석에 맞추어 사실을 만들어 내고 또한 사실에 맞추어 해석을 만들어내는 끊임없는 과정에 종사하고 있다. 두 가지 중 어느 한 쪽을 우위에 두는 것은 불가능하다.

역사가는 사실에 대한 잠정적인 선택과 자신이나 남들이 선택한 것을 참고삼아 잠정적으로 내린 해석을 가지고 시작한다. 역사가가 연구를 계속하는 동안 해석의 과정과 사실을 선택하고 정돈하는 과정 사이의 상호작용에서 그 자신도 의식하지 못할 정도의 미묘한 변화를 거치게 마련이다. 그리고 이 상호작용에는 현재와 과거 사이의 상호작용도 포함된다. 왜냐하면 역사가는 현재의 일부며 사실은 과거에 속하기 때문이다. 역사가와 역사적 사실은 상호 필수적인 관계에 있다. 사실을 갖지 못한 역사가는 뿌리가 없는 쓸모없는 존재다. 역사가를 갖지 못한 사실 역시 죽은 것이고 무의미한 것이다. 따라서 '역사란 무엇인가'라는 질문에 대한 나의 첫 번째 대답은, "역사란 역사가와 사실 사이의 지속적인 상호작용의 과정, 즉 현재와 과거의 끊임없는 대화"라는 것이다.

E. H. 카아, 김택현 옮김, 『역사란 무엇인가』, 까치, 2001, 17~24, 47~50쪽.

요약을 위한 읽고 쓰기 도움말

질문 1 ››› 이 글에 나오는 핵심어 과거의 사실, 과거에 대한 사실, 역사적 사실의 개념을 요약해 보시오.

···▸ ______

···▸ ______

···▸ ______

질문 2 ››› 윗글에 대한 요약은 주요한 골자만을 간추리는 삭제와 선택 방법이 적절하다. 글의 흐름을 고려하면서 주요 골자를 세 문장으로 써보시오.

···▸ ______

···▸ ______

···▸ ______

질문 3 ⟫ 윗글에서 말하고자 하는 바는 무엇인가? 질문 2에서 요약된 내용을 참고로 주제문을 한 문장으로 써보시오.

···▸

질문 4 ⟫ 윗글을 읽고 "역사는 대화다"라는 주장에 관심을 가진 사람을 위해 요약한다면, 어떻게 재구성할 수 있는가?

···▸

···▸

질문 5 ⟫ 앞의 질문들에 답한 내용을 바탕으로 윗글을 두세 문장으로 줄여보시오.

◉ 줄인 글

3.2 에리히 프롬, 『자유에서의 도피』

근대인에게 자유는 이중의 의미가 있다는 것, 이것이 이 책의 주요 관심사였다. 즉 근대인은 전통적인 권위權威에서 해방되어 '개인'이 되었으나, 그와 동시에 고독하고 무력한 존재가 되어 자기 자신이나 다른 사람에게서 분리된, 외부 세계로부터 들어오는 목적의 도구가 되었다는 것, 또한 이러한 상태는 그의 자아를 밑바닥에서부터 위태롭게 하고 약하게 하며 위협해서 결국 새로운 속박束縛에 자진해서 복종服從하게 만든다는 것이다. 이에 반해 적극적인 자유는 능동적·자발적으로 살아가는 능력을 포함하여 개인의 모든 능력의 충분한 실현과 일치한다. 자유는 그 자체의 동적인 운동법칙에 따라, 자유의 반대물로 전환轉換하려고 하는 하나의 위기에 도달했다. 민주주의의 장래는 르네상스 이래 근대 사상의 이데올로기적 목표였던 개인주의를 실현하느냐 못하느냐에 달려 있다. 오늘날의 문화적·정치적 위기는 개인주의가 너무 많이 성행하는 데 원인이 있는 것이 아니라, 우리가 개인주의라고 믿고 있는 것이 아무런 내용도 없는 빈 껍데기가 되어 버렸다는 데에 그 원인이 있다. 자유의 승리는 개인의 성장과 행복이 문화의 목표요, 목적인 사회, 또는 성공이나 그 밖의 어떠한 일에서나 아무런 변명도 할 필요가 없는 생활이 이루어지는 사회, 또는 개인이 국가든 경제기구든 자기의 외부에 있는 어떠한 힘에도 종속從屬되지 않고 또한 그것들에 의해서 조종당하지 않는 사회, 마지막으로 개인의 양심이나 이상이 외부로부터 주어지는 어떤 요구가 내재화內在化 된 것이 아니라 정말로 '그의 것'이고, 그의 자아의 특수성에서 나오는 목표를 표현하고 있는 그러한 사회로까지 민주주의가 발전할 때에만 가능하다. 이러한 목표는 이제까지의 근대사近代史의 어떠한 시대에도 충분히 실현될 수가 없었다. 즉 그것은 대부분 이데올로기적인 목표로 머물러 있지 않으면 안 되었다. 그 이유는 순수한 개인주의의 발전을 약속하는 물질적 기반이 결여되어 있었기 때문이다. 자본주의資本主義는 이러한 전제를 만들어냈다. 생산 문제는 적어도 원칙적으로는 해결되었다. 그래서 우리는 경제적인 특권을 얻기 위한 싸움이 이제는 경제적인 빈곤 때문에 일어나는 일이 없는, 풍요한 미래를 마음 속으로 그려볼 수 있게 되었다. 오늘날 우리가 직면하고 있는 문제는 인간—조직된 사회의 구성원으로서—이 사회적·경제적인 힘의 주인이 되는 한편, 그 노예奴隷가 되지 않도록 그러한 힘을 조직화하는 일이다.

나는 자유의 심리적 측면을 강조했다. 그러나 나는 또한 심리적 문제는 인간 존재의 물질적 기반이라든지 사회의 경제적·사회적·정치적 구조로부터 분리시킬 수가 없음을 설명하려고 했다. 이와 같은 전제에 의해서 적극적인 자유나 개인주의의 실현이라는 것은 역시 개인이 자아의 실현이라는 의미에서 자유로워질 수 있는 경제적·사회적인 변혁變革과 밀접한 관계가 있음을 알게 된다. 그런 전제로부터 귀결되는 경제적 문제를 다루는 일이라든지 미래에 대한 경제 계획을 그리는 일은 이 책의 목적이 아니다. 그러나 나는 해답이 존재한다고 생각되는 방향에 대해서 조금도 의문을 품고 싶지는 않다.

우선 첫째로, 다음과 같은 것을 말하지 않으면 안 된다. 즉 우리는 근대 민주주의의 근본적인 성과–대의정치代議政治, 즉 인민에 의해서 선발되어 인민에게 책임을 지는 정치라고 하는 근본적인 성과든, 권리장전權利章典이 모든 시민에게 보장하는 어떠한 권리든–를 조금도 잃을 수는 없다는 것이다.

또한 우리는 좀 더 새로운 민주주의의 원리, 즉 어떠한 인간도 실업이나 기아饑餓의 공포恐怖로 말미암아 복종하지 않을 수 없도록 위협을 당한다든지, 인간의 긍지를 상실한다든지 하면 안 된다는 원리를 위험에 빠지게 하면 안 된다. 이러한 기본적인 성과는 단지 보존되지 않으면 안 될 뿐만 아니라 강화되고 발전되지 않으면 안 된다.

민주주의의 이와 같은 기준은 완전한 상태로부터는 아직 멀었지만 실현되고 있기는 하다. 그러나 그것은 충분하지 못하다. 민주주의로 가는 진보進步는 단지 어떤 사적私的이고 정신적인 문제만이 아니고, 무엇보다도 먼저 모든 인간 존재의 근본적인 활동인 일에서 개인의 실제적인 자유自由·창의創意·자발성自發性을 향상, 발전시키는 데 있다.

그것에 대한 일반적인 조건은 무엇인가? 사회의 비합리적이고 무계획적인 성격은 사회 자체의 계획되고 협정된 노력을 뜻하는 계획경제計劃經濟로 대치되지 않으면 안 된다. 사회는 사회 문제를 자연을 지배한 것과 마찬가지로 합리적으로 지배하지 않으면 안 된다. 이러한 일에 대한 한 가지 조건은 소수긴 하지만 큰 경제력을 발휘하고, 그 결정에 의해서 민중의 운명을 좌우하며, 그러면서도 그들에 대한 책임은 지지 않는 사람들의 숨어 있는 지배력을 제거하는 일이다. 우리는 이 같은 새로운 질서를 '민주주의적 사회주의'라고 부를 수 있다. 그러나 그런 명칭은 문제가 되지 않는다. 문제는 사람들의 목적에 봉사하는 합리적인 경제 조직을 확립하는 데 있다. 오늘날 대부분의 사람들은 경제기구 전체를 지배支配하는 힘을 가지고 있지 못할 뿐만 아니라 자신들이 종사하는 특수한 일에 있어서나 순수한 창의創意 및 자발성을 발전시킬 기회를 거의 가지고 있지 않다. 그들은 '고용되어' 있어서 명령받는 대로 움직이는 이외에는 아무 것도 기대할 수 없다. 국가 전체가 경제적·사회적인 힘을 합리적으로 지배하는 계획경제에서만 개인은 그 직무職務 속에서 책임을 지고 창조적인 지성을 발휘할 수 있다. 문제는 순수하게 활동할 수 있는 기회가 개인에게 회복回復되어야 한다는 것, 사회의 목적과 그 자신의 목적이 관념적觀念的으로 일치하는 게 아니라 현실적으로 일치해야 한다는 것, 또한 그것이 인간의 이상이라는 측면에서 볼 때 의미와 목적을 지니기 때문에 그가 그 일에 책임을 느끼고 적극적으로 노력과 이성을 기울여야 한다는 것이다. 우리는 능동적이고 지적인 협력에 의해서 인간을 다루어야 하며, 정치적 영역에서 경제적 영역에 이르기까지 국민의, 국민에 의한, 국민을 위한 정부라고 하는 진리眞理를 발전시키지 않으면 안 된다.

경제적·정치적 조직이 자유를 촉진시키느냐 않느냐 하는 문제는 정치·경제적 관점만 가지고는 대답할 수가 없다. 자유를 실현하기 위한 유일한 기준은 개인이 자신의 개인 생활 및 사회 생활을 결정하는 일에 적극적으로 참여하느냐 그렇지 않느냐에 있다. 이는 이것이 단지 투표投票라는 형식적인 행위에 의해서만이 아니라 일상생활의 활동을 통해서, 직무를 통해서, 다른 사람과의 관계를 통해서 그렇게 하느냐 그렇게 하지 않느냐 하는 것이다. 현대의 정치적 민주주의가 만일 순수하게 정치적인 영역에만 한정된다면 일반 개인의 경제적인 무력無力에서 발생하는 모든 결과를 충분히 방지할 수 없다. 그러나 생산수단의 사회화라고 하는 순수히 경제적인 개념도 충분하지는 않다. 나는 여기서 사회주의라는 말을 국가사회주의에서 전략적인 방편을 위해서 쓰인 것과 같은 기만적인 말이 되어 버린 러시아를 잊을 수가 없다. 왜냐하면 생산수단의 사회화는 이내 실시되고 있긴 하지만, 실제로는 강력한 관료제官僚制가 거대한 인민 대중을 조종하기 때문이다. 이것은 필연적으로 설사 정부의 지배가 대다수 민중의 경제적 이익에 유효하다고 할지라도 자유나 개인주의의 발달을 방해妨害한다.

오늘날만큼 언어가 진리眞理를 숨기기 위해서 악용된 일은 일찍이 없었다. 동맹을 배반하는 일은 유화정책宥和政策이라 불리고, 군사적 침략侵略은 공격에 대한 방위防衛라고 위장되며, 약소국가를 정복하는 일은 우호조약友好條約이라는 이름으로 행해지고, 전 인민을 잔학하게 억압하는 일은 국가사회주의라는 이름 아래 자행된다. 민주주의, 자유, 개인주의라는 말 또한 이 같은 악용의 대상이 된다. 민주주의와 파시즘과의 차이가 지니는 참다운 의미를 밝히는 한 가지 방법이 있다. 민주주의는 개인의 완전한 발전을 위한 경제적·정치적인 조건들을 만들어내는 조직組織이다.

민주주의를 실현하기 위한 조건을 확립하는 가장 큰 어려움 중의 한 가지가 계획경제와 각 개인의 적극적인 협력 사이에서 빚어지는 모순矛盾에 있다는 것은 분명하다. 대공업 조직과 같은 큰 범위의 계획경제는 대규모의 중앙집권을 요구하며, 그 결과 이 집중화된 기구를 관리하는 제도가 필요하게 된다. 한편 각 개인이나 전체 조직의 최소 단위에 의한 적극적인 관리와 협력은 엄청나게 많은 분권分權을 요구한다. 위로부터의 계획이 아래로부터의 적극적인 참여와 융합되지 않는 한, 또한 사회생활의 흐름이 끊임없이 아래로부터 위로 흐르지 않는 한 계획경제는 또다시 국민을 자기들 멋대로 부려먹는 새로운 민중조종民衆操縱이 되고 말 것이다. 집중과 분산의 결합 문제를 해결하는 일이 사회의 주요한 임무의 하나다. 그러나 그것은 확실히 우리가 이미 해결했으며 우리로 하여금 자연을 거의 완전히 지배하게 한 기술적인 문제와 마찬가지로 해결할 수 있는 것이다. 그러나 그것은 우리가 그렇게 하지 않으면 안 되는 필요성을 분명히 인식하고, 사람들을 믿으며, 인간 존재로서 참다운 이익에 주의를 기울이는 그들의 능력을 믿을 때에만 해결解決될 것이다.

보기에 따라서는 그것은 다시금 우리가 당면하고 있는 개인적인 창의의 문제가 된다. 개인적 창의는 자유주의적인 자본주의 하에서 경제적 조직과 인간적 발전을 이루게 한 하나의 커다란 자극刺戟이었다. 그러나 두 가지의 함정陷穽이 있다. 즉 개인적 창의는 다른 면에서는 인간을 경제적 목적에 종속시켜 놓으면서도 인간의 선택된 일부의 성질, 즉 의지와 합리성만을 발전시켰다. 그것은 무수히 많은 독립된 경제적 단위에 활동할 여지를 가져다 준 자본주의의 고도로 개인화된 경쟁적 국면에서 가장 잘 작용한 원리다. 오늘날에는 이 영역이 좁아졌다. 오직 소수의 사람만이 개인적 창의를 발휘할 수 있을 뿐이다. 만일 오늘날에 이 같은 원리를 실현시키고 개인personality 전체가 자유로워지도록 이 원리를 확대하고자 한다면, 그것은 전체로서 사회의 합리적·협조적인 노력을 바탕으로 해서 조직의 최소 단위에 의한 참답고, 순수하며, 적극적인 협력과 관리를 보장할 수 있는 수많은 분권分權에 의해서만 가능해질 것이다.

인간이 사회를 지배하고, 경제기구를 인간의 행복이라는 목적에 종속시킬 때에만 또한 인간이 적극적으로 사회 과정에 참여할 때에만 인간은 현재 그를 절망-고독과 무력감-에 빠뜨리고 있는 것을 극복할 수가 있다. 인간이 오늘날 고민하고 있는 것은 빈곤貧困보다는 오히려 커다란 기계의 톱니바퀴, 자동인형이 되어 버렸다는 사실, 생활이 공허해져서 그 의미를 상실해 버렸다는 사실이다. 모든 권위주의적權威主義的인 조직에 대한 승리는, 민주주의가 후퇴後退하는 일 없이 공격을 하고 나서서, 이전에 자유를 위해서 싸워 온 사람들이 마음 속에 품고 있었던 것과 같은 목표를 현실화하는 데까지 전진해 나갈 때에만 가능할 것이다. 민주주의民主主義는 인간 정신이 해낼 수 있는 하나의 가장 강한 신념을 생명과 진리와 그리고 개인적인 자아의 적극적이고 자발적인 실현實現으로서 자유에 대한 신념을 사람들에게 불어넣을 수 있을 때에만 니힐리즘의 힘을 극복克復할 수 있을 것이다.

에리히 프롬, 장경룡 옮김, 『자유에서의 도피』, 혜원출판사, 1999, 266~271쪽.

요약을 위한 읽고 쓰기 도움말

질문 1 ››› 윗글의 핵심어 '적극적인 자유'는 무엇을 뜻하는지 간략하게 요약해 보시오.

···›

···›

···›

질문 2 ››› 윗글에서 요약을 위해 선택해야 할 주요 정보들을 세 가지로 나누어 정리해 보시오.

···›

···›

···›

질문 3 ››› 윗글에서 말하고자 하는 바는 무엇인가? 질문 2의 내용 요약을 참고로 주제문을 써보시오.

⋯▸

질문 4 ››› 윗글을 읽고 "자유와 민주주의 사이의 관계"에 관심을 가지게 된 사람을 위해 요약한다면, 어떻게 재구성할 수 있는가?

⋯▸

⋯▸

질문 5 ››› 앞의 질문들에 답한 내용을 바탕으로 윗글을 두세 문장으로 줄여보시오.

◉ 줄인 글

4. 피드백

요약 과정 평가는 원문의 핵심 정보가 올바로 그리고 간결하게 줄여졌는지를 판단하는 일이고, 요약문 평가는 요약문이 그 자체로 읽기 쉽고 짜임새 있게 쓰였는지를 판가름하는 일이다.

4.1 자기 피드백

피드백 기준	자기 피드백
텍스트의 종류(유형)는 잘 파악했는가?	
필자의 의도는 잘 파악했는가?	

주관적인 생각이 개입된 것은 없는가?	
예상 독자가 관심을 가질 내용이 요약문에 잘 간추려져 있는가?	
요약문의 성격과 분량은 적절한가?	
원문의 정보들은 요약문에서 짜임새 있게 연결되어 있는가?	
요약문의 문체는 간결한가?	
문장의 오류는 없는가?	
기타	

4.2 동료 피드백

피드백 기준	동료(협동) 피드백
요약문의 성격과 분량은 적절한가?	5 4 3 2 1
요약문의 문체는 읽기 쉽고 간결한가?	5 4 3 2 1
지나친 일반화는 없는가?	5 4 3 2 1
필자의 의도는 잘 표현되었는가?	5 4 3 2 1
요약자의 생각이 부당하게 개입된 부분은 없는가?	5 4 3 2 1
예상 독자가 관심을 가질 내용이 요약문에 잘 간추려져 있는가?	5 4 3 2 1
불필요한 내용은 없는가?	5 4 3 2 1
문장의 오류는 없는가?	5 4 3 2 1
기타	

5.
쓰기 과제

1) 『역사란 무엇인가』 1장을 읽고, 주장과 핵심 논거를 반드시 포함하여 한 단락 요약문을 써보시오. 일반 독자들이 읽는 책 소개란에 실릴 것이라고 생각하고 써보시오.

2) 『자유에서의 도피』에 대한 서평을 쓰기 위해 에리히 프롬이 주장하는 소극적 자유와 적극적 자유의 개념을 비교하고자 한다. 한 단락으로 두 개념을 비교하는 요약문을 써보시오.

참고문헌

모티모 J. 애들러, 독고 앤 옮김,『생각을 넓혀주는 독서법』, 멘토, 2008

서정수,『논리적인 글쓰기-설명문과 논술문』, 정음문화사, 2004

에리히 프롬, 장경룡 옮김,『자유에서의 도피』, 혜원출판사, 1999

웬디 브라운 지음, 이승철 옮김,『관용: 다문화제국의 새로운 통치전략』, 갈무리, 2010

이화진 외,『중학생의 읽기능력 신장을 위한-독해력 증진 시리즈』, 한국교육과정평가원, 2000

최시한,『수필로 배우는 글읽기』, 문학과지성사, 2001

한철우 외,『과정 중심 독서 지도』, 교학사, 2001

E. H. 카아, 김택현 옮김,『역사란 무엇인가』, 까치, 2001

Ilona Leki, Academic Writing, Cambridge Univ. Press, 1998

Irwin · Baker, 한철우 · 천경록 역,『독서 지도 방법』, 교학사, 1996

제2부

분석하며 읽고 쓰기

글을 정확히 읽기 위해서는 핵심어나 용어의 의미를 정확하게 이해해야 한다. 대체로 글에 등장하는 단어나 용어는 저자가 나름대로 함의하는 의미를 지니고 있다. 따라서 개념이나 용어의 정확한 의미를 이해하는 것이 텍스트 분석의 첫출발점이라는 점을 명심하자. 이런 점에서 특정 개념이나 표현을 저자가 일상적인 의미와 동일하게 사용하고 있는지를 따져보아야 할 것이다.

II부에서는 글을 분석하고, 그러한 분석을 토대로 다시 글을 생산하는 과정을 살펴본다. 글, 이미지, 영상 등 우리가 통칭해서 텍스트라고 부르는 것들은 그 말의 어원인 직물이 의미하듯 어떤 구성요소들이 일정한 관계에 따라 조직되어 있는 의미 덩어리를 말한다. 글의 경우 기하학적 문양의 자음과 모음이 모여 낱말을 이루고, 다시 여러 낱말이 모여 문장이 되고, 여러 문장이 모여 단락이 된다. 이렇게 글은 여러 층위들로, 또 각 층위들마다 다양한 관계로 조직되어 있는 탓에 어떤 층위에서, 어떤 관점에서 접근하느냐에 따라 글의 의미 또한 달라질 수 있다.

분석적 활동이란 이렇게 복잡하게 얽혀 있는 글의 의미 층위들을 구별해 내는 활동, 그런 구별을 통해 그 의미를 더욱 명료하게 하거나, 경우에 따라서 더욱 풍부하게 만들어 주는 활동이다. 따라서 글의 의미를 정확하고 명료하게 이해하기 위해, 혹은 감추어져 있거나 암묵적으로 전제되어 있는 의미들을 분명하게 드러내기 위해서 반드시 필요한 활동이 바로 분석이다.

1.
분석이란 무엇인가

일반적인 수준에서 말할 때, 글을 분석分析, analysis한다는 것은 분석하고자 하는 글을 일정한 관점 아래에서 그 구성 요소 각각의 결과 마디에 따라 '쪼개어 나누고', '분류'함으로써 더욱 명료하게 이해하고자 하는 활동이다.

2. 분석의 방법

글은 다양한 의미 층위를 갖는다. 일차적으로는 낱말, 문장, 단락처럼 글을 이루는 구조적 의미 단위들과 그 상호 간의 관계가 전체 의미를 규정한다. 따라서 어떤 의미 층위에서 읽느냐에 따라 글의 의미는 달라질 수 있다. 분석은 바로 이러한 요소들 모두를 종합적으로 고려해야 한다.

2.1 축자적 분석

축자적 분석은 글에 제시되어 있는 내용을 가능한 한 정확하게 이해하기 위해 저자가 표현한 그대로 이해하고자 할 때 필요한 활동이다. 독자가 점검해야 할 사항은 크게 세 가지 범주이다.

1) 개념과 용어 분석

글을 정확히 읽기 위해서는 핵심어나 용어의 의미를 정확하게 이해해야 한다. 대체로 글에 등장하는 단어나 용어는 저자가 나름대로 함의하는 의미를 지니고 있다. 따라서 개념이나 용어의 정확한 의미를 이해하는 것이 텍스트 분석의 첫출발점이라는 점을 명심하자. 이런 점에서 특정 개념이나 표현을 저자가 일상적인 의미와 동일하게 사용하고 있는지를 따져보아야 할 것이다.

다음의 글을 보자.

> 간단히 말하면, '종교가 없는' 사람의 대다수도 여전히 유사 종교와 타락한 신화를 가지고 있다는 것이다. 이것은 하나도 놀랄 일이 아니다. 왜냐하면 이미 말한 바와 같이 세속적인 인간은 종교적 인간의 후예이며, 그는 자신의 역사를 지워버릴 수 없기 때문이다. 즉 오늘날의 그를 있게 만든 종교적 선조들의 행동을 지워버릴 수가 없다. 그의 실존의 대부분이 그의 존재의 깊은 곳, '무의식'이라 불리는 영역에서 발하는 충동으로 키워진다고 생각한다면 이 점은 더욱더 확실해진다. 순수하게 이성적 인간이란 하나의 추상일 뿐 현실 생활에서는 결코 그런 인간을 발견할 수 없다.
>
> M. 엘리아데, 이은봉 옮김, 『성과 속』, 한길사, 2006, 187쪽.

① 여기서 '타락한 신화'라는 표현은 일상적으로 접하기가 쉽지 않은 표현이다. 이러한 표현이나 개념은 글 전체의 문맥을 고려해서 이해해야 한

다. 우선 '신화'라는 용어의 의미를 알고 있다면, '타락한 신화'에서 '타락했다'는 말의 의미가 무엇인지를 생각해보자.

제시문에서 보면 사람들이 '타락한 신화'를 갖고 있다는 것은 "세속적 인간은 종교적 인간의 후예"이기 때문이라고 되어 있다. 따라서 '타락했다'라는 말을 읽을 때에는 '세속적' 혹은 '종교적'이라는 표현과 연관지어야 한다. 종교와 연관해서 '타락했다'라는 표현과 대조를 이룰 수 있는 말은 '신성하다'나 '성스럽다' 등과 같은 표현이다. 이는 책의 제목인 『성과 속』에서도 연상할 수 있다. 따라서 '타락한 신화'는 신화의 내용은 갖고 있으나 본래의 '성스러움'이나 '신성함'은 잃어버린 상태를 의미한다. 특히 '유사 종교와 타락한 신화'라는 표현에서 유사 종교와 타락한 신화가 거의 비슷한 의미로 사용되고 있는 것으로 보아, '유사 종교'라는 표현 역시 같은 맥락에서 이해할 수 있다.

② 또한 종교적 선조의 후예인 세속적 인간이 '자신의 역사를 지워버릴 수 없다'라고 말한 부분에서 '자신의 역사'가 무엇을 말하는지도 좀 더 명료해져야 한다. 물론 개인은 각자 자신의 과거를 갖고 있다. 그러나 여기서 말하고자 하는 의미는 단순히 한 개인이 자신의 과거를 기억하는 것을 말하려는 것이 아니다. 오히려 '자신의 역사를 지워버릴 수 없다'라는 말은 우리가 역사를 돌이켜 볼 때 알 수 있듯이 인간의 본성이 종교를 필요로 하는 한, 시간이 흐르고 세상이 바뀐다고 하더라도 그 본성은 어떻게든 유지되거나 전달된다는 뜻이다.

③ 이번에는 앞선 작업을 토대로 원래의 문장을 풀어 써 보자.

⋯› 간단히 말하면, '종교가 없는' 사람의 대다수도 여전히 형식과 내용만 비슷할 뿐 더 이상 신성함은 없는 유사 종교와 타락한 신화를 갖고 있다는 것이다.

⋯› 세속적인 인간은 종교적 인간의 후예이며, 인간이 종교를 필요로 한다는 점을 역사가 보여주는 한, 종교는 인간의 본성에서 비롯되었다고 보아야 한다.

이처럼 글을 정확하게 이해하기 위해 분석할 때 우선 저자가 사용하는 개념이나 표현의 의미를 정확히 하는 일이 가장 기초적인 작업이다.

2) 문장의 의미 분석

문장의 구조가 복잡하거나 지시어나 대용어가 많이 들어 있는 경우에는 오독이나 오해할 가능성이 높다. 지시어는 어떤 단어의 해석이 이전에 나온 단어에 의존하여 사용하는 것이고, 대용어는 어떤 단어를 다른 단어로 교체하여 사용하는 것을 말한다. 이런 문장을 이해할 때에는 지시어나 대용어, 접속어 등이 가리키는 것이 무엇인지 정확하게 파악하며 분석하는 작업이 필요하다.

> 예술이란 어떤 영속적인 대상이나 추이적推移的 행위를 만들어 내는 일로서, 그 대상이나 행위는 이를 만들어 내는 자에게 생생한 기쁨을 줄 뿐만 아니라 그것을 보는 이나 듣는 이에게도 거기서 얻는 개인적 이익을 완전히 떠나서 즐거운 인상을 전달할 수 있는 것이다.

위 문장은 톨스토이가 예술의 의미를 묻기 위해 자신의 글에서 소개하고 있는 유명한 정의 중 하나이다. 비록 한 문장이지만 구조가 복잡하여 선뜻 그 의미가 들어오지 않는다. 우선 의미의 통일성을 깨트리지 않는 한에서 문장을 나누어보자.

① 예술이란 어떤 영속적인 대상이나 추이적 행위를 만들어 내는 일이다.
② 그 대상이나 행위는 이를 만들어 내는 자에게 생생한 기쁨을 준다.
③ 그것을 보는 이나 듣는 이에게도 거기서 얻는 개인적 이익을 완전히 떠나서 즐거운 인상을 전달할 수 있다.

다음으로 ②와 ③에 등장하는 지시 대명사, 즉 '그 대상', '이를', '그것' 등이 무엇을 가리키는지 분명히 밝히면, '그 대상이나 행위'는 예술적 대상이나 행위이고, '이를' 역시 예술적 대상이나 행위를 가리킨다. ③의 '그것' 역시 마찬가지다.

따라서 위 문장은 다음과 같이 풀어 쓸 수 있다.

① 예술은 어떤 영속적인 대상이나 추이적 행위를 만드는 일이다.
② 예술적 대상이나 행위는 그것을 만들어 내는 자에게 생생한 기쁨을 준다.
③ 예술적 대상이나 행위는 그것을 감상하는 자에게 순수한 즐거움을 준다.

즉, "예술은 창작자에게는 생생한 기쁨을 주고, 감상자에게는 순수한 즐거움을 주는 어떤 영속적인 대상이나 추이적 행위를 만드는 일이다."

이렇게 문장 분석을 통해 필자가 전하고자 하는 내용이 명료해지면 비로소 의문이 생기기 시작한다. 가령, 얼음 조각과 같이 영속적인 대상이 아니라 일시적인 대상을 만들면 그것을 예술이라고 할 수 없는 것인가? 또 어떤 '예술가'가 자신이 만든 작품 때문에 생생한 기쁨은커녕 고통스럽기 짝이 없다면, 그 작품을 과연 예술 작품이라고 할 수 있을까? 이러한 질문이 생겨나고, 또 답을 찾아가는 과정을 통해 독자는 원래의 텍스트를 좀 더 명료하게 이해하고 나아가 비판적인 관점에서 평가할 수 있다. 이런 점에서 분석은 추론적 읽기와 평가적 읽기의 선행 작업에 해당한다.

3) 단락의 의미 분석

문장이 모이면 단락을 이룬다. 단락은 문장이 여러 개 모여 이루어진 글의 중간 조직체 또는 한 토막의 글에 해당한다. 일반적으로 한 편의 글은 여러 개의 단락이 모여 이루어진다. 마치 각 부분이 모여 전체를 이루듯이, 몇 개의 단락이 모여 한 편의 글이 조직되는 것이다.

또한 한 편의 글에는 핵심 내용이 담겨 있는 주제문이 있듯이, 하나의 단락도 가장 핵심적인 내용이 담겨진 문장과 그것을 뒷받침해주는 문장으로 구성되어 있다. 각 단락의 가장 핵심적인 내용이 들어 있는 문장은 글의 전체 주제를 지지해주기 때문에, 이를 소주제문이라 하고, 소주제문의 내용을 지지해주는 문장을 뒷받침문장이라 한다. 소주제문은 지지나 뒷받침이 가능한 내용이 담겨 있으며, 뒷받침 문장은 중심 문장의 내용을 구체적으로 설명하거나 지지하여 독자의 이해나 설득을 도모하는 내용이 담겨 있다.

각자 자신의 입장을 초월해서 객관적인 공동의 진리를 추구하는 성숙한 이성을 실현하는 길은 오직 서로 삶의 입장을 달리하는 사람들 사이의 대화뿐이다. 이러한 대화는 자신의 주장이 절대적이 아니라는 전제에서 가능하다. 자신의 주장만이 절대적이라고 믿는 사람과는 대화를 할 수 없으며, 또한 대화를 할 필요도 없다. 자기의 삶의 입장을 초월해서 서로 보충함으로써 공동의 진리에 도달하려는 개방적인 태도만이 참다운 대화를 가능하게 만든다. 독단과 광신은 비이성적인 성격의 것으로서 대화를 거부한다. 따라서 그러한 독단과 광신은 성숙한 이성의 실현을 불가능하게 만든다. 독단과 광신은 진리를 소유한 것으로 착각하게 만들지만 참다운 진리는 소유되는 것이 아니라 늘 새롭게 추구되어야 하는 것이다. 진리를 사랑하는 사람은 대화를 거부하지 않는다. 그러므로 인간은 열린 대화를 통해서만 객관적인 공동의 진리를 추구하는 성숙한 이성을 실현할 수 있다.

인간은 끊임없는 자아 성찰을 통해서만 성숙한 이성을 실현할 수 있다. 인간의 사유와 판단과 행동은 이미 말한 바와 같이 감정과 심층적 충동과 생리적 욕구에 의해서 지배되기 쉽다. 그러므로 만약 인간이 스스로의 감정과 심층적 충동과 생리적 욕구를 자아 성찰을 통해서 다스리지 못하면 이성적으로 생각하고, 이성적으로 판단하고, 이성적으로 행동하기 어렵다. 감정이나 심층적 충동이나 생리적 욕구는 무의식적으로 작용하기 때문에 스스로 이성적으로 생각하고 판단하고 행동한다고 믿어도 사실은 비이성적으로 생각하고 판단하고 행동하는 일이 많다. 인간이 성숙한 이성으로 진리를 추구하기 위해서는 끊임없는 자아 성찰을 필요로 한다.

이규호, 『사람됨의 뜻』, 좋은날, 2000, 188~189쪽.

이 글은 성숙한 이성을 실현하는 두 가지 방법을 설명하고 있다. 이 글은 시각적인 면에서나 내용 면에서 두 개의 단락으로 구성되어 있다. 물론 모든 단락이 이처럼 형식적인 면과 내용적인 면에서 일치하지는 않는다. 특히 길고 복잡한 글에서는 하나의 소주제문 아래 몇 개의 단락이 들어 있을 수 있다. 이럴 때에는 형식적인 측면이 아니라 내용적인 측면에 초점을 두어 단락을 구분해야 할 것이다.

다시 예문으로 돌아가 보면 앞의 단락에서는 대화를 통해 성숙한 이성을 실현할 수 있으며, 뒤의 단락에서는 자아 성찰을 통해 성숙한 이성을 실현할 수 있다고 주장하고 있다. 두 개의 단락 모두 성숙한 이성을 실현하는 방법이라는 글 전체의 주제를 지지해주고 있다. 그런데 이 글을 자세히 살펴보면 두 개의 단락 안에서 중심 내용이 담겨 있는 문장, 즉 소주제문에 해당하는 문장이 밑줄 친 바와 같이 각각 두 개씩 제시되어 있다. 이렇게 각 단락의 시작과 뒤에 소주제문을 제시하는 단락을 양괄식 단락이라 한다. 각 단락에서 소주제문을 제외하면 나머지 문장은 소주제문을 지지해주는 뒷받침문장에 해당한다. 첫째 단락에서는 대화가 어떻게 성숙한 이성을 실현하게 해주는지에 대해 설명하고 있고, 둘째 단락에서는 자아 성찰이 어떻게 성숙한 이성을 실현하게 해주는지에 대해 설명하고 있다.

2.2 구조적 분석

구조적 분석은 축자적 분석을 기초로 글 전체의 내용과 부분들 사이의 상호 관계에 따라 의미를 구성하는 행위이다. 축자적 분석이 글의 표층적 차원에서 이해하는 활동이라면, 구조적 분석은 글의 심층적 차원에서 이해하는 활동이다. 표층적인 이해와 심층적인 이해를 모두 아우를 때 글의 의미가 비로소 온전하게 밝혀질 수 있다. 따라서 글을 분석하고 이해하는 활동은 일종의 순환 과정을 거친다고 할 수 있다. 표층적 의미에 대한 이해가 정확할수록 심층적 이해가 명료해지고, 또한 부분에 대한 이해가 정확할수록 전체에 대한 이해가 선명해진다. 역으로 심층적 의미와 전체에 대한 이해가 명료해지면, 그것은 다시 부분을 좀 더 깊이 있게 이해할 수 있게 해 주기 때문이다. 물론 이러한 순환의 과정은 독자가 만족할 정도로 이해할 때까지 계속된다.

1) 질문을 통한 내용 분석

효과적인 질문을 제시하고 그에 대답하는 활동은 글의 의미를 정확하게 이해하기 위한 가장 구체적인 활동이다. 다음에 제시되는 항목은 글을 분석할 때, 일반적으로 제시할 수 있는 질문이다.

이러한 질문 중에 어느 것에 더 신경을 써야 하는지, 그리고 좀 더 세심하게 분석해 들어갈 때 어떤 질문을 할 것인지는 글의 종류와 성격에 따라 달라질 것이다. 아울러 이러한 질문들은 주어진 글을 평가할 때나 혹은 자신이 쓴 글을 비판적으로 검토할 때 활용할 수 있다.

- 글이 다루려고 하는 문제는 무엇인가?
- 중심 생각이나 핵심 내용은 무엇인가?

- 주제와 관련해서 중요한 정보나 내용은 무엇인가?
- 주장을 제시하고 있는가? 있다면 무엇인가?
- 주장의 근거 혹은 이유는 무엇인가?
- 어떻게 구성되어 있는가?
- 특정 독자를 상정하고 있는가? 있다면 어떤 독자인가?
- 글쓴이가 암묵적으로 당연하다고 받아들이고 있는 사실이나 전제는 무엇인가?
- 독자의 입장에 따라 달리 읽힐 수 있는 부분이 있는가? 있다면 어떤 부분인가?

글을 구조적으로 분석할 때에는 우선 그 글의 서술 양식과 각 부분들 간의 구성적 관계에 따라 나눈 다음, 심층적으로 들어가 내용을 정확하게 파악하기 위한 질문을 통해 각 부분과 전체를 관련지어 글의 의미를 이해해야 한다.

글의 구성 방식은 필자의 목적, 즉 필자가 무엇을 어떻게 보여주려고 하는가에 따라 달라진다. 여기서 '무엇'에 해당하는 것은 해당 글이 다루고 있는 문제 혹은 대상의 특성에 해당하고, '어떻게'는 다루고 있는 문제 혹은 대상을 독자들에게 전달하는 서술방식을 말한다. 따라서 텍스트를 분석할 때에는 필자의 목적을 담고 있는 글의 특성을 먼저 살펴보는 작업에서 출발해야 한다.

2) 글의 양식에 따른 분석

우리가 읽는 글에는 여러 가지 종류가 있다. 그 종류를 나누는 기준 또한 관점에 따라 다양하게 존재한다. 예를 들면 문학, 역사, 과학, 철학 등 학문의 영역에 따라 나눌 수도 있고, 교양서, 학술서, 계발서 등 목적에 따라 나눌 수도 있다. 그러나 이론적인 차원에서 글의 양식에 따라 나누면 크게 묘사, 서사, 설명, 논증의 네 가지의 유형이 있다. 묘사적 텍스트는 정적인 지각 장면을 구체화하고, 서사적 텍스트는 시간의 흐름에 따라 일어나는 일련의 행위와 사상을 구체화한다. 그런가 하면 설명적 텍스트는 추상적인 과정이나 사물을 논리적으로 표상하는 목적을 지니며, 논증적 텍스트는 주장이나 견해를 논리적으로 설득하기 위한 목적을 지닌 언어적 형태이다. 우리가 읽는 학술적 텍스트는 대체로 설명적 텍스트와 논증적 텍스트가 주를 이룬다. 따라서 여기서는 이 두 가지 텍스트의 예를 살펴보기로 한다.

(1) 설명적 텍스트의 구조적 분석

설명적 텍스트는 논리성을 바탕으로 독자에게 지식이나 정보를 전달하는 데 그 목적이 있다. 이런 목적이 달성되려면 텍스트가 전달하고자 하는 대상에 대해 독자가 쉽게 이해할 수 있도록 해야 할 것이다.

> 벤담의 설계에 따르면 원형감옥 파놉티콘의 바깥쪽에는 죄수를 가두는 방이 있고 중앙에 죄수를 감시하기 위한 원형 공간이 있었다. 죄수의 방에는 햇빛을 들이기 위해 밖으로 난 창 외에도 건물 내부를 향한 또 다른 창이 있

어, 죄수의 일거수일투족이 중앙의 감시탑에 있는 간수에게 항상 포착될 수 있었다. 저녁에는 죄수의 방에 불을 밝힘으로써 방을 밝게 유지했다. 반면 죄수는 중앙 감시탑의 내부가 항상 어두워 간수를 볼 수 있기는커녕 간수가 자신을 감시하고 있다는 사실조차 알 수 없었다. 죄수는 간수를 볼 수 없는 채 항상 보여지기만 하고, 간수는 보이지 않은 채 항상 모든 죄수를 감시할 수 있었다. 이 시선의 '비대칭성'이 바로 파놉티콘의 핵심구조였다.

벤담이 강조했듯이 파놉티콘은 죄수들이 단지 감시받고 있다고 생각하게 만든 '감시의 환영'을 창조한 극장이었다. 파놉티콘에 수용된 죄수는 보이지 않는 곳에서 항상 자신을 감시하고 있을 간수의 시선 때문에 규율에서 벗어나는 행동을 못하다가 점차 이 규율 권력을 '내면화'하여 스스로 자신을 감시하게 된다는 것이다. '감시는 보편적이고, 영구적이며, 포괄적이다'라는 의미에서 파놉티콘은 감시의 원리를 체계화한 '자동기계'이다. 자동기계에는 파놉티콘의 컴컴한 감시 공간에서 누구도 간수의 역할을 수행할 수 있다는 의미가 함축되어 있었다. 건축물과 기하학적 구조를 제외하고는 다른 물리적 도구 없이, 파놉티콘은 직접적으로 개개인에 작동하며, 정신에 의한 정신에 대한 권리 행사인 것이다.

홍성욱, 『파놉티콘-정보사회 정보감옥』, 책세상, 2002, 22~24쪽.

위의 예시문은 1791년 벤담이 설계한 '원형 감옥 파놉티콘'의 구조를 간략하게 설명한 글이다. 이 글의 의미를 파악하기 위해서는 먼저 축자적 분석이 필요하다. 앞에서 축자적 분석에 대해 이미 설명했으므로 여기서는 곧바로 텍스트에 대한 구조적 분석으로 넘어가자.

글에 대한 구조적 분석을 하기 위해서 먼저 다음의 질문에 대한 답을 찾아보자.

- 글이 다루고 있는 대상이 무엇인가?
- 그 대상을 어떤 방식으로 서술하고 있는가?
- 중심 생각, 즉 주제는 무엇인가?
- 중심 생각을 전달하기 위해 뒷받침해주는 중요한 정보나 내용은 무엇인가?

이 글에서 비전문가인 일반 독자들에게 파놉티콘이라는 원형감옥에 대해 좀 더 쉽게 이해할 수 있도록 서술하고 있다. 즉 첫 번째 단락에서는 벤담이 설계한 원형감옥의 구조를 간략하게 설명하고, 두 번째 단락에서는 감시의 원리를 설명하고 있다. 따라서 이 두 가지를 통합해보면 이 글에서 다루고 있는 대상은 '파놉티콘이라는 원형감옥의 구조와 감시의 원리'이다. 이 대상을 서술하는 방식은 첫 번째 단락에서는 건축물의 공간적 질서에 따라 원형감옥의 구조를 설명하고 있다. 이어서 두 번째 단락에서는 그 물리적인 공간적 구조가 어떻게 죄수들의 정신을 지배하는지, 그리고 그런 심리적 기제를 활용하여 감시의 원리를 작동시키는 사회 규율이 어떻게 형성되는지 그 과정을 간략하게 설명하고 있다.

이 글에서 가장 핵심적인 내용을 담고 있는 문장은 밑줄 친 바와 같다. 핵심적인 내용만 추려 통합하여 하나의 문장으로 만들면 '파놉티콘은 기하학적 건축구조물을 이용하여 감시의 원리를 체계화한 자동기계이다.'라고 할 수 있다.

(2) 논증적 텍스트의 구조적 분석

논증은 그 주장에 해당하는 결론과 그 결론을 지지하는 증거의 역할을 하는 전제들로 이루어져 있다. 따라서 넓은 의미에서 논증 개념은 뭔가를 주장하려는 모든 글이 취하고 있는 구성 양식이기도 하다. 결국 논증적 텍스트를 분석하기 위해서는 저자가 주장하려고 하는 바가 무엇인지, 또 어떤 근거나 증거로 그런 주장을 뒷받침하고 있는지를 정확하게 식별해 내는 것이 중요하다.

다음의 예시문은 중동 지방, 특히 유대교와 이슬람교를 믿는 사람들이 왜 돼지고기를 먹지 않는지에 대한 하나의 대답이다.

> 돼지에 관한 수수께끼를 풀기 위해서는 공공보건의 개념을 확대할 필요가 있다. 즉 그 개념 속에는 자연공동체와 문화공동체에서 동물, 식물, 인간이 서로 공존해나가는 데 필수적으로 요구되는 과정들이 내포되어 있어야 한다는 것이다. 내 생각으로는 돼지 사육이 중동지방의 기본적인 문화와 자연 생태계의 조화된 통합성을 깨뜨릴 위협이 되었기 때문에 성서와 코란은 돼지를 정죄했다고 생각한다. …〈중략〉…
>
> 농업과 목축이 혼합된 전반적으로 복합체적인 경제 형태 내에서 돼지고기를 먹지 말라는 신의 금지명령은 완벽한 생태학적 전략이 되었다. 반정착 취락 농경인들에게는 돼지가 재산의 가치가 있기보다는 오히려 위협적인 존재가 되었으며, 뿐만 아니라 유목 이스라엘인들은 그들의 척박한 거주지역 내에서 돼지를 기를 엄두도 낼 수 없었다.
>
> 그럴 수밖에 없었던 것은, 근본적으로 지구상에 목축을 위주로 하고 있는

지역들은 대개가 강우를 이용한 농업을 하기에는 너무 박하고 관개도 쉽지 않은, 숲이 없는 평원과 구릉들로 이루어진 땅들이었기 때문이다. 이런 땅에서 가장 잘 적응할 수 있는 가축으로는 반추동물, 즉 소, 양, 염소 등이 있다. 반추동물은 다른 어떤 포유동물보다 훨씬 효과적으로 섬유소가 주성분인 풀, 나뭇잎 등을 소화시킬 수 있게 위의 상부에 전위라는 것이 있다.

그러나 돼지는 원래 숲지대와 그늘진 강둑에서 사는 동물이다. 잡식동물이기는 하지만 주식물은 섬유소 형성도가 낮은 나무열매, 과일, 식물뿌리, 특히 곡식을 주로 먹기 때문에 인간과 직접 경쟁하는 경쟁자일 수밖에 없다. 돼지는 풀만 먹고 살 수는 없다. 따라서 유목, 유랑민들치고 돼지를 많이 기르는 사람들은 이 지구상에 어디에도 없다. 돼지가 지니고 있는 더 큰 약점은 실용될 수 있는 젖이 없고 원거리를 몰고 다니기가 무척 어렵다는 점이다.

마빈 해리스, 박종열 옮김, 『문화의 수수께끼』, 한길사, 2004, 48~49쪽.

이제 위의 글을 논증적으로 재구성해보자.

- 문제 상황 : 중동지방에서 돼지가 금기시되는 동물이 된 까닭은 무엇인가?
- 주장(결론) : 돼지 사육은 중동지방의 기본적인 문화와 자연 생태계의 조화된 통합성을 깨뜨릴 위협이 되었기 때문이다.
- 근거(전제) :
    - ⋯▸ 중동지방의 기본적인 문화는 초목지대를 중심으로 하는 반정착 농경 문화이다.
    - ⋯▸ 중동지방과 같은 초목지대에 적합한 동물은 반추동물들이다.

⋯› 돼지는 반추동물이 아니라 잡식동물이다.

⋯› 따라서 돼지는 중동지방에서 가축으로 사육하기에 적합한 동물이 아니다.

⋯› 돼지를 사육하는 일은 오히려 경제적으로 손해가 나는 일이다.

위에 제시된 전제들로부터 우리는 우선 중동지역의 자연적 조건과 문화를 생각할 때, 그 지역에서 왜 돼지가 기피 대상이 되었는지를 쉽게 이해할 수 있게 된다. 이러한 재구성에는 물론 보이지 않게 생략된 전제들이 숨어 있다. 그것들 중에는 너무나 당연해서 생략된 것들이 있다. 예를 들면 "사람들은 경제적으로 손해가 나는 일은 하려하지 않는다." 같은 경우가 그렇다. 그런데 그와 같은 방식으로 생략된 전제들 중에는 우리가 곰곰이 생각해 보아야 할 전제들도 있다. 가령 "한 지역의 종교와 문화는 그 지역의 자연 생태적 조건의 영향을 크게 받는다." 같은 것들이 그럴 수 있다. 이런 전제 아래에서 우리는 왜 중동지역의 종교인 유대교와 이슬람교가 돼지를 금기시 하는지 이해할 수 있게 되고, 저자의 설명에 고개를 끄덕이게 된다.

텍스트를 이렇게 논증적으로 분석하면, 저자가 생략한 전제들, 당연하다고 여기고 있는 가정들을 분명히 알 수 있게 된다. 우리가 글을 쓸 때도 마찬가지의 전략을 사용할 수 있다. 즉 자신이 주장하는 바와 그 근거를 논증적으로 재구성하면, 어떤 부분들이 명시적으로 밝혀지고, 어떤 부분이 보충되어야 하는지를 확인하기 쉽기 때문이다.

3) 텍스트 서술 방식 분석

서술 방식은 저자가 대상을 독자들에게 효과적으로 전달하기 위해 선택하는 글쓰기의 방식이다. 따라서 앞에서 살펴본 설명적 텍스트나 논증적 텍스트 모두에서 저자가 필요하다면 다음의 서술 방식들을 활용할 수 있다. 물론 우리 스스로가 글을 쓰고자 할 때도 마찬가지다. 텍스트의 서술 방식을 분류해서 분석하는 것은 또한 각 서술 방식에 따라 우리가 해당 텍스트를 읽을 때 어떤 점에 주안점을 두고 읽어야 하는지를 알려준다는 점에서 중요하다.

(1) 문제해결식 텍스트의 구조적 분석

대부분의 학술적 텍스트는 문제를 제시하고, 저자가 그 문제를 어떻게 보고 있는지, 그리고 그 해답은 무엇이라고 생각하는지 등을 보여주는 일종의 문제해결식 구성을 취한다. 통상 문제해결의 과정은 다음의 단계들을 거친다.

문제의 발견 ➞ 문제의 정의 ➞ 해결책의 모색 ➞ 선택된 해결책의 실행 ➞ 성과에 대한 평가와 피드백

(* 피드백의 과정은 평가 결과에 따라서 어느 단계로든 되돌아갈 수 있다.)

문제해결식 구성은 이중적인 의미를 지닌다. 먼저 하나의 글 전체가 문제를 해결하기 위한 과정일 수도 있다. 이 경우에는 글의 논리적 구조가 문제해결식 구성을 취한다. 그러나 그런 경우라도 각 부분 부분의 서술은 다

양한 형식의 서술 전략을 취할 수 있다. 반면 텍스트의 서술 방식 자체가 문제해결식 구성을 취할 수도 있다.

예컨대 다음의 예시문은 파푸아뉴기니 지방에서 발생한 '쿠루'라는 낯선 질병의 원인을 파악하기 위한 하나의 과정을 묘사한 글이다.

1950년대 후반에 파푸아뉴기니의 포레Fore 부족을 몰살시킨 괴상한 새로운 병에 관한 보고가 등장하였다. 사실 이 병에 대해 알려진 것은 거의 없었을 뿐더러 뉴기니아의 고립된 고원 지대에서 석기 시대 생활을 하는 포레 부족에 대해서는 더욱 그랬다. 모험심에 불타는 젊은 미국의 바이러스 학자 칼턴 가이두섹이 이 유행병을 연구하기 위해 포레 영토로 들어갔다.

포레족은 이것을 〈쿠루kuru〉, 즉 경련병이라고 불렀고, 그 원인은 주술이라고 확신하고 있었다. 그 탓에 가이두섹은 사람들로부터 쉽게 협조를 얻을 수가 없었다. 이 병은 유전병이나 감염병, 또는 어떤 환경 내 독소의 결과일 수도 있었다. 그는 한 마을에서 다른 마을로 3,000킬로미터를 걸어 다니며 혼자 역학 조사를 수행하고 자료와 조직 샘플을 모았다. 그는 쿠루의 가장 주요한 실마리가 환자의 뇌라고 생각했다. 그는 문상객들에게 애걸하여 부검 허락을 받았고, 도끼와 담배를 환자들의 뇌와 바꾸었다. 예상과는 달리 환자 뇌의 현미경 소견은 대개 바이러스성 뇌염에 동반되는 염증은 보이지 않았다. 대신 가이두섹은 광범위한 스펀지 모양의 퇴화와 단백질 플라크를 보았다.

1960년대 초까지 쿠루로 인해 너무나 많은 포레족 사람들이 죽어서 어떤 마을은 남성 세 명당 여성이 한 명밖에 되지 않았고 고아가 흔해졌으며 사회는 해체되기 시작했다. 가이두섹은 희생자들과 관련이 있을 법한 음식이나 활동 또는 지역적 특성을 찾아보았다. 마침내 그는 아이들을 돌보는 포레족 여성들만이 수행하는 역할을 찾아냈다. 즉 여성들은 장례식을 준비하면서 관습대로 시신을 요리하였던 것이다. 그 일은 뇌를 뜯어내고 만지는 것과 관련이 있었는데, 그러면서 여자들은 종종 그 뇌의 일부를 먹었다. 그들의 말로는 이런 풍속이 겨우 30~40년 전에 북쪽의 부족들로부터 들어왔다고 했다. 이것은 거의 쿠루가 처음으로 나타난 시기와 일치했다.

쿠루는 가이두섹의 발견 뒤에도 20년 동안 수천 명의 포레족을 더 죽였으나, 그 숫자는 1960년대 초에 정부가 식인 풍습을 엄격하게 금지하면서 줄어들기 시작했다.

아노 카렌, 권복규 옮김, 『전염병의 문화사』, 사이언스 북스, 2001, 298~300쪽.

저자인 아노 카렌은 '쿠루병'의 실체를 밝히고자 하는 가이두섹의 문제해결 과정을 압축적이지만 효과적으로 그려내고 있다. 이러한 문제해결식 서술 방식의 텍스트들은 실제 문제해결과정과 비교하면서 읽어내면 효과적이다. 가령, 문제 발견과 인식 단계에서 정확한 문제를 확인하고, 그 문제를 해결하기 위한 다양한 가능성들이 모색되고 있는지, 저자와는 달리 생각해 볼 여지는 없는지 등을 생각하며 읽는 것이다. 예를 들면 아래의 물음에 대답하며 텍스트의 내용을 정리해 보는 방법이다.

- 저자가 파악한 문제상황은 무엇인가?
- 저자는 그 문제를 해결하기 위해 어떤 대안들을 제시하고 있는가?

- 저자의 제안에 따를 때, 문제가 해결되는가?
- 저자의 해법 외에 다른 해결 가능성은 없는가?
- 저자가 생각하지 않았을 다른 문제는 없는가?

이와 같이 글을 분석하며 읽는 방법은 직접 글을 쓸 때도 그대로 활용할 수 있는 방법이다.

(2) 정의와 예시에 따른 텍스트의 구조적 분석

자신이 전달하고자 하는 메시지를 분명하게 하기 위해서는 자신이 사용하고 있는 개념이나 표현들을 명료하게 표현해야 한다. 특히 자신이 사용하는 개념이나 표현이 일상적인 의미보다 더 정밀한 의미를 갖고 있는 경우, 또 일상적인 의미 이상의 정보를 전달하고자 할 때 유용한 방법은 해당 개념이나 표현을 좀 더 명료하게 할 필요가 있다. 이를 위해 사용할 수 있는 방법이 곧 정의와 예시이다.

이제 결정론과 예측 가능성을 명확히 구분할 때가 되었다. 우리가 예측이란 말을 쓴다면 그것은 우리가 어떤 체계의 현재 상태를 관찰한 뒤 그 체계의 구조적 역동성에 따라 어떤 상태가 뒤따를 것이라고 주장하면서 동시에 그 상태도 관찰할 수 있을 것이라고 주장할 때다. 이런 의미에서 예측이란 관찰자인 우리가 어떤 일을 예상하는가를 드러낸다.

그러므로 예측이란 언제나 할 수 있는 것이 아니다. 또 어떤 체계가 구조적으로 결정되었다는 주장과 그것을 완전하게 예측할 수 있다는 주장은 같지 않다. 관찰자인 우리는 체계의 작업과 관련하여 예측에 필요한 모든 것을 알 수 없는 처지에 있을 수 있다. 예를 들어 구름과 바람이 비교적 간단한 원리에 따라 움직이고 변화한다는 것은 틀림없는 사실이다. 하지만 거기에 관련된 모든 변수들을 알기 어렵기 때문에 기상학은 오늘날까지도 꽤 제한된 예측력을 가진 학문으로 남아 있다. 이 경우 제한된 예측력은 우리의 제한된 관찰능력 때문이다. 그런데 우리의 무능력에는 또 다른 종류의 것도 있다. 예를 들어 난류현상의 경우에는 그것을 산출하는 결정론적 체계를 구상하는 데 필요한 개념적 요소들조차 확립되어 있지 않다. 이 경우 예측할 수 없는 우리의 무능력은 우리의 이해가 제한되어 있음을 드러낸다. 끝으로 우리가 관찰함과 동시에 상태가 변하는 체계들도 있다. 이 경우에는 체계의 구조적 진행을 예측하려는 관찰자의 시도 자체가 이미 그것을 예측 가능성의 영역으로부터 멀어지게 한다.

움베르토 마투라나·프란시스코 바렐라, 최호영 옮김, 『앎의 나무』, 갈무리, 2007, 142~143쪽.

위 텍스트는 '결정론'이라는 개념과 '예측가능성'을 명확히 구분하기 위해, '예측가능성'이라는 개념을 정의하고 그에 대해 설명한다. 일상적으로 어떤 체계가 '결정론적이다'라고 하면, 대부분 '그 체계에서 일어나는 일들을 예측할 수 있다'라는 뜻으로 읽는 경향이 있다. 그러나 저자는 결정론적 체계와 예측 가능성을 분리해 냄으로써 어떤 체계가 결정론적이라고 하더라도 여전히 우리는 그 체계의 일을 다 예측할 수는 없다는 점을 밝히고 있다. 개념 정의를 통해 생각의 오류를 바로 잡으려는 의도의 글이다.

정의와 예시의 방법은 이처럼 특정 개념이나 표현을 정밀하게 사용하고자 할 때, 유용한 방법이다. 물론 이런 방법이 단지 개념이나 표현과 같은 축자적 차원에서만 일어나지는 않는다. 문제 상황 자체를 재정의하는 것 역시 마찬가지 관점에서 보아야 한다. 예를 들어, 최근 대체 에너지 문제가 사회적 이슈가 되고 있다. 이는 물론 에너지 부족 현상에서 그 원인을 찾아야 한다. 그런데 에너지가 부족하다는 문제를 '우리가 에너지를 과소비하고 있다'라는 관점에서 정의하면, 그 해결책은 어떻게 하면 그 과소비를 줄일 것인가 하는 문제로 전개될 것이지만, 에너지 부족의 문제를 '어떻게 하면 에너지 공급을 늘릴 것인가'라는 문제로 정의한다면, 해결책은 전혀 다른 차원에서 찾아야 한다. 문제를 어떻게 정의하느냐에 따라 해결책은 전혀 다른 방식으로 모색될 수 있다.

개념이나 문제 상황을 다시 분명하게 정의하는 텍스트를 읽을 때, 독자는 저자가 왜 그런 일을 수행하는지에 대해 주의해야 저자의 의도를 명확하게 파악할 수 있다. 마찬가지로 우리가 글을 쓸 때도 자신이 사용하고 있는 개념이 주의를 요할 때, 혹은 자신이 문제 상황을 어떻게 보고 있는지를 명료하게 할 필요가 있을 때 해당 사안을 정의하고, 그것을 설명적으로 예시하는 글쓰기 방식을 채택할 수 있다.

(3) 비교와 대조에 따른 텍스트의 구조적 분석

비교는 두 가지 이상의 사물이나 정보 등의 대상 사이에 존재하는 유사성에 기초하고, 대조는 그 차이점에 기초한다. 비교와 대조 모두 두 가지 이상의 대상 사이에 존재하는 공통점을 보여준다는 점에서 동일하다. 따라서 비교와 대조는 일반적으로 생소하거나 모르는 대상을 이미 알고 있는 대상에 견주어서 설명하거나 주장할 때 많이 사용한다. 비교와 대조에 따라 구성된 텍스트를 분석할 때에는 각 군에 속하는 항목별로 차이점이나 공통점 등을 정리하면 훨씬 더 쉽게 이해할 수 있다.

> 철학적 앎, 즉 세계관은 냉철한 이성에 뒷받침된다고 자처하지만 따지고 보면 경험이나 검증할 수 없는 형이상학적인 관념적 존재에 그 근거를 둔다. 기존의 모든 지식 양태들 간의 차이는 그것들이 각각 뿌리를 내리고 있는 총체적 자연관, 즉 형이상학적 세계관의 차이에서 온다. 과학적 세계관이 유물론적이며 기계론적인데 반해서, 전통적 세계관은 의인적이며 물활론적物活論的이다. 전자의 세계는 딱딱하고 차고, 그 자체가 죽어 있어서 아무데서도 의지할 누구도 찾을 수 없이 삭막하고 고독한 삶을 살 수밖에 없는 공간이다. 이에 반해 후자의 세계는 푹신하고 따뜻하고, 그 자체가 살아있어서 의미가 있고, 주위에는 어디를 봐도 언제고 우리를 도와줄 수 있는 신 혹은 신들이나 정령들이 살아있어 외롭지 않게 의미 있는 삶을 살 수 있는 공간이다. 그렇지만 두 가지 세계관은 양립할 수 없다. 두 가지 중 하나를 선택해야 한다. 냉성한, 아니 정상적인 이성을 가신 사람이라면 물활론이 잘못된 세계관이었다는 것을 부정할 수 없기 때문이다.
>
> 박이문, 『과학, 축복인가 재앙인가』, 이화여자대학교 출판부, 2009, 30~31쪽.

위의 글은 근대 이후의 과학적 세계관과 근대 이전의 전통적 세계관의 차이점에 주목하는 대조의 방식으로 서술하고 있다. 과학적 세계관은 유물적이며 기계론적인 사고에 기초하며, 삭막하고 고독한 삶이 존재하는 공간이다. 이에 비해 전통적인 세계관이 작용하는 사회는 의인적이고 물활론적인 사고에 기초하며, 따뜻하고 외롭지 않은 사람이 존재하는 공간이다. 이 두 세계관은 서로 다른 차이점을 드러내지만, 모두 인간이 추구하는 형이상학적 관념에 그 뿌리를 두고 있다는 점에서 공통점을 지닌다.

현재 우리는 과학적 세계관이 작용하는 현대 사회에 살고 있기 때문에 물활론에 입각한 전통적인 세계관이 작용되는 전근대적인 사회나 사람의 방식에 대해서는 잘 알지 못한다. 그러므로 과학적 세계관에 비추어서 전통적인 세계관을 설명하면 독자들이 훨씬 이해하기 쉽다.

이처럼 비교와 대조는 이미 알고 있는 사항이나 대상에 관련시켜 새로운 것을 이해하거나, 두 가지 사항 모두에 포함되어 있는 공통점을 파악하는 데 도움을 받을 수 있는 서술방식이다. 또는 다양한 사상이나 종교의 원리나 문화의 특성 등을 비교·대조의 방식으로 설명하게 되면 일반적인 속성을 이끌어내는 데 효과적이다.

(4) 분류에 따른 텍스트의 구조적 분석

분류는 대상에 대해 일종의 정돈된 질서를 부여하는 작업에 해당한다. 다시 말하면 분류는 복잡하고 큰 덩어리로 있는 대상이나 정보를 나름의 기준에 따라 작은 덩어리로 나누어서 체계적으로 유형화하는 작업이다. 이 때 분류의 기준은 대상이 지닌 특성이나 필요성, 또는 어떤 목적 등에 따라 결정된다. 이렇게 나름의 특성에 따라 어떤 기준이 일단 정해지면 반드시 일관성 있게 적용해야 한다. 만약 그렇지 않고 임의적으로 분류한다면 체계적이지도 않을 것이기에 독자들의 설득력을 얻기도 어렵다.

논리적 독서의 방법에는 다음 네 가지의 수준이 있다. 여기서 수준이라는 용어를 쓰는 까닭은 단계성의 의미를 지니기 때문이다. 첫 번째는 두 번째 수준에, 두 번째 수준은 세 번째 수준에, 세 번째 수준은 네 번째 수준에 녹아들어 있고, 네 번째 수준은 세 가지 수준을 모두 포함한다.

논리적 독서의 제1 수준을 기초적 읽기라 부를 것이다. 이 수준에서 사람들은 기초적인 읽기 훈련을 받을 것이며, 초보 단계의 읽기 기술을 획득하게 된다. 이 수준의 읽기에서 독자에게 요구되는 것은 '그 문장이 무엇을 말하고 있는가?'이다. 물론 그것은 복잡하고 어려운 질문으로 받아들여질 수 있다. 그러나 여기서 우리는 가장 단순한 의미에서 이런 질문을 제기하는 것이다.

논리적 독서의 제2 수준은 점검하며 읽기이다. 이것은 시간에 특별한 강조점을 두는 특징이 있다. 이 수준에서 책을 읽을 때, 학생들은 정해진 시간 안에 할당된 분량을 읽어야 한다. 이때 여러분의 목적은 그 책의 표면을 조사하고, 그 겉모습이 여러분에게 가르쳐 줄 수 있는 모든 것을 배우는 것이다.

논리적 독서의 제3 수준을 분석적 읽기라고 부를 것이다. 이는 지금까지 언급한 두 가지의 읽기 수준보다 더 복잡하고 체계적인 읽기 행위이다. 읽을 텍스드의 난이도에 따라 독자들의 노력이 많이 필요할 수도 있다. 분석적 읽기는 철저하고 완벽하게 또는 가장 최선을 다 해 읽는 수준에 해당한다. 점검하며 읽기가 제한된 시간 안에 읽을 수 있는 가장 최선의 읽기 방식이라면, 분석적 읽기는 시간에 구애받지 않는 경우에 행하는 가장 완벽한 책읽기 방식이다.

논리적 독서의 제4 수준은 종합적 읽기이다. 이것은 가장 복잡하고 체계적인 읽기 방식이다. 이 읽기 방식은 아무리 쉬운 책이라 하더라도 독자에게 많은 것을 요구한다. 이 수준의 독서를 비교하며 읽기라 할 수도 있다. 종합적으로 책을 읽을 때, 독자는 단지 한 권만이 아니라 여러 권의 책을 읽어야 하며, 하나의 주제와 관련하여 여러 책들 사이에 상호 연관성을 따져가며 읽어야 한다. 물론 종합적 읽기는 텍스트들 간의 단순 비교로는 충분하지 않으며 그 이상을 요구한다. 종합적 책읽기를 행하는 독자라면 여러 가지 책들 중 그 어느 것에도 들어 있지 않는 주제를 분석할 수도 있다. 그러므로 종합적인 책읽기는 가장 적극적이고 효과적인 책읽기 방식임에 틀림없다.

모티머 J. 애들러, 오연희 옮김, 『논리적 독서법』, 1997, 23~28쪽.

위의 예시문은 논리적 독서법의 네 가지 종류를 유형화한 글이다. 논리적 독서법이라는 큰 범주를 독서의 목적과 효과라는 기준에 따라 저자 나름대로 기초적 읽기, 점검하며 읽기, 분석적 읽기, 종합적 읽기의 네 단계로 나눈 것이다. 이 텍스트에서 특이한 점은 단순히 대상을 종류별로 유형화하는 데 그치지 않고, 수준별로 단계화하여 전체적으로 논리적 독서라는 방법을 체계화하였다는 데 있다. 이처럼 분류의 기준이 자의적이라 하더라도 그것이 합리적이고 논리적 근거에 바탕을 둔다면 설득력을 확보할 수 있다.

이상에서 살펴본 바와 같이 분류는 특정한 기준에 따라 큰 범주나 덩어리를 작은 범주나 덩어리로 유형화하여 나누는 것이다. 이는 역으로 작은 범주나 덩어리를 총합하면 큰 범주나 덩어리가 된다. 그러므로 체계적인 기준에 따라 질서화하는 작업이 요구된다.

※ 이제까지 텍스트 분석의 사례들을 보았다. 텍스트의 종류나 성격에 따라 적합한 질문이나 판단 기준은 다양할 수 있다. 물론 그런 질문을 만들어 내는 일 자체가 효과적인 분석의 일부이기도 하다. 그래서 독자가 어떤 질문들을 던지느냐에 따라 분석의 방향이 달라질 수도 있고, 그에 따라 텍스트를 이해하는 정도나 방향도 달라질 수 있다.

텍스트 분석은 일종의 길 찾기 과정과 유사하다. 목적지에 도달하는 경로는 다양할 수 있다. 그리고 그 경로를 선택하는 것은 독자의 몫이다. 그렇기 때문에 텍스트는 늘 독자에게 열려 있다. 비록 텍스트 분석의 중요한 목적이 주어진 텍스트를 정확히 이해하고자 하는 활동이기는 하지만, 동시에 텍스트 분석 자체가 또 다른 창조적인 과정이라는 점을 염두에 두어야 할 것이다.

3.
분석의 실제

3.1 데카르트, 『성찰』

제1성찰 의심할 수 있는 것들에 관하여

유년기에 내가 얼마나 많이 거짓된 것을 참된 것으로 간주했는지, 또 이것 위에 세워진 것이 모두 얼마나 의심스러운 것인지, 그래서 학문에 있어 확고하고 변치 않는 것을 세우려 한다면, 일생에 한 번은 이 모든 것을 철저하게 전복시켜 최초의 토대에서부터 다시 새로 시작해야 한다는 것을, 이미 몇 해 전에 깨달은 바가 있다. 그런데 이것은 보통 일이 아니라고 생각했기 때문에, 이 일을 적절하게 실행할 수 있는 성숙한 나이가 되기를 기다렸다. 이 일을 오랫동안 연기해 왔으므로 내 여생을 다른 것에 소비한다면 죄를 짓는 꼴이 되고 말 것이다. 그러나 다행히 오늘 내 정신은 모든 근심에서 벗어나 있고, 은은한 적막 속에서 평온한 휴식을 취하고 있으므로, 내가 지금까지 갖고 있던 모든 의견을 진지하고 자유롭게 전복시켜 볼 참이다.

그러나 이를 위해 모든 의견이 거짓임을 증명해 보일 필요는 없다. 이것은 내가 도저히 해낼 수 없기 때문이다. 오히려 이성이 설득하고 있는 바는 아주 확실하지 않은 것, 그리고 의심할 수 없는 것이 아닌 것에 대해서도, 명백히 거짓인 경우와 마찬가지로 동의를 해서는 안 된다는 것이므로, 의견들 각각에 의심할 만한 이유가 조금이라도 있다면 그 의견들 전체를 충분히 거부할 수 있는 것이다. 그렇다고 의견들을 일일이 검토해야 하는 것은 아니다. 이것은 끝이 없는 일이기에 말이다. 이보다는 오히려 토대가 무너지면 그 위에 세워진 것도 저절로 무너질 것이기에, 기존의 의견이 의존하고 있는 원리들 자체ipsa principia를 바로 검토해 보자.

내가 지금까지 아주 참된 것으로 간주해 온 것은 모두 감각으로부터a sensibus 혹은 감각을 통해서per sensus 받아들인 것이다. 그런데 감각은 종종 우리를 속인다는 것을 이제 경험하고 있으며, 한 번이라도 우리를 속인 것에 대해서는 전적으로 신뢰하지 않는 편이 현명한 일이다.

그러나 감각이 비록 아주 작은 것과 멀리 떨어진 것에 대해 종종 우리를 속일지라도, 감각으로부터 알게 된 것 가운데는 도저히 의심할 수 없는 것도 많이 있다. 예를 들면, 지금 내가 여기에 있다는 것, 겨울 외투를 입고 난롯가에 앉아 있다는 것, 이 종이를 손에 쥐고 있다는 것 등이 그것이다. 이 두 손이, 그리고 이 몸통이 내 것이라는 것을 어떻게 부인할 수 있는가? 이것을 부인하는 것은 미치광이의 짓과 다름없을 것이기에 말이다. 미치광이는 검은 담즙에서 생기는 나쁜 종기로 인해 두뇌가 아주 혼란되어 있기 때문에 알

거지면서도 왕이라고, 벌거벗고 있으면서도 붉은 비단 옷을 입고 있다고, 머리가 진흙으로 만들어졌다고, 몸이 호박이나 유리로 되어 있다고 우겨댄다. 그렇지만 이들은 한갓 미치광이일 뿐이다. 그래서 내가 이들의 언행 가운데 몇 가지만이라도 흉내낸다면 나 역시도 미치광이로 보일 것이다.

그렇지만 나도 한 인간이다. 밤에는 으레 잠을 자고, 꿈속에서는 미치광이가 깨어 있을 때 하는 짓과 똑같은 것을, 아니 종종 더 괴상한 것을 그려낸다. 옷을 벗고 침대에 누워 있건만, 평소처럼 내가 여기 있다고, 겨울 외투를 입고 난롯가에 앉아 있다고 잠 속에서 그려낸 적이 어디 한두 번이었던가? 그러나 나는 지금 두 눈을 부릅뜨고 이 종이를 보고 있다. 내가 이리저리 움직여 보는 이 머리는 잠 속에 있지 않다. 나는 의도적으로 손을 뻗어 보고, 또 느끼고 있다. 내가 잠자고 있을 때 이런 것은 이처럼 판명判明하지 않았던 것 같다. 그러나 꿈속에서도 이와 비슷한 생각을 하면서 속은 적이 어디 한두 번이던가. 이런 점을 곰곰이 생각해 보면, 깨어 있다는 것과 꿈을 꾸고 있다는 것을 확실히 구별해 줄 어떤 징표도 없다는 사실에 소스라치게 놀라게 된다. 이런 놀라움으로 인해 내가 지금도 꿈을 꾸고 있는 것은 아닌가 하는 생각에 빠져들게 된다.

그래 좋다. 우리가 지금 꿈을 꾸고 있다고 치자. 그래서 눈을 뜨고 있다는 것, 머리를 움직여 본다는 것, 두 손을 뻗어 본다는 것과 같은 개별적인 것particularia은 사실이 아니라고 하자. 아니 어쩌면 그런 손이나 몸통조차도 지니고 있지 않다고 하자. 그렇더라도 잠들어 있을 때 보이는 것은 일종의 상imagines과 같은 것이며, 이것은 참된 것의 견본대로만 그려질 수 있는 것이다. 그래서 눈, 머리, 손, 몸통 등과 같은 일반적인 것generalia만은 적어도 단순히 공상적인 것res quasdam imaginarias이 아니라 참으로 현존하는 것veras existere임을 인정해야 한다. 왜냐하면 사실 화가들이 사이렌[1])이나 사티로스[2]) 를 아주 기이한 모양으로 나타내려고 해보았자, 그들은 아주 새로운 본성을 그것에 부여할 수는 없으며, 다만 다양한 동물의 지체肢體들을 이리저리 뒤섞어 놓을 뿐이다. 그렇지만 혹시 그들이 이와 유사한 것을 전혀 본 적도 없는, 그래서 극히 허구적fictitium이고 거짓된falsum 어떤 새로운 것을 고안해 낸다고 하더라도, 이것을 구성하고 있는 색깔만은 적어도 참된 것이어야 하지 않겠는가. 이런 이유에서 눈, 머리, 손 등과 같은 일반적인 것이 공상적인 것이라 하더라도, 이것과는 다른 것, 즉 더 단순하고 보편적인 것magis simplicia & universalia은 실제로 존재한다는 것을 인정해야 할 것이다. 화가들이 기이하게 만들어 낸 것이 참된 색깔들로 구성되어 있는 것처럼, 우리 사유 속에 있는 사물의 상像들은 모두, 참된 것이든 거짓된 것이든 간에, 이 단순하고 보편적인 것이 뒤섞여 만들어진 것이다.

이런 것에 속하는 것으로 생각되는 것은, 물질적 본성 일반 및 그 연장extensio, 그리고 연장延長적 사물의 형태, 그것의 양, 즉 그것의 크기와 수, 그것이 존재하는 장소, 그것이 지속하는 시간 등이다.

이제 다음과 같은 것이 정당하게 귀결된다. 즉, 자연학, 천문학, 의학 및 이 밖에 복합적인 것을 고찰하는 모든 학문은 의심스러운 것인 반면에, 대수학, 기하학 및 극히 단순하고 일반적인 것을 다루는, 그래서 자연 속에서 이런 것들의 존재 여부를 문제 삼지 않는 학문들은 의심할 수 없는 확실성을 담지하고 있다는 것이다. 왜냐하면 내가 깨어 있든 잠들어 있든 간에, 둘에 셋을 더하면 언제나 다섯이고, 사각형은 네 변밖에 가지지 못하므로, 이렇게 분명한 진리들이 거짓일 수 있다는 의혹을 받는 일은 있을 수 없는 것으로 생각되기 때문이다.

그러나 내 정신 속에는 오래된 한 가지 의견이 새겨져 있다. 즉, 모든 것을 할 수 있고, 또 지금의 내 모습대로 나를 창조했을 신이 존재한다는 의견이다. 그렇다면 땅, 하늘, 연장적 사물, 형태, 크기, 장소는 존재하는 것이 아니라, 이것들을 지금 보는 그대로 있는 것처럼 생각하도록 저 신이 만들지 않았다고 어떻게 장담할 수 있는가? 심지어 또한 다른 사람들은 자기가 완전하게 알고 있다고 생각하는 것에서도 가끔 오류를 범하고 있듯이, 나 역시도 둘에 셋을 더할 때, 사각형의 변을 셀 때 혹은 이보다 더 쉬운 것을 할 때 잘못을 범할 수도 있지 않은가? 그러나 신은 아주 선하기 때문에 내가 속는 것을 원하지 않았을 것이다. 하지만 내가 항상semper 잘못을 저지르도록 신이 나를 창조했다는 것이 그의 선성善性과 어긋나는 것이라면, 내가 가끔interdum 잘못을 저지르는 것을 신이 허용하고 있다는 것 또한 어느 정도는 신의 선성과 어긋나는 것처럼 보인다. 그렇지만 내가 가끔 잘못을 저지른다는 것은 분명한 사실이다.

물론 모든 것이 불확실하다고 믿을 바에야 차라리 이처럼 유능한 신이 현존한다는 것을 부정하려는 사람들도 많이 있겠지만, 지금은 이런 사람과 말싸움을 벌이고 싶지 않고, 여기서 내가 신에 대해 말한 것은 일종의 우화(寓話)라는 것만을 인정해 두겠다. 그러나 그들은 운명에 의해, 우연에 의해, 사물의 지속적인 연쇄에 의해, 아니면 어떤 다른 것에 의해 내가 지금의 나로 되었다고 생각할 수도 있겠지만, 잘못을 저지르고 오류를 범한다는 것은 일종의 불완전성이며, 따라서 내 기원의 작자가 지니고 있는 힘이 작으면 작을수록 나는 불완전하여 항상 잘못을 저지른다는 것은 확실하다. 이런 논거에 대해 나는 마땅히 대답할 것은 없으며, 그래서 마침내 이전에 참된 것으로 간주한 모든 것에 대해 의심할 수 있다는 것을 인정해야 했고, 그렇지만 내가 이렇게 모든 것을 의심할 수 있다고 말했을 때는 내 생각이 짧아서나 경솔해서가 아니라 나름대로 깊이 숙고해서 한 것이었다. 그러므로 내가 만일 확실한 것을 발견하고자 한다면 명백히 거짓인 것에 대해서처럼, 이런 의심스러운 것에 대해서도 조심스럽게 동의하지 말아야 한다고 생각했다.

그러나 이런 사실들을 그저 한번 깨닫는 것만으로는 충분치 않고, 항상 그것을 염두에 두어야 한다. 왜냐하면 타성화된 의견은 집요하게 나에게 되돌아오고, 또 이런 의견은 경솔하게 믿어 버리는 내 마음에 이를테면 오랫동안 친숙한 습관처럼 붙어 있어서 내 의지와는 상관없이 내 마음을 점령해 버리기 때문이다. 그래서 내가 이런 의견을 사실 있는 그대로, 즉 앞에서 말했듯이, 조금은 의심스럽지만 그래도 아주 그럴 듯한 것으로 간주해서, 그것을 부정하기보다는 믿어 버리는 편이 보다 합당하다고 생각하는 동안은, 이런 의견에 동의하고 신뢰하는 습관에서 벗어나지 못할 것이다. 그러므로 나는 여기서 정반대로 하리라고 다짐하면서, 나 자신을 속여 잠깐이라도 이런 의견을 거짓되고 공상적인 것으로 가정하고, 이렇게 해서 양쪽 편견이 마침내 균형이 잡히면, 이제부터는 내 판단이 삐뚤어진 습관에 지배되지 않도록, 사물에 대한 올바른 인식에 이르는 길에서 벗어나지 않도록 해야 한다. 내가 이런 의견을 거짓되고 공상적인 것으로 가정한다고 해서 부당한 짓을 하고 있다고는 생각되지 않는다. 왜냐하면 이런 가정을 한다고 해서 어떤 위험이나 오류가 생기는 것이 아님을 알고 있으며, 또 내가 문제삼고 있는 것이 행위가 아니라 전적으로 인식에 관한 것이므로 아무리 불신해도 상관이 없기 때문이다.

그래서 나는 이제 진리의 원천인 전능한 신이 아니라, 유능하고 교활한 악령genium aliquern malignum이 온 힘을 다해 나를 속이려 하고 있다고 가정하겠다. 또 하늘, 공기, 땅, 빛깔, 소리 및 모든 외적인 것은 섣불리 믿어 버리는 내 마음을 농락하기 위해 악마가 사용하는 꿈의 환상ludificationes somniorum일 뿐이라고 가정하겠다. 나는 또 손, 눈, 살, 피, 어떠한 감관도 없으며, 단지 이런 것을 갖고 있다고 잘못 믿고 있을 뿐이라고 생각하겠다. 나는 집요하게 이런 성찰을 견지하겠다. 이렇게 하면 비록 어떤 참된 것을 인식할 수는 없을지라도, 거짓된 것에 동의하지 않는 것, 또 기만자가 아무리 유능하고 교활하더라도 적어도 속임을 당하지 않도록 조심하는 것은 내가 확실히 할 수 있는 일이다.

그러나 이런 일은 아주 힘이 드는 것이므로 조금만 나태해도 나는 일상적인 생활 태도로 다시 돌아가게 된다. 이는 마치 꿈속에서 공상적인 자유를 만끽하고 있던 죄수가 이것이 꿈이 아닐까 하고 의심하게 되었을 때 잠에서 깨어나는 것을 두려워하며 그 달콤한 환상 속으로 더 빠져 들려고 하는 것처럼, 나도 저절로 과거의 의견 속으로 다시 잠겨 들어가고, 또 이 안락한 휴식 다음에 오는 저 고통스런 각성이 나를 빛으로 인도하는 것이 아니라, 오히려 이때 나는 앞에서 언급한 풀리지 않는 난국의 암흑 속에서 지내는 것은 아닐까 하고 두려워하면서 말이다.

데카르트, 이현복 옮김, 『성찰』, 문예출판사, 1997, 34~41쪽.

---

1) seiren: 반인반어의 바다 마녀.
2) satyros: 말의 귀와 꼬리, 산양의 다리를 가진 반인반수(半人半獸)의 숲의 괴물.

데카르트의 『성찰』을 읽고 분석해보자.

1) 축자적 분석

① 중요한 핵심어를 세 개 이상 찾아 그 의미를 알아보시오.

② 불분명하거나, 이해하기 어려운 문장을 세 문장 이상 찾아 자신의 말로 풀어 써보시오.

③ 각 단락의 핵심 내용을 담고 있는 주제문을 찾아 자신의 말로 풀어 써 보시오.

2) 구조적 분석

④ 데카르트가 이 텍스트에서 다루고자 하는 중심적인 문제가 무엇인지 찾아보시오.

⑤ 이 텍스트의 서술방식이 무엇인지 파악해보시오.

⑥ ④와 관련하여, 데카르트가 제1성찰에서 수행하고자 하는 일의 목적을 설명해 보시오.

⑦ ⑥의 목적을 달성하기 위해 데카르트가 채택하고 있는 방법이나 절차의 특징은 무엇인가?

⑧ 데카르트는 모든 것을 의심할 수는 없기에 원리들 자체를 검토하기로 한다. 그 까닭을 찾아보시오.

⑨ 데카르트가 어떻게 해서 "유능하고 교활한 악령이 온 힘을 다해 나를 속이려고 하고 있다"라고 가정하게 되는지 그 과정을 요약해보시오.

3.2 리처드 도킨스, 『이기적 유전자』

▶ **유전자의 특성 – 자기 복제자**

도대체 유전자의 특성이란 무엇일까? 그 해답은 자기 복제자에 있다. 물리학의 법칙은 전 우주에 적용된다. 생물학에도 보편타당한 원리가 있을까? 우주 비행사가 멀리 떨어진 행성에 도달하여 생물을 찾는다면 우리는 상상도 못할 기묘하고 기괴한 생물을 만날지도 모른다. 그렇다면 어디에 살고 있든 어떤 화학적 기초를 가지고 살고 있든 모든 생물에 반드시 타당한 것은 무엇일까? 가령 탄소 대신에 규소를 혹은 물 대신에 암모니아를 이용하는 화학적 구조를 가진 생물이 존재하거나, 또는 -100도에서 죽는 생물이 발견되거나, 화학반응에 의존하지 않고 전자 방향의 회로에 기초한 생물이 발견된다면, 이 모든 생물에 타당한 일반 원리는 과연 존재하는 것인가? 물론 나는 그 답을 모른다.

그러나 만일 둘 중 하나를 선택하라고 한다면 하나의 기본 원리를 선택할 것이다. 즉 모든 생물은 자기 복제를 하는 실체의 생존율의 차이에 의해 진화한다는 원리이다. 자기복제를 하는 실체가 지구에 세력을 뻗친 것은 유전자, 즉 DNA 분자였다는 것이다. 그러나 다른 어떤 것이 그 실체가 될 수도 있다. 가령 그와 같은 것이 존재하고 다른 종의 여러 조건이 충족되면 그것이 어떤 종의 진화과정에 기초가 된다는 점은 거의 필연적일 것이다.

다른 종의 자기 복제자와 그 필연적 산물인 다른 종류의 진화를 발견하기 위해서 반드시 멀리 떨어진 세계로 나갈 필요는 없다. 신종의 자기 복제자가 최근에 바로 지구에 등장했기 때문이다. 우리는 현재 그것과 직면하고 있다. 그것은 아직 발달하지 않은 상태에 있고 전과 다름없이 원시 수프 속에 떠 있다. 그러나 이미 그것은 한참 뒤떨어진 낡은 유전자를 버릴 정도의 일정한 속도로 진화를 달성하고 있다.

▶ 인간의 수프 - 문화

새로이 등장한 수프는 인간의 문화라는 수프이다. 새로이 등장한 자기 복제자에게도 문화 전달의 단위 또는 모방의 단위라는 개념을 함축하고 있는 명사의 이름이 필요하다. 모방에 알맞은 그리스어의 어근은 'mimeme'라는 것인데 내가 바라는 것은 'gene(유전자)'라는 단어와 발음이 유사한 단음절의 단어이다. 그러기 위해서는 위에서 이야기한 그리스어의 어근을 '밈 meme'으로 줄여야 하는데 이에 대해 고전학자들의 관용을 바라는 바이다. 만약 이것이 허락된다면 밈이라는 단어는 '기억memory', 또는 이것에 상당하는 프랑스어의 'meme'라는 단어와 관련이 있는 것으로 생각해 볼 수 있다.

밈의 예에는 곡조나 사상, 표어, 의복의 양식, 단지 만드는 법, 또는 아치 건조법 등이 있다. 유전자가 유전자 풀 내에서 번식하는데 정자나 난자를 운반체로 하여 몸에서 몸으로 뛰어넘는 것과 같이 밈이 밈 풀 내에서 번식할 때에는 넓은 의미로 모방이라고 할 수 있는 과정을 매개로 하여 뇌에서 뇌로 건너다니는 것이다. 만약 과학자가 좋은 생각을 듣거나 또는 읽거나 하면 그는 동료나 학생에게 그것을 전할 것이다. 그는 논문이나 강연에서도 그것을 언급할 것이다. 이처럼 그 생각을 잘 이해하면 뇌에서 뇌로 퍼져 자기 복제한다고 말할 수 있다.

나의 동료인 험프리 N. K. Humphrey는 솜씨 좋게 요약하여 다음과 같이 지적하고 있다.

“밈은 비유로서가 아닌 엄밀한 의미에서 살아있는 구조로 간주해야 한다. 당신이 내 머리에 번식력이 있는 밈을 심어 놓는다는 것은 문자대로 당신이 내 뇌에 기생한다는 것이다. 바이러스가 숙주 세포의 유전기구에 기생하는 것과 유사한 방법으로 나의 뇌는 그 밈의 번식용 운반체가 되어 버린다. 이것은 단순한 비유가 아니다. 예컨대 ‘사후에 생명이 있다는 믿음’이라는 밈은 신경계의 하나의 구조로서 수백만 번 전 세계 사람들 속에 육체적으로 실현되지 않은가.”

▶ 신의 밈의 생존가

신에 대한 생각을 고찰해 보자. 그것이 어떻게 해서 밈 풀 속에서 발생했는지 분명하지는 않다. 아마도 그것은 독립된 ‘돌연변이’에 의해 몇 번이고 발생했을지 모른다. 그러면 그것은 어떻게 해서 자기 복제를 하는 것일까? 위대한 음악과 위대한 예술의 도움을 받은 말과 글을 통해서이다. 그러면 그 밈은 왜 이와 같이 높은 생존가를 나타내는가? 여기서 말하는 ‘생존가’란 유전자 풀 속의 유전자로서의 값이 아닌 밈 풀 속의 밈으로서의 값이라는 것을 기억하기 바란다. 이 의문의 진정한 의미는 다음과 같다.

문화 환경 속에서 신의 관념이 안정성과 침투력을 주는 것은 도대체 그 관념이 갖는 어떤 성질 때문일까? 밈 풀 속에서 신의 밈이 나타내는 생존가는 그것이 갖는 강력한 심리적 매력의 결과이다. 실존을 둘러싼 심원하고 마음을 괴롭히는 여러 의문에 대해 그것은 표면적으로는 그럴듯한 해답을 주고 있다. 그것은 현세의 불공정이 내세에서 바로 고쳐진다고 주장한다. 우리의 불완전함에 대해서는 '영원한 신의 손'이 구원해 준다고 한다. 이러한 심리적 상태는 마치 의사가 처방하는 위약僞藥과 같아서 상상에 빠져들게 만드는 효력이 있다. 이것이 사람의 뇌가 세대에서 세대로 쉽게 신의 관념을 복사하는 이유 중 일부분이다. 인간의 문화가 만들어 내는 환경 속에서 신은 높은 생존가 또는 감염력을 가진 밈이라는 형태로 실재하는 것이다.

▶ DNA – 자기 복제자

근본적으로 생물학적 현상을 유전자의 이익이라는 관점에서 설명하는 것이 좋은 방법이 되는 이유는 유전자가 자기 복제자이기 때문이다. 분자의 자기 복제를 가능하게 만드는 조건은 원시 수프에서 그 일을 맡고 있다. 그리하여 30억 년 전부터 이 지상에서 언급할 가치가 있는 유일한 자기 복제자는 DNA이다. 그러나 DNA가 영원히 그러한 특권을 확보할 수 있는 것은 아니다. 새로운 종류의 자기 복제자가 사본을 만들 조건이 생기기만 하면, 바로 새롭게 나타난 자기 복제자가 세력을 확장해 새로운 종류의 진화를 시작하게 된다. 일단 새롭게 시작된 진화가 이미 낡은 유형이 된 진화를 따라야 할 필연성은 없다. 유전자를 단위로 하는 낡은 진화는 뇌를 만들어내는 것으로 수프를 마련해 주었고, 그 수프 속에서 최초의 밈이 생겨났다. 일단 자기 복제 능력이 있는 밈이 등장하면 그들은 낡은 유형의 진화보다 훨씬 빠른 독자적 유형의 진화를 시작한다. 우리 생물학자는 유전자에 의한 진화의 사고 방식에 완전히 익숙해져 있기 때문에 사실 그것이 가능한 여러 종류의 진화 중 일례에 불과하다는 것을 자칫하면 잊어버리게 된다.

▶ 장수, 다산성, 복제의 정확도

넓은 의미에서 모방은 밈의 자기 복제를 가능하게 만드는 수단이다. 그러나 자기 복제가 가능한 모든 유전자가 성공을 기대할 수 없는 것처럼 어떤 밈은 밈 풀 속에서 다른 밈보다 성공적일 수도 있다. 이는 자연 선택과 유사하다.

밈 사본의 수명은 유전자의 경우에 비하면 그다지 중요하지는 않을 것 같다. 내 머리 속에 있는 "올드랭사인Auld Lang Syne의 선율 사본은 내가 살아 있는 동안에만 존재할 것이다. 내 수중에 있는 〈스코틀랜드 학생 가곡집〉에 인쇄된 같은 선율의 사본도 올드랭사인 사본에 비하여 그리 오래 살지는 않는다. 그래도 같은 선율의 사본은 종이에 인쇄되고 사람들의 머릿속에 남아 앞으로 수백 년이라도 계속 존재할 것이다. 유전자의 경우와 같이 여기서도 특정한 사본의 수명보다 다산성이 훨씬 중요하다.

문제의 밈이 과학적인 아이디어일 경우 그 번식은 그 아이디어가 과학자 집단에게 어느 정도 수용되는가에 따라 달라진다. 이 경우에는 과학 잡지에 그 아이디어가 인용되는 수를 셈하여 그 아이디어의 대략적인 생존가를 측정할 수 있다. 유행가라는 밈의 경우, 밈 풀 속에서의 번식 정도는 그 곡을 휘파람으로 불면서 지나가는 사람의 수로 짐작할 수 있을지 모른다. 숙녀화의 스타일이라는 밈이 문제라면 집단 밈 학자는 구둣방의 매상 통계를 이용할 수도 있다. 유전자의 경우와 같이 밈 속에도 급격한 증식에 의해 아주 단기적인 성공을 달성하면서 밈 풀 속에 오랫동안 머물지 못하는 것도 있다. 유행가나 필요 이상으로 뾰족한 스파이크 힐 등이 그에 해당된다. 한편 유대교의 율법과 같이 수천 년에 걸쳐 계속되는 것도 있는데 이는 보통 기록된 언어가 가지고 있는 특출한 잠재적 영속성 때문이다.

자기 복제자가 성공하기 위한 세 번째의 일반적 성질인 복제의 정확도를 살펴보자. 이 점에 관해 나의 논의의 토대가 조금은 불확실하다는 사실을 인정해야 할 것 같다. 언뜻 보아서는 밈이라는 자기 복제자가 복제상의 고도의 정확도를 조금도 가지고 있지 않은 것처럼 보이기 때문이다. 과학자가 어떤 아이디어를 듣고 그것을 타인에게 전할 때 그는 그것을 어느 정도 변화시키게 된다. 나는 이 책의 내용이 트라이버스의 아이디어에 힘입고 있는 것을 숨기려 하지 않았으나, 나는 그의 아이디어를 그의 말 그대로 반복하지는 않았다. 이를테면 강조하는 점을 바꾸거나 내 자신의 또는 다른 연구자의 아이디어를 혼합하여 그의 아이디어를 나의 목적에 맞게 바꾸어 놓았다. 본래의 밈은 변형되어 독자에게 전해지고 있다. 이것은 입자의 성질처럼 전부냐 아니냐 하는 성질을 가진 유전자 전달과는 전혀 닮지 않은 것으로 보인다. 밈의 전달은 계속되는 돌연변이도 나아가서는 혼합에 지배받고 있는 것처럼 보인다.

그러나 언뜻 보면 이 비입자적인 성질이 실제로 착각일 수도 있고 유전자와의 유사성도 무너지지 않았을 가능성이 있다. 인간의 키나 피부색과 같은 많은 유전 형질의 유전을 보면 그것들은 분할이 불가능하고, 또한 혼합 불가능한 유전자의 소산이라고는 생각되지 않는다. 흑인과 백인이 결혼하면 그들의 아이는 흑색도 백색도 아닌 그 중간의 피부색이다. 그러나 그렇다고 해서 이것이 해당 유전자가 입자적이 아님을 의미하고 있는 것은 아니다. 피부의 색에 관해서는 미약한 효과를 나타내는 유전자가 매우 많이 관여하고 있기 때문에 언뜻 보아 그것들이 혼합하는 것처럼 보이게 되는 것이다.

▶ 다윈 이론과 밈

마찬가지로 가령 우리가 "오늘날 생물학자는 모두 다윈의 이론을 믿고 있다"라고 했다 해도 모든 생물학자가 다윈의 말을 정확히 그대로 머릿속에 새겨 넣고 있는 것은 아니다. 개개의 학자는 다윈의 이론에 관하여 독자적 해석을 내리고 있는 것이다. 그는 아마도 다윈 자신의 저작에서부터 그것을 배운 것이 아니라 보다 최근의 저자의 것으로부터 배웠을지도 모른다. 뿐만 아니라 다윈이 말한 것에는 세부적으로 살펴보면 대부분 잘못이 있다. 더욱이 나는 그가 나의 설명법에 대해서는 마음에 든다고 말해 줄 것을 기대하고 있으나, 만약 다윈이 이 책을 읽는다면 거기에서 그 자신의 본래 이론을 거의 발견하지 못할 것이다.

그러나 위와 같은 모든 사정이 있음에도 불구하고 다위니즘의 본질이라고 할 수 있는 것은 이 이론을 이해하고 있는 모든 사람들의 머릿속에 현존한다. 만약 그와 같은 것이 있을 수 없다면 두 인간 사이에 서로 의견이 일치하는 것에 관한 모든 설명은 무의미한 것이 될 것이다. '아이디어의 밈'은 뇌와 뇌 사이에서 전달 가능한 실체로서 정의되어야 할 것이다. 즉 다윈 이론의 밈이란 이 이론을 이해하고 있는 모든 뇌가 공유하는 그 이론의 본질적인 바탕이다. 따라서 사람들이 그 이론을 표현할 때의 방법상의 차이점은 정의에 의하면 다윈 이론의 밈에는 포함되지 않는다. 만약 다윈의 이론이 A와 B 두 개의 부분으로 나뉘어져, 이때 가령 어떤 사람은 A를 믿는데 B는 안 믿고 다른 사람은 B를 믿고 A를 불신하는 상황이라면, A와 B는 서로 다른 밈으로 고려되어야 할 것이다. 그러나 A를 믿는 사람이 대개 B도 믿는다면, 즉 유전학 용어를 사용하여 두 밈이 밀접하게 '연관'되어 있다고 한다면, 이 경우에는 양쪽을 합하여 하나의 밈으로 보는 것이 편리하다.

▶ 밈과 유전자의 유사점

밈과 유전자의 유사점을 더 조사해 보기로 하자. 이 책의 전체를 통하여 나는 유전자를 의식을 가진 목적 지향적인 존재로 생각해서는 안 된다고 강조해왔다. 그러나 유전자는 맹목적인 자연 선택의 작용에 의해 마치 목적을 가지고 행동하는 존재인 것처럼 만들어져 있다. 또한 목적의식을 전제로 유전자를 설명하는 편이 이해가 빠를 듯하다. 예컨대 "유전자는 장래의 유전자 풀 속에서 자기의 사본 수를 늘리려고 노력하고 있다"라고 표현할 경우, 실제의 의미는 "우리가 자연계에서 볼 수 있는 유전자가 나타내는 효과는 장래의 유전자 풀 속에서 자기의 수를 증가시키려고 행동할 것 같은 유전자다"라는 것을 뜻한다. 자기의 생존을 위해 목적의식을 가지고 일하는 능동적인 존재로서 유전자를 생각하는 것이 편리했던 것처럼 밈에 관해서도 똑같이 생각하면 편리할지 모른다.

어느 경우에도 표현을 신비적으로 해석해서는 곤란하다. 목적이란 생각은 어떤 경우에서나 단순한 은유에 불과하다. 그러나 유전자의 경우에 이 은유가 어떻게 유용했는가는 이미 본 대로이다. 우리는 그것이 단순한 은유라는 것을 충분히 알고 난 후에 유전자에 대해 '이기적인', '잔인한' 등과 같은 형용사를 쓸 수 있었다. 이들 경우와 똑같은 정신으로 이기적인 밈이나 잔인한 밈을 찾아 볼 수 있지 않을까?

리처드 도킨즈, 홍영남 옮김, 『이기적 유전자』, 을유문화사, 2006, 338~346쪽.

리처드 도킨스의 『이기적 유전자』를 읽고 분석해보자.

1) 축자적 분석

① 중요한 핵심어들을 세 개 이상 찾아 그 의미를 알아보시오.

② 불분명하거나, 이해하기 어려운 문장이 있는가? 있다면 그것을 자신의 말로 풀어 써보시오.

③ 각 단락의 핵심 내용을 담고 있는 문장과 이를 뒷받침하는 문장들을 간략하게 정리해보시오.

2) 구조적 분석

④ 리처드 도킨스가 이 글에서 다루고자 하는 중심적인 문제가 무엇인지 찾아보시오.

⑤ ④와 관련하여, 리처드 도킨스가 말하고자 한 이 텍스트의 주제문을 한 문장으로 정리해보시오.

⑥ 리처드 도킨스가 이러한 주장을 하는 이유는 무엇인지 찾아보시오.

⑦ 리처드 도킨스가 은유를 끌어들여 밈과 유전자를 설명하는 이유는 무엇인가?

4. 피드백

분석은 글을 정확하고 명료하게 이해하기 위한 활동이다. 따라서 자신의 분석이 적절한 것이었는지를 점검해 보는 일은 반드시 필요하다. 『성찰』이나 『이기적 유전자』를 분석할 때 질문에 대한 답을 하나의 완결된 글의 형태로 다듬으면 한 편의 분석글이 될 수 있다. 그 분석들을 다음의 자기 점검표를 활용하여 점검해보자.

4.1 자기 피드백

축자적 분석	① 의미가 이해되지 않는 용어나 개념은 없는가? ② 텍스트의 중요한 문장 중 그 의미가 불분명한 문장은 없는가? ③ 텍스트 전체를 관통하는 중요한 개념이나 핵심 어휘는 무엇인가? ④ 텍스트의 주요 단락들의 소주제문을 정리할 수 있는가?
구조적 분석	⑤ 텍스트의 구성상의 특징을 간략하게 설명한다면? ⑥ 텍스트가 다루고 있는 문제를 자신의 말로 정리한다면? ⑦ ⑥와 관련하여 텍스트의 주제를 한 문장으로 정리한다면? ⑧ 텍스트의 핵심 주장과 그에 대한 근거를 정리한다면? ⑨ ⑥⑦⑧을 토대로 텍스트를 재구성할 수 있는가?

자신이 쓴 분석글이 위에 제시된 항목들에 견주어 부족한 점이 있다면 보완해 보자.

4.2 동료 피드백

글의 분석은 독자의 이해 정도에 따라 달라질 수 있다. 따라서 동료와 함께 자신의 분석을 교차 점검하고 토의해 보는 과정 또한 중요하다. 다음 표는 분석을 효과적으로 점검하고 함께 토의하기 용이하게 만들어 본 것이다. 자신이 분석한 결과를 글로 작성한 후 서로 평가해 볼 수 있다.

피드백 기준	동료(협동) 피드백
핵심 개념은 잘 이해되었는가?	5 4 3 2 1
글에서 다루는 문제 상황은 명료하게 제시하고 있는가?	5 4 3 2 1
글의 주제는 명료하게 드러났는가?	5 4 3 2 1
글의 핵심 주장은 잘 포착했는가?	5 4 3 2 1
주장에 대한 근거는 잘 정리되었는가?	5 4 3 2 1
분석글은 논리적이고 정연하게 작성되었는가?	5 4 3 2 1
기타	

5.
쓰기 과제

1) 설명문 쓰기

설명문은 글쓴이가 전하고자 하는 문제나 내용을 독자가 이해하기 쉽게 전달하려고 하는 목적을 가진 글이다. 따라서 설명문을 쓰기 위해서는 우선 자신이 설명하고자 하는 내용을 명료하게 전달할 수 있도록 구성을 잘 잡아야 한다.

이를 위해, 주어진 내용과 관련된 핵심 개념을 자신의 표현으로 새롭게 정의해 볼 수도 있고, 관련된 다른 내용을 비교해 볼 수도 있다. 다음은 설명문을 쓸 때 도움이 될 만한 내용이다.

◉ 설명문 쓰기를 위한 도움말

1. 자신이 무엇을 설명할 것인지 문장으로 정리해본다.

2. 자신이 설명하고자 하는 내용과 관련하여 예상 독자의 지적인 상황을

추정해 본다.

3. 독자가 알아야 할 중요한 정보나 개념의 목록을 정리한다.
4. 3과 관련하여 좋은 사례나 증거 자료가 있는지 조사한다.
5. 1을 고려하여 자신이 가장 강조할 점이 무엇인지를 문장으로 정리한다.
6. 설명하고자 하는 내용과 관련하여 다른 관점이나 비교할 만한 입장들이 있는지 조사한다.
7. 6과 관련하여 자신의 견해를 문장으로 정리한다.

이상의 내용을 참고로 이 책의 〈부록〉에 실려 있는 글들 중에서 흥미로운 주제를 골라 설명문을 작성해 보자.

2) 논증문 쓰기

논증문은 어떤 주제에 대해 자신의 주장을 명료하게 전달하고자 할 때 가장 효과적인 글쓰기 양식이다. 따라서 문제 상황을 분명히 하고, 자신의 주장과 그 주장을 지지하는 근거가 논리적으로 잘 조직되어야 한다.

이를 위해 자신이 말하고자 하는 바를 전제와 결론 형태의 문장으로 다듬어 보면 도움이 된다. 다음은 논증문을 쓸 때 도움이 될 만한 내용이다.

◉ 논증문 쓰기를 위한 도움말

1. 자신이 다루고자 하는 문제를 하나의 질문 형식으로 만들어 본다.
2. 그 질문에 대해 문장으로 답해 본다.
3. 2에서 제시된 답의 이유나 근거를 문장으로 정리한다.

4. 2에서 제시된 이유나 근거에 대해 어떤 반론이 가능한지 문장으로 정리해 본다.

5. 4에서 제시된 반론을 다시금 반박하는 것을 문장으로 정리한다.

※ 이상에서 정리한 것은 각 주요 단락의 주제문이 될 수 있다. 몇 개의 주제문을 중심으로 설명하거나, 사례를 들거나 비교하면서 글을 써 나간다면 논증문을 효과적으로 쓸 수 있다.

이상의 내용을 참고로 이 책의 〈부록〉에 실려 있는 글들이 다루고 있는 문제들 중에 하나를 골라 그 문제에 대한 자신의 대답이나 주장을 생각해 보고, 그에 대한 논증문을 작성해 보자.

참고문헌

데카르트, 이현복 옮김, 『성찰』, 문예출판사, 1997

리처드 도킨즈, 홍영남 옮김, 『이기적 유전자』, 을유문화사, 2006

마빈 해리스, 박종열 옮김, 『문화의 수수께끼』, 한길사, 2006

막스 베버, 박성수 옮김, 『프로테스탄티즘의 윤리와 자본주의 정신』, 문예출판사, 1996

모티머 J. 애들러, 오연희 역, 『논리적 독서법』, 예림기획, 1997

미르치아 엘리아데, 이은봉 옮김, 『성과 속』, 한길사, 2006

박이문, 『과학, 축복인가 재앙인가』, 이화여자대학교출판부, 2009

아노 카렌, 권복규 옮김, 『전염병의 문화사』, 사이언스 북스, 2001

움베르토 마투라나·프란시스코 바렐라, 최호영 옮김, 『앎의 나무』, 갈무리, 2007

이규호, 『사람됨의 뜻』, 좋은날, 2000

홍성욱, 『파놉티콘-정보사회 정보감옥』, 책세상, 2002

제3부

비평하며 읽고 쓰기

비평하며 읽기의 과정에서는 일차적으로 텍스트 내재적 차원에서 글의 내용이나 저자의 관점 등을 평가하고, 이차적으로 텍스트 외재적으로 확산하여 저자가 텍스트를 생산한 의도는 물론 텍스트와 관련하여 사회 · 문화적인 맥락까지 고려하면서 읽는 적극적인 자세가 요구된다. 이처럼 텍스트를 비평하며 읽는 작업은 텍스트의 내재적인 의미를 평가하는 활동에만 머무는 것이 아니라 우리 삶의 맥락과 관련성을 모색할 때 비로소 완성된다.

Ⅲ부에서는 텍스트에 대해 평가하고 이를 토대로 텍스트의 의미를 재생산하는 방법을 살펴본다. 비평하며 읽기critic reading란 글을 읽는 독자의 관점에서 글에 대해 판단하고 평가하는 활동이다. 독자의 관점에서 글에 대해 평가한다고 해서 독자의 마음 가는대로 글을 읽고 자신의 임의적인 기준에 맞추어 멋대로 평가해서는 안 된다. 이러한 오류를 범하지 않고 올바르게 비평하며 읽기 위해서는 먼저 앞 장에서 공부한 바와 같이 주어진 글을 정확하게 이해하고 분석하는 작업이 선행되어야 한다. 그리고 이런 작업을 바탕으로 글에 대해 어떤 평가를 내릴 것인지, 즉 글의 내용이나 저자의 관점에 대해 동의할 것인지 또는 반박할 것인지, 또한 그러한 평가를 내린 근거와 이유는 무엇인지 등을 제시해야 한다. 이런 점에서 비평하며 읽기의 활동은 크게 다음 두 가지 단계로 나눌 수 있다. 첫째, 주어진 글의 내재적 차원에서 평가하는 단계와 둘째, 외재적 차원으로 확산하여 사회·문화적 맥락에서 평가하는 단계가 그것이다.

1.
비평적 읽기란 무엇인가

글을 읽는 과정은 저자와 독자가 글을 매개로 대화를 나누는 일종의 의사소통 행위로 볼 수 있다. 앞에서 살펴본 '요약하며 읽기'와 '분석하며 읽기'는 글의 내용을 파악하고 이해하거나, 또는 글을 통해 저자의 관점이나 입장을 이해하고 받아들이는 활동이다.

이에 반해 비평하며 읽기는 글의 내용이나 저자의 관점 등에 대해 독자의 관점에서 평가하고 판단하는 활동이다. 그러므로 전자의 과정에서 독자는 저자가 전달하는 내용을 듣고 이해하는 수용적인 활동에 머물지만, 후자의 과정에서는 저자의 관점이나 주장 등에 대해 독자가 적극적으로 평가를 내리고 응답을 하는 능동적인 활동을 한다.

비평하며 읽기의 과정에서는 일차적으로 텍스트 내재적 차원에서 글의 내용이나 저자의 관점 등을 평가하고, 이차적으로 텍스트 외재적으로 확산하여 저자가 텍스트를 생산한 의도는 물론 텍스트와 관련하여 사회·문화적인 맥락까지 고려하면서 읽는 적극적인 자세가 요구된다. 이처럼 텍스트를 비평하며 읽는 작업은 텍스트의 내재적인 의미를 평가하는 활동에만 머무는 것이 아니라 우리 삶의 맥락과 관련성을 모색할 때 비로소 완성된다. 그러므로 일단 텍스트에 대한 내재적 비평의 단계를 거치고 나서, 사회·문화적으로 확산하여 어떤 평가를 내릴 것인지에 대해 외재적인 검증이 필요하다. 외재적 비평은 텍스트가 생산되던 때의 사회·문화적 맥락은 물론, 비평가 자신이 처한 현재의 사회·문화적 맥락에 비추어 평가해야 한다.

2.
비평적 읽기 방법

2.1 내재적 비평

비평적 읽기를 한다고 해서 독자 자신의 관점이나 입장에 따라 자의적으로 글을 읽는다면 정확하게 이해하기 어렵다. 그러므로 먼저 독자 자신의 관점이나 입장을 잠시 유보하고 글을 꼼꼼하게 분석하며 읽는 작업이 선행된 다음, 이를 토대로 글의 내용과 저자의 관점 등을 면밀하게 평가해야 한다. 이처럼 텍스트의 의미를 주어진 텍스트의 한계 내에서 평가하는 활동을 텍스트 내재적 비평이라 한다.

내재적 비평을 하려면 다음의 항목을 기준으로 삼아 글의 내용을 검증해야 한다.

- 글에서 사용하고 있는 용어는 명료하고 정확하게 사용하고 있는가?

- 글의 주장과 저자의 관점이 분명하게 드러나 있는가?
- 텍스트의 주장은 신뢰할 만한가?
- 주장을 지지해주는 근거와 이유는 적절한가?
- 근거와 이유들은 주장을 지지해주기에 충분한가?
- 주장과 근거와 이유들 사이에 논리적 오류는 없는가?
- 논리적 오류가 있다면 구체적으로 무엇인가?

이러한 검증 과정이 끝나면 이를 토대로 글의 내용과 저자의 관점 등에 대해 아래와 같이 동의할 것인지, 또는 반대할 것인지를 판단해야 한다.

- 글의 내용과 저자의 관점에 대해 동의하는가?
  동의한다면 그러한 평가를 내린 근거는 무엇인가?
- 글의 내용과 저자의 관점에 대해 반대하는가?
  반대한다면 그러한 평가를 내린 근거는 무엇인가?

다음의 예문은 저자 복거일이 IMF 경제위기에 직면해 있던 1997년에 쓴 글이다. 먼저 앞 장에서 공부한 대로 다음의 글을 분석적으로 읽어 내용을 파악해보자.

주변부의 정보 비용

지금 우리 사회의 진정한 영웅은 박찬호다. 대중 매체들은 하루도 빠짐없이 그의 동정을 시시콜콜 보도하고 젊은이들은 그가 속한 미국 야구단의 모자를 쓰고 다닌다. 그의 인기가 하도 높아서 국내 야구 경기들의 인기가 떨어졌다고까지 한다. 이것은 작지만 상징적인 현상이다. 그것이 다른 무엇보다도 또렷이 '지구제국'의 출현을 가리키기 때문이다. 15세기에 서양 세력의 해외 진출로 싹이 튼 지구제국은 19세기에 영국 중심의 평화Pax Britannica로 모습을 드러냈고 근년에 전산이나 통신의 빠른 발전과 자본주의의 득세로 큰 운동량을 얻었다. 이제 지구제국의 완성 과정은 다른 모든 것들을 휩쓰는 거센 자력이고 그 제국의 실질적 중심부인 미국은 모든 분야들에서 점점 늘어나는 영향력을 휘두르고 있다.

실제로, 우리 삶에 근본적 영향을 미치는 일들은 대부분 미국에서 시작되거나 이루어진다. 정치나 외교처럼 미국의 힘이 직접적으로 작용하는 분야들에서만 그런 것이 아니다. 마이크로소프트나 디즈니 같은 미국 회사들이 내린 결정들이 우리의 삶에 직접적으로 영향을 미치고 프랜시스 후쿠야마나 폴 케네디 같은 미국에서 활동하는 학자들의 주장이 이곳 논의들의 주제를 결정한다.

우리의 현재만이 그렇게 미국에서 결정되는 것이 아니다. 우리의 미래는 더욱 그렇다. 이 점은 우주탐험에서 잘 드러난다. 인류의 미래는 우주공간으로 뻗어나가리라고 모두 동의한다. 그래서 우주공간은 '마지막 변경final frontier'이라고 불린다. 그리고 이 분야에서 미국은 중심적 역할을 하고 있다. 이번 화성 탐사도 미국 혼자서 이룬 성취가 아닌가. 그래서 지구 제국의 다른 이름은 미국 중심의 평화 Pax Americana이다.

박찬호가 영웅으로 등장한 현상엔 이런 현실적 바탕이 깔려 있다. 직업 야구 선수는, 생각해 보면 사회적으로 중요한 일을 하는 사람은 아니다. 그래도 미국에 가서 활약한다는 사실이 박찬호를 아주 중요한 인물로 만들었다. 도색 잡지의 누드모델인 이승희가 '민족의 긍지를 높였다'라는 평가를 받는 것도 같은 현상이다. 이제 우리는 드러내놓고 인정한다, 미국은 실은 이 세계의 중심이고 무슨 일이든 거기서 인정받아야 정말로 뜻을 지닌다는 것을.

우리만 그런 것도 아니다. 우리보다 훨씬 크고 앞선 사회들도 미국에 비하면 변두리에 지나지 않는다. 야구에 관한 한 미국과 규모나 수준이 비슷한 일본이 메이저리그에 진출한 자기 선수들에게 얼마나 열광하는가. 쥘리에트 비노슈가 아카데미상을 탔을 때 문화에 관한 한 누구에게도 뒤지지 않는다고 여기는 프랑스 사람들이 얼마나 기뻐했던가. 그가 나온 영화가 할리우드에서 만들어졌고 그가 거기서 영어를 썼다는 사실은 전혀 문제가 되지 않았다.

이런 사정은 우리처럼 제국의 후미진 주변부에 속한 나라들엔 아주 곤혹스럽다. 무엇보다도 자신의 준거틀을 지니기 어렵다. 그래서 사물에 대해 독자적 판단을 내리지 못하고, 중심부에 먼저 조회하고서야 사물을 평가한다. 그리고 그런 과정은 양되먹임positive feedback이므로, 그런 과정은 점점 강화된다. 중심부에 자주 조회하다 보니 정보가 제대로 축적되지 않고, 정보가 제대로 축적되지 않으니 더욱 중심부의 판단에 매달리게 된다. 자연 주변부의 정보 비용은 엄청나게 높다.

그런 상황에선 창조적 작업을 하기가 무척 어렵다. 필요한 정보들을 얻기가 어려운 데다가 재발견의 위험도 아주 크다. 그래서 중심부의 작업들을 수용하거나 아예 중심부에 가서 작업하는 것이 훨씬 합리적이다.

어쩌다 창조적 작업이 나오더라도 선뜻 인정받지 못한다. 그것을 평가할 만한 사람들이 적은데다가 평가자 자신들도 평가에 필요한 정보들을 모으기가 워낙 어렵기 때문이다. 따라서 그들은 자신들의 무지가 드러나는 것을 겁내게 된다. 그럴 경우 그들은 처음 보는 작업들을 아예 무시하거나 비현실적으로 높은 수준을 평가기준으로 내놓는다. 우리 사회에서 인정받지 못한 창조적 작업이 외국에서 인정받는 경우가 많다는 사정과 우리 명문 대학들에서 학위를 받기가 외국 명문 대학들에서 받기보다 오히려 어렵다는 얘기가 들린다는 사정은 그런 데서 비롯한다.

주변부의 정보 비용이 그렇게 높다는 사실은 지금 우리 사회에서 나오는 많은 현상들의 밑에 자리잡고 있다. 그래서 그 사실을 고려해야만 그런 현상들을 제대로 이해하고 합리적 정책을 세울 수 있다. 이제 구조적으로 높을 수밖에 없는 우리 사회의 정보 비용에 대해 특히 그것을 줄이는 일에 대해, 진지하게 논의할 때가 되었다.

복거일, 『국제어 시대의 민족어』, 문학과 지성사, 1998, 54~58쪽.

분석적으로 읽은 것을 토대로 위에서 열거한 내재적 비평에 필요한 질문에 답을 해보자.

질문 1 ››› 용어가 명료하고 정확하게 사용되고 있는가? 그렇지 않다면 그것은 무엇인가?

···›

질문 2 ››› 이 글에서 저자의 주장과 관점은 타당한가? 타당하다면 그 이유와 근거는 무엇인가?

···›

질문 3 ››› 타당하지 않다면 그 이유와 근거는 무엇인가?

···›

질문 4 ››› 글에서 제시한 근거와 이유들은 주장을 지지해주기에 충분한가? 충분하지 않다면 그 이유는 무엇인가?

···›

질문 5 ⟫ 주장과 근거와 이유들 사이에 논리적 오류는 없는가? 논리적 오류가 있다면 구체적으로 무엇인가?

···▸

질문 6 ⟫ 글의 내용과 저자의 관점에 대해 동의하는가? 동의한다면 그러한 평가를 내린 근거는 무엇인가?

···▸

질문 7 ⟫ 글의 내용과 저자의 관점에 대해 반대하는가? 반대한다면 그러한 평가를 내린 근거는 무엇인가?

···▸

2.2 외재적 비평

텍스트 외재적 비평이란 텍스트가 생산된 배경을 포함하여 보다 넓은 맥락으로 문제의식을 확산하여 텍스트에 대해 평가하는 활동이다. 한 편의 글 속에는 저자가 가진 입장이나 관점은 물론 저자가 사회와 문화를 바라보는 관점이나 입장이 반영되어 있다. 예를 들어 가부장적 관점을 가진 저자는 당연히 가부정적인 관점이 반영된 성차별적인 글을 쓸 것이다. 또 아무리 성평등적인 관점을 지닌 저자라 하더라도 개화기에 쓰인 글은 오늘날의 관점에서 보면 시대적인 한계를 드러내게 마련이다. 또한 저자와 독자가 동시대에 살고 있다 하더라도 서구 중심적인 관점을 지닌 저자가 동양의 문화를 평가한다든지 권력자의 입장에서 피권력자의 문제점을 지적하는 글에서는, 자문화 중심주의적 관점에 편중되거나 권력자 중심의 시각을 고수하는 문제적인 글이 되기 쉽다.

이처럼 한 편의 글 속에는 저자의 관점이나 입장이 반영된다. 그러므로 외재적으로 평가하며 읽을 때에는 일차적으로 글이 생산된 당시의 사회·문화적 맥락에 비추어서 저자가 당시의 상황을 제대로 파악하고 있는지, 저자의 입장이 과연 타당한지 등에 대해 평가하는 작업을 해야 한다. 그리고 두 번째 단계로 독자가 처한 오늘날의 사회·문화적인 맥락에 비추어 글의 내용과 저자의 관점이 지닌 한계와 의의를 평가해야 한다.

먼저 텍스트 생산 당시의 사회·문화적 맥락에 비추어 비평적으로 읽기 위해 다음의 항목을 기준으로 하여 텍스트의 내용을 평가해야 한다.

- 저자의 관점이나 입장은 무엇인가?
- 저자의 관점이나 입장은 글이 생산된 당시의 사회·문화를 제대로 반영하고 있는가?
- 반영했다면 충분히 반영하고 있는가?
- 제대로 반영하지 못했다면 텍스트가 생산되었을 당시의 사회·문화적 맥락에 비추어 볼 때 어떤 점에서 문제적인가?

첫 번째 단계의 평가를 마친 다음 두 번째 단계로 넘어가 독자가 처해 있는 현재의 사회·문화적 맥락에 비추어 텍스트의 내용과 저자의 관점 등을 평가해야 한다. 평가의 기준은 다음의 항목과 같다.

- 저자의 관점과 글의 내용을 독자가 처해 있는 현대의 사회적 담론에 비추어 보면 어떻게 평가할 수 있는가?
- 글의 내용이나 저자의 관점이 지금도 의미가 있다면 그 이유와 근거는 무엇인가?
- 의미가 없다면 그 이유와 근거는 무엇인가?
- 독자가 처한 시점이나 사회적 관점에서 글은 어떤 의미로 다시 읽힐 수 있는가?
- 현재의 시점에서 글에 대해 어떤 가치평가를 내릴 수 있는가?

앞에서 제시한 복거일의 글은 IMF 경제위기에 처한 1997년에 쓰인 글이다. 오늘날 미국의 위상은 이 글이 쓰인 당시와 상당히 달라졌다. 2001년

9·11 테러와 2008년 미국 발 세계 경계위기 이후 급격하게 중국의 추격을 당하는 추세에 몰리면서 미국은 세계 제일의 강대국이라는 자리를 위협받고 있는 상황이다. 이러한 변화를 감안하여 이 글에 대해 위에서 제시한 항목을 기준으로 하여 외재적으로 비평해보자.

질문 1 ››› 저자의 관점이나 입장은 무엇인가? 저자의 관점이나 입장은 글이 생산된 당시의 사회·문화를 충분히 반영했는가?

···›

질문 2 ››› 제대로 반영하지 못했다면 텍스트가 생산되었을 당시의 사회·문화적 맥락에 비추어 볼 때 어떤 점에서 문제가 되는가?

···›

질문 3 ››› 저자의 관점과 글의 내용을 독자가 처해 있는 현대의 사회적 담론에 비추어 볼 때, 저자의 관점이 지금도 의미를 지닌다면 그 이유와 근거는 무엇인가?

···›

질문 4 》》 의미가 없다면 그 이유와 근거는 무엇인가?

···›

질문 5 》》 독자가 처한 오늘날의 시점이나 사회적 관점에서 이 글은 어떤 의미로 다시 읽힐 수 있는가?

···›

질문 6 》》 현재의 시점에서 이 글에 대해 어떤 가치평가를 내릴 수 있는가?

···›

2.3 비평하며 읽기의 사례

『삼국사기』와 『삼국유사』는 동일 인물인 선덕여왕에 대해 서로 다른 평가를 내리고 있다. 두 글에 대해 내재적 비평과 외재적 비평이 어떻게 진행되는지 살펴봄으로써 비평하며 읽기를 이해할 수 있다.

아래의 글은 김부식의 『삼국사기』에서 선덕여왕에 대해 서술한 부분이다.

〈선덕왕〉

27대 선덕왕善德王이 서기 632년에 왕위에 올랐다. 이름은 덕만德曼이다. 26대 진평왕의 맏딸이다. 어머니는 김 씨 마야부인摩耶夫人이다. 덕만은 성품이 너그럽고 어질며, 총명하고 민첩했다. 왕이 돌아가시고 아들이 없어 나라 사람들이 덕만을 왕으로 세우고 성조황고聖祖皇姑라고 올려 불렀다.

전 왕 때 당에서 온 모란꽃 그림과 그 꽃씨를 덕만에게 보이니 덕만이 말했다.

"이 꽃이 비록 아름다우나 반드시 향기가 없을 것입니다."

왕이 웃으며 말하기를 "네가 어찌 그것을 아는가." 라고 했다.

그가 대답하여 아뢰기를 "꽃을 그렸으나 나비가 없기 때문에 이를 알았습니다. 대체로 여자가 아름다우면 장부가 따르기 때문입니다. 이 꽃이 매우 아름다우나 그림에서 또한 벌과 나비가 없으니 이는 반드시 꽃향기가 없기 때문일 것입니다." 라고 했다.

씨를 심었더니 과연 그가 말한 것과 같았다. 그의 앞선 지식이 이와 같았다.

김부식, 이우경 편역, 『새로운 삼국사기』, 한국문화사, 2007, 130쪽.

〈선덕왕과 옥문지의 두꺼비〉

선덕왕 5년(서기636년) 5월에 두꺼비들이 궁궐의 서쪽에 있는 옥문지 못에 떼 지어 모였다. 왕이 이를 듣고 좌우의 신하에게 말했다.

"두꺼비들의 성난 눈은 병사들의 모습이다. 내가 일찍이 듣기로는 서남쪽의 변경에 또한 땅 이름이 옥문곡이란 곳이 있다 했는데 혹 이웃 나라 군사가 그 안으로 몰래 침입한 것이 아닌가."

이에 장군인 알천과 필탄 등에게 명령해 군사를 거느리고 가 그 곳을 찾아보도록 했다. 과연 백제 장군인 우소가 독산성을 습격하려고 군사 500명을 거느리고 와서 그 곳에 숨어 있었다. 알천이 이들을 급히 쳐서 모두 죽었다.

김부식, 이우경 편역, 『새로운 삼국사기』, 한국문화사, 2007, 132쪽.

〈김부식의 논평–27대 선덕왕〉

신이 듣기에 옛날에 여와 씨女媧氏가 있었으나 그는 바로 천자天子가 아니라 복희伏羲씨를 도와 9주九州를 다스렸을 뿐이었다. 또 여치呂雉와 무조武曌 같은 이에 이르러서는 어리고 연약한 임금을 맞게 되어 조정에 나아가 임금을 대리해 정사를 행했으나, 역사책에 공공연하게 왕이라 하지 않고 다만 고황후高皇后 여씨呂氏나 칙천황후則天皇后 무씨武氏라고 기록했다.

하늘의 이치로 말하면 양陽은 강하고 음陰은 부드러우며, 사람으로 말하면 남자는 존귀하고 여자는 비천하거늘 어찌 늙은 할미가 규방에서 나와 국가의 정사를 처리할 수 있겠는가?

그런데 신라가 여자를 도와 세워서 임금 자리에 있게 했으니 진실로 어지러운 세상의 일이었다. 곧 나라가 망하지 않은 것이 다행이었다. 서경書經에서 말하기를 "암탉이 새벽을 알린다."라고 했으며, 역경易經에서 말하기를 "암돼지가 껑충껑충 뛰는 데 믿음을 둔다."라고 했다.

그러한 것이 경계 삼을 만하지 않는가!

김부식, 이우경 편역, 『새로운 삼국사기』, 한국문화사, 2007, 198~199쪽.

아래의 글은 일연의 『삼국유사』에서 선덕여왕에 대해 서술한 부분이다.

〈선덕왕이 미리 안 세 가지 일〉

제27대 덕만德曼, 만曼을 만萬으로 쓰기도 한다의 시호는 선덕여대왕善德女大王이고, 성은 김 씨이며 아버지는 진평왕이다. 정관貞觀 6년 임진년(632)에 즉위하여 16년 동안 나라를 다스렸는데, 세 가지 일을 미리 알았다.

첫째는, 당태종이 붉은색, 자주색, 흰색의 세 가지로 그린 모란꽃 그림과 씨앗 세 되를 보내왔다. 왕이 그 꽃 그림을 보고는 말하였다.

"이 꽃은 정녕코 향기가 없을 것이다."

명을 내려 씨를 뜰에 심도록 하였더니 그 꽃이 피었다가 질 때까지 과연 그 말과 다름이 없었다.

둘째는, 영묘사靈廟寺 옥문지玉門池에서 한겨울에 수많은 개구리들이 모여 사나흘 동안 울어댔다. 나라 사람들이 괴이하게 여겨 왕에게 물었다. 왕은 급히 각간角干 알천閼川과 필탄弼呑 등에게 정예 병사 2,000명을 이끌고 서둘러 서쪽 교외로 가서 여근곡女根谷을 물어보면 그곳에 틀림없이 적병이 있을 테니, 습격하여 죽이라고 말하였다.

두 각간이 명을 받고 나서 각기 1,000명을 거느리고 서쪽 교외로 가서 물었더니 부산富山아래에 과연 여근곡이 있었고, 백제 군사 500명이 그곳에 숨어 있었으므로 그들을 에워싸서 죽였다. 백제 장군 우소于召는 남산 고개 바위 위에 숨어 있었는데, 포위하여 활을 쏘아 죽였다. 또 후원병 1,200여 명이 왔지만 역시 한 명도 남김없이 모두 죽였다.

셋째는, 왕이 병도 없을 때인데 모든 신하들에게 말하였다.

"내가 어느 해 어느 달 어느 날에 죽을 것이니, 나를 도리천忉利天 가운데 장사지내라."

신하들은 그곳이 어디인지 몰라 물었다.

"어디입니까?"

왕이 말하였다.

"낭산狼山의 남쪽이다."

그 달 그 날에 이르러 과연 왕이 죽었다. 신하들은 왕을 낭산 남쪽에다 장사지냈다. 그 후 10여 년이 지난 뒤 문무대왕文武大王이 왕의 무덤 아래에 사천왕사四天王寺를 지었다. 불경에 말하였다.

"사천왕천四天王天 위에 도리천이 있다."

이에 대왕이 신령스럽고 성스러웠음을 알게 되었다.

왕이 살아 있을 당시 신하들이 왕에게 말하였다.

"모란꽃과 개구리의 두 가지 일이 그러할 줄을 어떻게 아셨습니까?"

왕이 말하였다.

"꽃 그림에 나비가 없어 향기가 없는 것을 알았다. 이는 당나라 황제가 배필이 없는 나를 놀린 것이다. 개구리의 성난 모습은 군사의 형상이고, 옥문玉門이란 여인의 음부로서 여인은 음이 되며 그 색깔이 흰데, 흰색은 서쪽을 나타내기 때문에 군사가 서쪽에 있음을 알았다. 남근男根이 여근女根에 들어가면 반드시 죽게 된다. 따라서 쉽게 잡을 수 있음을 안 것이다."

신하들은 모두 여왕의 그 성스러운 지혜에 감탄하였다.

세 가지 색의 꽃을 보낸 것은 아마도 신라에 세 여왕이 있으리라는 것을 알았음인가? 세 여왕은 선덕善德, 진덕眞德, 진성眞聖이니 당나라 황제의 놀라운 선견지명이 있었던 것이다. 선덕여왕이 영묘사를 세운 것에 관해서는 양지사전良志師傳에 모두 실려 있다. 별기別記에는 이 선덕여왕 시대에 돌을 다듬어 첨성대를 쌓았다고 한다.

일연, 김원중 옮김, 『삼국유사』, 을유문화사, 2002, 106~109쪽.

1) 내재적 비평

동일한 내용이라 하더라도 저자의 의도나 입장에 따라 전혀 다른 의미가 생산될 수 있다. 김부식과 일연 두 역사가의 평가를 비교·분석하면서 비평적 읽기를 연습해보자. 주어진 본문만으로 어떤 정보를 얻을 수 있을 것이며, 두 저자의 글이 하나의 동일한 인물에 대해서 어떻게 다르게 이야기 하는지 비판적으로 읽어볼 수 있다. 앞에서 제시한 내재적 비평에 필요한 기준을 고려하면서 『삼국사기』와 『삼국유사』에서 글을 평가해보자. 즉 저자의 세계관에 따른 텍스트의 생산 의도와 입장, 주장하는 바, 주제를 부각하는 방법 등을 고려해 가면서 글을 비평해보자.

1. 『삼국사기』와 『삼국유사』는 어떤 의도로 생성되었나?

⋯› 텍스트의 의도를 살피고자 할 때는 같은 내용을 쓴 다른 책들을 비교

할 때 분명히 드러난다. 저자가 어떤 세계관을 가지고 사물이나 현상을 바라보는가에 따라 글을 쓰는 의도와 입장이 달라지기 때문이다. 『삼국사기』와 『삼국유사』는 세계관과 입장이 다른 두 저자의 기술이며, 이를 비교해 보면 입장의 차이가 어떤 텍스트를 생산하는지를 구체적으로 알 수 있다.

『삼국사기』를 쓴 김부식金富軾, 1075~1151은 고려 중기의 유학자·역사가·정치가였다. 이자겸과 묘청의 난을 물리치고 승승장구하여, 수충정난 정국공신輸忠靖難靖國功臣에 책봉되고, 검교태보 수태위 문하시중 판이부사檢校太保守太尉門下侍中判吏部事에 올랐다. 유교주의적 대의명분으로 끊임없이 자신의 정치적 이상을 실현해 보려 했다는 점에서, 그는 전형적인 중세의 유교적 합리주의자였다. 따라서 그가 저술한 책은 당대 사회의 질서를 강화시켜 줄 수 있었을 것이다.

반면, 1280년 일연이 죽기 9년 전에 완성한 『삼국유사』는 김부식이 1145년 저술한 『삼국사기』에 누락된 우리 고유의 이야기를 싣고자 하였다. 유교적 합리주의와 인본주의를 앞세운 『삼국사기』에 반해서 불교적 초월주의와 신화적이고 종교적인 세계관과 신성함을 강조하였다. 따라서 『삼국유사』는 단군의 고조선을 불러내고, 위만조선, 마한, 발해, 가야, 북부여, 동부여, 고구려, 백제, 그리고 신라에 이르는 고대 왕국의 신이함을 차례로 언급하였다. 그리고 왕들의 신이한 탄생을 환상적으로 이야기하고 있다. 신이한 이야기를 통해 일연이 후세에게 진정으로 말하고자 한 것은 민족의 뿌리에 대한 근본적인 각인이었다.

2. 『삼국사기』와 『삼국유사』는 선덕여왕을 표현하기 위해 각각 어떤 것을 주장하고 있는지 비교 분석하며 비평해보자.

⋯› 생산 의도에 따라 같은 대상에 대해서도 다른 주장이 펼쳐진다. 무엇을 가장 강조하여 주장하는가를 비교할 때 필자의 입장을 알 수 있다. 아래의 표에서 각 대상에서 무엇을 강조하는지를 살펴보자.

☞ 선덕여왕을 설명하는 부분을 세 가지로 비교 분석해서 비평할 수 있다.

	『삼국사기』	『삼국유사』
동일한 사건에 대한 서로 다른 접근 1 –모란 이야기	대개 여자가 지극히 어여쁘면 남자가 따르고, 꽃에 향기가 있으면 나비와 벌이 따르게 마련이다.	꽃을 그리면서 나비가 없으니 거기 향기가 나지 않음을 알고, 이는 당나라 황제가 내가 배우자 없이 지냄을 놀린 것이다.
동일한 사건에 대한 서로 다른 접근 2–옥문지 이야기	옥문지에 개구리가 울므로 옥문곡을 찾아가라.	서쪽 교외로 가 여근곡을 물어라. 남근男根이 여근女根에 들어가면 반드시 죽게 된다.
동일한 인물에 대한 서로 다른 평가	여자는 비천해서 늙은 할미인 선덕여왕이 규방에서 나와 국가의 정사를 처리할 수 없다.	선덕여왕은 자기가 죽는 날짜와 묻힐 곳을 미리 예언한 것이다.

위의 세 가지 비교를 통해 김부식은 모란 이야기와 옥문지에서 지혜를 강조하지 않고 단순한 역사적 기술을 보여주려고 했으며, 심지어 선덕여왕을 늙은 할미라고 폄하하면서 남성 중심의 유교적 이념을 강조하였다. 반면에 일연은 모란 이야기, 옥문지, 죽는 날 예언 등을 통해 여왕이 지혜로웠던 것을 강조하고 있다. 즉 김부식은 유교적 질서를 강조한 글쓰기를 보여주고 있고 일연은 민중의 자긍심을 강조한 글쓰기를 보여주고 있다.

3. 『삼국사기』와 『삼국유사』의 〈선덕여왕〉은 주제를 부각시키기 위해 어떤 효과적인 방법을 쓰고 있는가?

⋯› 입장과 서술은 긴밀한 관련성이 있다. 글에 나타난 평가적 입장은 표현방식을 면밀히 살펴보면 드러난다. 일반적으로 대상을 기술하는 방법에는 묘사, 설명, 논증, 서사의 방식이 있다.

묘사적 글인 경우 무엇과 비유하는지를 살피면 입장이 드러날 수 있으며, 설명적 글인 경우 분석적으로 기술하는지 아닌지로 의도를 파악할 수 있다. 논증적 글인 경우, 근거를 대는 방식으로 입장이 드러나며, 서사적 글인 경우 어떤 상황으로 서술하는지를 살피면 의도가 드러날 수 있다.

『삼국사기』와 『삼국유사』는 설명과 묘사를 주로 사용하는 글이므로 비유나 분석을 통해 의도를 알 수 있다.

『삼국사기』는 선덕여왕의 모란 이야기와 옥문지 이야기를 단순한 사실 기록으로 처리하고 있다. 그리고 여자가 왕이 되는 것은 고황후高皇后 여씨呂氏나 칙천황후則天皇后 무씨武氏처럼 왕이라 칭하지 않아야 한다고 말한다. 암탉이나 암퇘지 등으로 비유하면서 비하시킨다.

『삼국유사』는 모란꽃 이야기와 옥문지 이야기의 근거를 분석적으로 제시함으로써 선덕여왕이 과학과 직관이 뛰어남을 전하고자 하였다. 또한 스스로 죽는 날을 예언하는 것으로 여왕의 신성성을 확립하려고 했다는 것을 보여준다. 이 세 가지가 모두 지혜로운 일이었다고 높이 평가하고 있다.

저자의 세계관에 따른 텍스트의 관점, 주장하는 바, 주제를 부각하는 방법에 왜곡이나 배제된 점은 없는지, 주장의 신뢰성은 어떠한지, 저자가 대상과 갖는 비판적 거리는 어떤지 등을 고려해 가면서 글을 비판적으로 비평해보자.

1. 김부식과 일연이 논의한 선덕여왕의 면모를 분석하면서 비판할 수 있는 증거를 생각할 수 있는가?

⋯› 근거와 증거에 따라 그 주장의 타당성이 검증된다. 증거 자료와 주장과의 관계를 살피면서 텍스트를 비판해 보자. 의도와 입장에 따라 증거와 제시 자료는 얼마든지 달라질 수 있다.

김부식은 선덕여왕을 늙은 할미와 암탉과 암퇘지에 비유하고 있는 반면, 일연은 지혜와 선견지명을 가진 왕으로 평하고 있다. 그러나 김부식이 제시한 중국의 예는 선덕여왕을 폄하하기 위한 아전인수식 발언이라고 볼 수 있다. 일연이 제시한 지혜의 세 가지는 과연 합당한 근거인가? 모란꽃과 옥문지는 과학적 사고와 시적 직관력이 수반된 발언이므로 지혜를 느낄 수 있으나 세 번째 지혜는 다소 과학적이지 못하고 작위적이라고 볼 수 있다. 그 예언은 여왕이 죽고 난 후 한참 후인 문무왕 때 실현이 된 역사적 사실이기 때문이다.

2. 김부식의 논의는 어떤 논리적 오류나 왜곡을 범하고 있는지 비판해보자.

⋯› 저자가 어떤 관점을 지니고 있는가에 따라서 논리적 오류나 왜곡이 있을 수 있다. 저자가 여성 비하 관점을 지니고 있는 사람이라면 그것이 글

의 왜곡을 빚어낸다. 김부식이 여자가 왕이 된 사실에 대해서 부끄러워한 이유는 타당한가?

『삼국사기』의 김부식은 선덕여왕에 대해 몇 가지 자신의 견해를 피력하였다. "고황후高皇后 여씨呂氏나 측천황후則天皇后 무씨武氏라고 썼다. 하늘의 이치로 말하면 양陽은 굳세고 음陰은 부드러우며, 사람으로 말하면 남자는 존귀하고 여자는 비천하거늘 어찌 늙은 할멈이 안방에서 나와 나라의 정사를 처리할 수 있겠는가?"라고 폄하하였다. 심지어 "『서경書經』에 말하기를 '암탉이 새벽을 알린다.' 하였고, 『역경易經』에 '파리한 돼지가 껑충껑충 뛰려한다.'라고 하였으니, 그것은 경계할 일이 아니겠는가!"라고 여자가 왕이 된 사실을 부끄러워 했다. 그러나 이는 여성의 능력이나 자존을 인정하지 않는 처사이다.

3. 일연의 논의에서 신뢰성이 떨어지는 부분은 없는가?

⋯▸ 저자의 주장이 신뢰할 만한가, 과장된 부분은 없는가 하는 것을 살피는 것은 비판적 관점에서 중요하다. 이를 검증할 때는 사건이 시간적으로 앞뒤가 맞는가를 통해서도 살필 수 있다.

⋯▸ 『삼국유사』의 일연은 김부식과는 대조적으로 초지일관 여왕의 지혜를 강조하는 데 힘을 모으고 있다. 모란꽃과 옥문지의 경우는 어느 정도 납득이 가는 일이지만 세 번째 자신이 죽는 날과 자신이 묻힐 곳을 미리 알았다는 것은 진술의 신뢰성을 다소 떨어지게 한다. 이를 어떻게 비판적으로 이해할 수 있을까? 다음은 여왕이 예언한 사천왕사가 한참 후에 세워진 것

임을 보여주는 『삼국유사』의 예시 글이다.

> 명랑이 왕에게 아뢰되, "낭산 남쪽에 신유림神遊林이 있는 바 그곳에 사천왕사를 짓고 도량道場을 개설하면 될 것이외다."라고 하였다.
>
> 이때에 정주貞州에서 사람이 달려와 급보하기를, "당나라 군사들이 수없이 우리나라 지경까지 와서 바다 위에 순회하고 있사외다."라고 하였다.
>
> 왕이 명랑을 불러 말하기를, "일이 벌써 절박하게 되었으니 어떻게 하였으면 좋겠는가?" 하니 명랑이 왕에게 아뢰되, "채색 비단으로써 절을 임시로 만들면 됩니다" 하여 왕이 채색 비단으로써 절집을 꾸리고 풀(草)로써 오방의 신상을 꾸려놓고 유가 명승瑜伽明僧 열두 명이 명랑법사를 우두머리로 삼아 문두루文豆婁의 비밀 술법을 썼다. 이때에 당나라 군사와 신라군사가 아직 교전을 하지 않았는데 풍랑이 크게 일어나서 당나라 배가 모두 물에 침몰하였다. 뒤에 절을 고쳐지어 사천왕사라고 불렀는데 지금도 불단의 법석이 계속되고 있다.
>
> 일연, 리상호 옮김, 『삼국유사』, 까치, 2006, 148~149쪽.

…› 즉 위 진술을 두고 볼 때, 사천왕사는 당이 문무왕의 동생 김인문을 당나라 감옥에 가두고 신라를 치려했을 때 국가의 위기를 극복하기 위해 지어진 절이다. 선덕여왕의 도리천이 사천왕사에 있다는 말은 여왕이 죽고 난 뒤 한참 후의 일이다. 따라서 일연의 세 번째 이야기는 선덕여왕의 지혜를 신성화하는 다분히 작위적인 이야기일 수 있다는 평을 내릴 수 있다. 문무왕은 통일한 후 나라 안으로는 민심을 한 군데로 모아야 했고, 나

라 밖으로는 당나라에 대항해야 하는 사면초가의 입장이었다. 선대왕의 신성성을 통해 자신의 왕권을 강화하고자 했던 의도가 다분하다.

※ 다음의 글은 두 글에 대한 내재적 비평의 예에 해당한다.

모란 이야기의 경우, 『삼국사기』나 『삼국유사』에서 향기가 없다는 결과는 같지만, 그 까닭을 자연의 이치에 맞추어 일반화한 『삼국사기』에 비해, 『삼국유사』에서 선덕은 독신이라 자신을 놀리는 것으로 보다 개인화해서 해석했다. 물론 박색에게는 남자가 따르지 않는다 하여, 선덕 자신이 박색임을 암시하는 것은 개인화의 차원에서 비슷하지만, 후자는 왠지 더 극적이다.

옥문지 사건의 경우, 옥문곡과 여근곡은 어휘의 뉘앙스에서 같다고 볼 수 있겠다. 그러나 『삼국유사』는 그 구체적인 위치까지 알려 주고 있어 이 또한 차이가 난다.

여기까지는 비록 세밀한 면에서 차이가 있을지언정, 선덕을 지혜로운 왕으로 보자는 데에 『삼국사기』와 『삼국유사』가 다르지 않다. 그 자체로 그나마 16년간 왕위를 지킬 수 있었을 것이다.

그러나 결정적인 순간에 두 책은 결정적인 차이를 보인다. 『삼국유사』에서는 『삼국사기』에 쓰지 않은 또 다른 지혜로운 일을 소개한다. 그의 최후와 유언에 관하여서이다.

고운기, 『삼국유사 글쓰기 감각』, 현암사, 2010, 211~212쪽.

2) 외재적 비평

외재적 비평을 할 때는 글이 어떤 사회·문화적 배경을 가지고 있는가를 살펴보아야 한다. 『삼국유사』와 『삼국사기』는 고려라는 나라의 사회·문화적 맥락을 고려해야 한다. 고려의 사회적 분위기와 김부식의 역사관에 대해 비판적으로 접근해 볼 수 있다. 또한 김부식으로부터 100년이 훨씬 지난 후에 기술된 일연의 『삼국유사』는 몽고 침입이라는 역사적 사건과 불교를 빼놓고는 이야기할 수 없는 부분이다. 『삼국유사』는 나라가 없던 시절, 이야기와 문화가 그 나라에 어떤 힘을 보여줄 수 있는지 사회·문화적 맥락으로 접근할 수 있는 텍스트이다. 김부식이 늙은 할멈과 암탉과 돼지로 비하했던 여왕을 왜 일연은 지혜의 산실로 신성화했는지를 독자는 서로 다른 사회적 배경을 파악함으로써 선덕여왕을 어떤 맥락으로 이해하는 것이 타당한 것인지를 파악할 수 있다.

텍스트 생산 당시의 사회·문화적 맥락 비평을 위해 앞에서 제시한 도움말을 고려하면서 살펴보자. 텍스트는 생산 당시의 사회적 담론으로 어떻게 연결될 수 있는가, 텍스트가 생산되었을 당시의 사회·문화적 맥락을 통해 볼 때 어떤 문제점을 가지고 있는가, 텍스트는 생산 당시 작품의 이념이나 생각을 잘 드러내고 있는가 등을 통해 비평해보자.

1. 김부식의 『삼국사기』는 1145년 집필 당시의 사회적 담론으로 어떻게 연결될 수 있는가?

⋯› 글에서 제시하는 문제는 어떤 사회·문화적 배경을 가지고 있는가. 이

는 외재적 비평에서 상당히 중요한데, 당시의 담론과의 관련성을 살피는 것을 통해 접근이 가능해진다.

『삼국사기』는 삼국 시대(기원전 57년)부터 통일 신라 시대(서기935년)까지 992년의 역사를 기전체紀傳體로 기록한 정사이며 우리나라에서 가장 오래된 역사 기록이다.

이는 당시의 사람들이 중국 역사에 대해서는 널리 알고 있으나 우리의 역사 사실은 잘 알지 못한 현실을 안타까워 한 왕의 명령으로 고려 17대 인종 23년(서기 1145년)에 완성되었다. 삼국의 본기 28권, 연표 3권, 잡지 9권, 열전 10권으로 구성되었는데 그 중 본기는 우리나라와 중국의 서적들을 참고하여 역대 왕들의 재위 기간 중에 일어난 일들을 편년체 곧 연대 순으로 기록했다.

후대에 와서 『삼국사기』에 대한 논의들이 없지 않았으나 우리 민족의 고대 역사와 선인들의 삶이 기록된 귀중한 자료인 점에서 그 업적이 실로 크다고 할 수 있다.

김부식, 이우경 편역, 『새로운 삼국사기』, 한국문화사, 2007, 5~8쪽.

2. 일연의 『삼국유사』텍스트가 생산되었을 당시는 몽고의 침입을 받고 난 이후이다. 나라의 자주권을 잃어버린 후에 기록된 '유사'라는 점은 사회·문화적 맥락을 통해 볼 때 어떤 의미를 가지는가?

⋯› 모든 글은 시대적 산물이기 때문에 텍스트가 어떤 시대적 배경 하에서 생산되었는가를 살피는 일은 외재적 비평에서 중요하다. 만일 저자가

다른 시대에 살았더라면 과연 이러한 텍스트가 생산되었을까 하는 것을 생각해 볼 수 있다.

일연은 신분상 혹은 출생상 불교 중심일 수밖에 없고 경주 중심일 수밖에 없고 신라 중심일 수밖에 없다. 일연은 1206-1289년에 살다간 사람이다. 이 시기가 구체적으로 어떤 시기인가 하면 몽고가 고려를 통치하던 시기에 해당한다. 보각국사 일연은 젊은 시절 20대에 나라가 몽고의 지배를 받는 것을 뼈아프게 경험한다. 정확히 말하면 26세 때부터 30여 년간 몽고의 야만적 침략을 경험하였던 것이다. 이때 나라의 수도는 강화도에 있었던 것이다. 9살의 어린 나이에 무량사에 들어가 스승도 없이 스스로 학문을 터득했던 그는 여러 산문을 방문하면서 수행을 하면서 나라 곳곳의 이야기들에 관심을 가진다. 그래서 그는 민족에게 자부심을 일깨우는 글을 쓰고자 했다.

3. 일연의 『삼국유사』에 나타난 이념이나 생각에 대해 어떤 가치 판단을 내릴 수 있는가? 즉 김부식의 유교주의 사관과는 반대로 일연의 불교적인 사상과 초월주의적 상상력 측면에서 이해한다면 어떤 비판점이 나올 수 있는가?

⋯→ 글에 대한 가치 판단을 하는 것은 평가하며 읽기에서 중요한 문제이다. 저자의 세계관은 당시의 관점을 고려했을 때, 어떤 평가를 내릴 수 있는가를 살펴보면서 당대의 관점에 대한 이해의 지평을 넓힐 수 있으며, 비판적 근거를 마련할 수 있을 것이다.

일연이 민족의 자긍심을 위해 꺼내온 이야기는 속세의 이야기가 아니었다. 무지개에서 사람이 나오고, 용이 인간을 낳게 하고, 알에서 인간이 탄생하고, 발자국을 밟고 인간이 탄생했다고 해괴한 이야기를 들고 나선 것이다. 삼국의 시조의 신이한 힘을 말하기 위해 그는 〈기이편〉 첫머리를 중국의 이상한 이야기들로 시작하고 있다. "삼국의 시조가 모두 신비스러운 기적으로부터 태어났다는 것"이 나름대로의 논리를 얻는 셈이다.

이러한 일연의 사유는 지나치게 환상적인 부분을 통해 민족의 뿌리를 찾고자 한 것은 아닐까 하는 비판을 가져오게 한다.

현재의 사회·문화적 맥락 비평을 위해 앞에서 제시한 도움말들을 고려하면서 살펴보자. 텍스트는 현대 사회적 담론으로 어떻게 연결될 수 있는가, 텍스트는 현대 사회·문화적 맥락을 통해 볼 때 어떤 문제점을 가지고 있는가, 현 시점에서 텍스트는 어떤 의미로 다시 읽힐 수 있는가 등을 통해 비평해 보자.

1. 『삼국사기』와 『삼국유사』의 관점을 비교해 볼 때 역사란 역사가에 의해서 재해석된다는 E. H. 카아의 역사관으로 본다면 어떤 논의가 가능한가?

⋯› 역사란 기록하는 사관의 관점에 따라 차이가 날 수밖에 없는데, E.H. 카아에 따르면 '미래에 대한 역사가의 방향 감각'에 따라 달라진다고 한다. 일연과 김부식이라는 기록자의 관점이 같은 대상을 다르게 표현하게 되는 준거가 될 수 있다.

E. H. 카아는 역사적 사실의 객관적 실재성에 바탕을 두더라도, 역사적 사실이란 역사가의 해석 여하에 달린 것이므로 사실을 대하는 역사가의 해석의 객관성이 문제되게 마련이라고 말한다. 카아는 이런 점을 의식하여, 과거의 역사를 객관적으로 해석할 수 있는 준거가 되는 것은 바로 '미래에 대한 역사가의 방향 감각'이라고 주장한다.

김부식과 일연이 제시한 역사적 사실들이 각각의 역사가의 시선에 의해 해석되는 방향이 달랐던 점을 다시 상기하면서 역사 속에서 실존했던 선덕여왕에 대해서 다르게 평가받는 예를 찾아볼 수 있다.

2. 『삼국유사』는 현대의 사회·문화적 맥락을 통해 볼 때 어떤 시사점을 던져주는가?

⋯› 독서행위는 텍스트가 지식과 정보를 주는 데 그치는 것이 아니라, 우리의 삶에 영향을 끼칠 때 완성된다고 볼 수 있다. 그러므로 현대의 사회·문화적 맥락에서의 시사점을 살피는 것은 읽기에서 가장 중요한 점이라고 할 수 있다. 어떤 시사점을 주는가를 살피는 것은 텍스트의 가치평가와도 맞물려 있다.

『삼국유사』는 문화의 시대를 살아가야 하는 현대의 우리에게 문화로 힘을 키울 수 있는 원천적인 힘을 주는 우리의 자산인 것이다. 『삼국유사』의 초월적인 이야기들은 그가 현실을 적나라하게 이야기하지 못하는 시대적 상황을 유추하는 이야기 탐험의 즐거움을 글을 읽는 독자와 누리고자 하였다. 일연의 이야기를 탐험하는 것은 시대를 거슬러서 그 시대의 상상력을 유추해보는 즐거움이겠고, 우리 시대와 연결된 이야기의 고리를 찾는 것이다. 스토리텔링의 문화콘텐츠가 각 나라의 문화의 부가가치를 높여주는 현 시점에서 『삼국유사』의 스토리텔링은 우리 문화의 소중한 자산이다.

3. 『삼국유사』의 이야기 중 상당수의 이야기는 허구적 이야기이다. 허구와 현실의 이야기를 어떻게 받아들여야 하는가?

⋯› 허구는 사실은 아니지만, 있을 법한 이야기이다. 그러므로 허구가 때로는 사실보다 더 강한 설득력을 지닐 때가 많은데, 이는 허구가 독자에게 동일시효과가 사실보다 더 크기 때문이다. 일연은 기록에 있어서 서사의 힘을 누구보다도 잘 알고 있었던 사람이었던 것으로 평가할 수 있다.

일연은 김부식이 백제의 무왕을 29대 법왕의 아들이라는 사실적인 논의를 하는 데 그치지 않고 백제의 무왕과 신라의 선화공주가 맺어지는 〈서동요〉 이야기를 가상으로 만들어 써 놓았다. 당시 백제와 신라의 싸움이 가장 심각했었다는 정황을 참고해 볼 때 일연의 이야기는 다소 황당하다. 이러한 황당한 상상력은 현실을 이해하는 또 하나의 방법이 될 수 있다. 우리 현실에서 어떻게 적용될 수 있는가.

3.
비평의 실제

3.1 버지니아 울프, 『자기만의 방』

제1장

여러분은 말하겠지요, 우리는 당신에게 여성과 픽션에 대해 이야기 해달라고 부탁했는데, 그 주제와 '자기만의 방'이라는 것이 대체 무슨 관계가 있는 건가요? 라고 말입니다. 제가 설명해 보도록 하지요, 나는 여성과 픽션에 대해 말해달라는 부탁을 받고 나서, 어느 강둑에 앉아 그 단어들이 무엇을 의미하는지 생각해 보기 시작했습니다. 그 단어들은 단지 패니 버니에 관해 몇 마디 말하고, 제인 오스틴에 대해서는 조금 더 언급하고, 브론테 자매에게 찬사를 보내고, 눈 덮인 하워스 목사관을 스케치하고, 가능하다면 미트포드 양에 대해 몇 마디 재치 있는 말을 하고, 조지 엘리어트를 정중하게 언급하고, 개스켈 부인에 대해 이야기하는 것을 의미할 수도 있고, 혹자는 이쯤에서 문제를 마무리 지을 수도 있을 것입니다. 그러나 다시 생각해 보니 그 주제가 그렇게 단순한 것 같지는 않았습니다.

여성과 픽션이라는 제목은 여러분이 혹시 의중意中에 두었던 대로 여성과 여성은 어떠한 존재인가라는 것을 의미할 수도 있고, 여성과 그들이 쓰는 픽션을, 혹은 여성과 여성에 대하여 쓰인 픽션을 의미할 수도 있습니다. 혹은 이 세 가지 모두가 뗄 수 없이 섞여 있다는 것을 의미할 수도 있으며 여러분은 바로 내가 이 맨 나중의 견지見地에서 그 세 가지 모두를 고려하기를 바라고 있는지도 모릅니다. 그런데 가장 흥미로워 보이는 이 마지막 방식으로 그 주제를 고찰하기 시작하자 곧 그 방식은 치명적인 결함缺陷을 가지고 있다는 것을 알게 되었습니다.

내가 결코 어떠한 결론에도 도달할 수 없을지도 모른다는 것이지요. 내가 강연자의 첫 번째 의무라고 이해하는 것을, 즉 여러분의 공책 갈피 사이에 잘 싸여 벽난로 선반 위에 영원히 모셔질 순수 진리라고 하는 금괴를 한 시간 동안의 강연이 끝난 후 여러분에게 건네주는 일을 해내지 못할 수도 있다는 것입니다. 내가 할 수 있는 일의 전부란 대수롭지 않은 한 가지 논점論點에 대하여 견해를 내놓는 것입니다. 그 의견은 다름이 아니라 여성이 픽션을 쓰고자 한다면 '돈'과 '자기만의 방'이 있어야 한다는 것이며, 여러분이 곧 알게 되겠지만 이러한 견해는 여성의 참다운 본성이니, 픽션의 참다운 특성이니 하는 문제는 미해결未解決로 남겨두는 셈입니다.

나는 이 두 문제에 관하여 어떤 결론을 내려야 하는 의무를 피해 왔으므로 나에 관한 한 여성과 픽션은 미해결의 과제입니다. 하지만 이에 대한 보상補償으로 내가 어떻게 방과 돈에 대하여 이러한 견해에 다다랐는지를 보여

주도록 내가 할 수 있는 일을 하고자 합니다. 여러분이 계신 이 자리에서 내가 할 수 있는 한 가장 충실하고 자유롭게, 이런 견해에 이르게 된 일련의 나의 생각을 펼쳐보고자 하는 것입니다. 이 견해의 이면裏面에 놓여 있는 관념觀念들과 편견偏見들을 드러내면, 여러분은 그것들이 여성과, 그리고 픽션과 어떤 관련이 있다는 것을 알게 될 것입니다. 아무튼 주제가 매우 논란의 여지가 많을 때에는 (성〔여성, 남성〕에 대한 어떠한 질문도 그런 주제가 되는데) 진실을 말한다는 것은 누구도 기대할 수 없는 노릇이지요. 단지, 자신이 지니고 있는 견해가 어떠한 것이든 간에 어떻게 그런 견해를 갖게 되었는지를 보여줄 수 있을 따름입니다.

청중에게 스스로 강연자의 한계限界와 편견과 기이奇異함을 관찰하면서 그들 나름대로의 결론을 끌어낼 기회를 줄 수 있을 뿐이지요. 여기에서 허구虛構는 사실事實보다 더 많은 진실眞實을 내포內包하고 있는 듯합니다. 따라서 나는 소설가로서의 모든 자유와 파격 면허증을 총동원하여 내가 여기 오기 전 이틀 동안의 이야기를, 즉 여러분이 내 어깨 위에 올려놓은 그 주제의 무게로 허리가 휘어진 채 어떻게 내가 그 주제를 숙고熟考하였으며, 어떻게 그 주제가 내 일상적인 삶의 안팎에서 영향을 미치도록 하였는지를 얘기해 보고자 합니다. 내가 이제 묘사하고자 하는 것들이 실제로는 존재하지 않는다는 것을 말할 필요는 없겠지요. 즉, 옥스브리지는 꾸며낸 것이며 펀남도 마찬가지고, '나'라는 것도 실재 인물이 아닌 누군가를 지칭하는 편리한 용어일 뿐입니다. 거짓말들이 내 입술에서 흘러나오겠지요. 그러나 아마 약간의 진실이 그것들과 뒤섞여 있을지도 모릅니다. 이 진실을 찾아내고 그것의 어느 부분이라도 간직할 만한 가치가 있는지를 결정하는 것은 여러분의 일이지요.

만약 어떠한 가치도 없다면 여러분은 물론 모든 것을 휴지통에 던져버리고 다 잊게 되겠지요.

그러면 여기 나는 (나를 메리 버튼, 메리 시튼, 메리 카 마이클 혹은 여러분이 원하시는 어떤 이름으로든 불러 주십시오. 그것은 전혀 중요한 문제가 아니니까요.) 한두 주일 전, 날씨가 화창한 시월의 어느 날 생각에 잠겨 강둑에 앉아 있었지요. 내가 언급한 바 있는 여성과 픽션이라는 주제, 즉 온갖 종류의 편견과 격정激情을 불러일으키는 그 주제에 대해 어떤 식으로든 결론을 내려야 할 필요가 있다는 생각에 머리를 숙인 채 말입니다. 강의 양 옆에는 황금색과 진홍색의 이름 모를 잡목들이 현란하게 빛났으며 심지어 열기로, 불의 열기로 타오르는 듯했지요. 저 멀리 강둑에는 버드나무들이 어깨에 머리카락을 늘어뜨린 채 영원한 비탄에 잠겨 흐느끼고 있었습니다. 강물에는 하늘과 다리와 타오르는 나무가 반사되고 있었고, 대학생 하나가 그 반사된 풍경을 가르며 노저어 지나가고 나자 물 위에 비친 풍경은 아무 일도 없었다는 듯이 다시 완전히 맞물렸습니다. 그곳에서 사색에 빠져 시계가 한 바퀴 다 돌도록 줄곧 앉아 있을 수도 있었겠지요. 사색思索의 낚싯줄을 강물 속으로 드리웠습니다.

일 분 일 분 시간이 지남에 따라 그것은 물결이 들어 올렸다 내렸다 하는 대로 자신을 내버려 두면서 반사된 풍경과 잡초들 사이에서 이리저리 흔들렸습니다. 그러다 마침내 무언가 잡아끄는 힘을, 사색의 낚싯줄 끝에서 어떤 상념들이 갑자기 응집凝集되어 오는 것을 감지하고는 그것을 조심스레 잡아당겨 주의 깊게 펼쳐보았습니다. 아아, 슬프게도 잔디밭에 내려놓자 나의 이 생각은 얼마나 작고 하찮아보였는지요. 마치 능숙한 어부라면 요리해 먹기에 적당할 만큼 살이 더 붙으라고, 잡았다가는 강물 속으로 도로 놓아주는 그런 물고기 같아 보였지요. 지금 나의 생각으로 여러분을 귀찮게 하지는 않겠습니다. 여러분이 주의 깊게 들여다보면, 내가 말하고자 하는 바를 펼쳐나가는 과정에서 여러분 스스로가 그것을 찾아낼는지도 모르지만 말입니다.

그러나 그 생각이 아무리 작고 보잘것없는 것이라 하더라도 그것은 그 나름대로의 신비로운 속성을 지니고 있어서, 마음속에 도로 집어넣으니까 즉시 매우 재미있고도 중대한 것이 되더군요. 그것은 쏜살같이 나아가다가 밑으로 가라앉고, 여기저기에 번쩍번쩍 나타나며, 여러 상념의 대단한 파도와 격랑이 일으켜서 나는 도저히 가만히 앉아 있을 수가 없었습니다. 내 자신이 잔디밭을 가로질러 굉장히 빠르게 걸어가게 된 것이 이렇게 하여 일어난 일이지요. 그러나 즉시 한 남자의 모습이 나타나서 나를 가로막았습니다.

처음에는 뒤로 처진 코트와 이브닝 셔츠를 입은 이 기이해 보이는 대상의 몸짓이 나를 겨냥하고 있다는 것을 알지 못했지요. 그의 얼굴은 기겁을 하여 화난 표정을 짓고 있었습니다. 그 순간 이성이라기보다는 본능이 나를 구해 주었는데, 즉 그는 대학의 하급 관리였고 나는 여자였다는 것이지요. 여기는 잔디밭이고 저쪽이 보도였지요. 오로지 대학 연구원과 학생만이 이곳에 들어올 수 있고, 저 자갈길이 여자인 내게 허용된 공간이었습니다. 이러한 생각들은 한 순간에 일어난 것이었습니다. 내가 보도로 되돌아가자 그 관리의 추켜올려진 팔이 내려오고, 얼굴은 평상시의 평온을 되찾았지요. 그리고 비록 잔디밭이 자갈길보다 걷기에 좋기는 하지만 그렇다고 아주 큰 손해를 본 것은 아니었습니다. 다만 그것이 어떤 대학이 되었든 간에 대학의 연구원과 학생을 상대로 내가 고발할 수도 있는 죄과라는 것이 삼백년 동안 끊임없이 다듬어온 그네들의 잔디밭을 보호하느라 그들이 내 귀여운 물고기를 그만 숨어버리게 하였다는 것뿐이었지요.

버지니아 울프, 오진숙 옮김, 『자기만의 방』, 솔, 2004, 9~15쪽.

1) 내재적 비평

1. 저자가 위의 글에서 말한 여성과 픽션의 세 가지 의미는 무엇인가? 이 세 가지의 의미를 비교해 보시오.

2. 이 글에서 저자의 여성주의적 관점을 파악할 수 있는 부분은 무엇인지 찾아보고, 저자의 관점을 지지할 만한 이유가 제시되고 있는지 평가해 보시오.

3. '허구는 사실보다 더 많은 진실을 내포하고 있다.'라는 것은 무엇을 의미하는지 말해보시오.

2) 외재적 비평

1. 이 책이 출간될 당시의 여성들이 처한 상황에 비추어볼 때 저자의 주장은 설득력을 가지는지 논의해보시오.

2. 여성이 독립적이기 위해서는 '돈'과 '자기만의 방'이 필요하다는 저자의 지적과 문제의식이 오늘날 여성들에게도 가장 주요한 요소인지 논의해보시오. 달라졌다면 여성의 주체적, 환경적 요인이 어떻게 달라졌는지 비교해보시오.

3.2 루스 베네딕트, 『국화와 칼』

제3장 각자 알맞은 위치 갖기

일본은 근래 두드러지게 서구화되었음에도 불구하고 여전히 귀족주의적인 사회다. 사람들과 인사하고 접촉할 때는 반드시 서로간의 사회적 간격의 성질과 정도를 암시하지 않으면 안 된다. 일본인은 남을 향해 '이트(eat : 먹어라)'라든가, '싯다운(sit down : 앉아라)'이라고 말할 때, 상대방이 친한 사람인가 손아랫사람인가 윗사람인가에 따라 다르게 쓰며, 같은 의미의 동사가 여러 종류의 다른 어간을 가지고 있다. 바꾸어 말하면 일본에도 다른 많은 태평양 여러 민족과 같이 '경어敬語'가 있다.

또한 이와 함께 허리를 굽히는 인사와 꿇어앉는 예의를 행한다. 이러한 동작은 모두 세밀한 규칙과 관례慣例에 의해 지배된다. 누구에게 허리를 굽히는가를 아는 것만으로는 충분치 않다. 또한 어느 정도로 허리를 굽혀 절을 할 것인가를 알지 않으면 안 된다. 어떤 사람에게는 바르고 정당한 절일지라도, 절을 하는 사람과의 관계에 약간 차이가 있는 다른 사람에게는 모욕이 되어 노여움을 사게 된다. 따라서 절에는 무릎 꿇고 앉아서 마룻바닥에 댄 손까지 이마를 나직이 수그리는 가장 정중한 절에서부터 머리와 어깨를 조금 수그리는 간단한 절에 이르기까지 여러 가지 종류가 있다. 사람들은 어떠한 절이 각각의 경우에 합당한가를 어려서부터 배우고, 또 배우지 않으면 안 된다.

적당한 행동에 의해 끊임없이 서로 인식해야만 하는 계급의 차이 이러한 것들이 중요함은 말할 것도 없지만 이것은 단순한 계급적 차이는 아니다. 성별이나 연령, 두 사람 사이의 가족관계나 종래의 교제관계 등이 모두 반드시 고려되어야 할 사항이다. 같은 두 사람 사이에도 처지가 변함에 따라 그것에 알맞은 존경이 요청된다. 가령 민간인이었을 때는 서로 친숙한 사이여서 따로 절을 안했지만 그들 중 한쪽이 군복을 입게 되면 평복을 입은 친구가 경례를 한다. 계층제도階層制度를 지켜가는 데는 무수한 인자因子간의 균형을 유지해야 한다. 그리하여 어떤 특수한 경우에 있어, 그 인자 중의 어떤 것은 서로 마이너스로 작용해서 상쇄相殺되기도 하고, 또 어떤 것은 서로 플러스로 작용해서 힘을 발휘하기도 한다.

물론 서로 간에 그렇게 형식이 필요치 않은 사람들도 있다. 미국에서 그것은 자기 가족권 안에 있는 사람들이다. 우리는 우리의 가족권 안으로 돌아오면 형식적인 예의는 일체 벗어버린다. 그런데 일본에서 예의범절을 배우며 세심한 주의를 가지고 이행되는 곳이 바로 가정이다. 어머니는 아이를 업고 다닐 때부터 자기 손으로 아이 머리를 눌러 고개 숙여 절하는 법을 가르친다. 그러다가 그 아이가 아장아장 걷게 되면, 처음으로 아버지나 형에게 존경을 표하는 행위를 가르친다. 아내는 남편에게, 자식은 아버지에게, 동생은 형에게, 여자아이는 연령에 관계없이 남자 형제 모두에게 머리를 수그린다. 그것은 결코 내용 없는 몸짓이 아니다. 그것은 머리를 수그리는 사람이, 사실은 자기 뜻대로 처리하고 싶다고 생각하는 일에서 상대방이 자기 뜻대로 행동할 권리를 승인하는 것이며, 절을 받는 사람은 그 사람대로 그 지위에 당연히 돌아가는 어떤 책임을 승인한다는 것을 의미한다. 그들에게는 성별과 세대의 구별과 장자 상속권에 입각한 계층 제도가 가정생활의 근간이다.

효도는 말할 것도 없이 일본이 중국과 공유하고 있는 숭고한 도덕률이어서, 효도에 관한 중국인의 가르침은 일찍이 6세기에서 7세기경의 중국불교, 유교의 도덕설, 세속적인 중국 문화와 함께 일본에 들어왔다. 그러나 효도의 성격은 불가피하게 중국과는 다른 일본의 가족구조에 적합하도록 개조되었다. 중국에서는 오늘날에도 누구나 자기가 속하는 광대한 종족에 대하여 충성을 바치지 않으면 안 된다. 이 종족은 어떤 경우에는 몇 만 명으로 이루어져 있으며, 그 사람들의 전체에 대한 지배력을 가지고, 또 그 사람들로부터 지지를 받는다. 그토록 넓은 나라기 때문에 지방에 따라 사정이 다르긴 하지만, 중국의 대부분 지역에서는 어느 마을의 주민은 모두 같은 종족의 구성원이다. 중국의 인구는 전부 4억 5,000만 이상이지만 성姓은 겨우 470개 정도다. 그렇지만 같은 성을 가진 사람은 모두 자신들은 어느 정도의 종족적 동포라고 생각하고 있다. 어떤 지역 일대의 주민이 예외 없이 동일 종족에 속할 경우도 있으며, 또 멀리 떨어진 도시에 살고 있는 가족도 그들과 같은 종족일 경우가 있다.

광둥성廣東省과 같이 인구가 밀집된 지역에서는 종족의 모든 구성원이 결속하여 당당한 종족 회관을 유지·경영하며, 일정한 날에 거기 모여서 공통의 조상에서 유래한 1,000명 이상이나 되는 이미 죽은 종족 구성원들의 위패位牌를 받든다. 각 종족은 재산과 토지와 사원을 소유하며, 또 유망한 종족의 자녀를 위한 장학 기금을 가지고 있다. 그것은 분산된 구성원의 소식에 끊임없는 주의를 쏟고 대략 10년에 한 번씩 갱신하는 정교한 족보를 발행하여, 종족의 특전을 나눌 권리를 가진 사람들의 이름을 밝힌다. 종족에는 선조 때부터 전해 내려오는 가헌家憲이 있으며, 그것에 따라 종족이 당국자에게 동의하지 않는 경우에는, 가족 중 범죄를 저지른 자를 국가에 인도함을 거부하는 경우조차 있었다. 제정시대에는 이러한 반半자율적 종족의 대공동사회를, 그 지역에서는 타국인에 불과하며 자주 교체되는 국가가 임명하는 장관을 우두머리로 하는 무능한 관리 기구가 국가 전체의 이름으로 통치한 것은 아주 드문 일이었다.

이 점은 일본에서는 사정이 전혀 다르다. 19세기 중반 경까지 성이 허용된 것은 귀족과 사무라이武士집안에만 한정되었다. 중국 가족제도의 근본이 되는 성, 혹은 적어도 무엇인가 성에 상당하는 것이 없고서는 씨족 조직은 발달할 수가 없다. 어떤 부족에서는 이 성에 상당하는 것의 하나로 하나의 계도를 유지하고 있는 것이다. 그러나 일본에서는 이 계도를 갖는 것도 상층 계급뿐이었고, 게다가 그 계도는 미국애국부인회가 행하는 것처럼 현재 살아있는 인간에서부터 거꾸로 소급하여 기록하는 것이어서, 예로부터 순서대로 시대를 따라 내려오면서 시조로부터 나뉘는 동시대의 모든 사람을 빠짐없이 망라網羅하는 것이 아니었다. 이 두 가지 방법은 매우 다른 것이다. 그 밖에도 일본은 봉건적 국가였다. 충성을 바치는 상대는 친척들의 집단이 아니라 봉건 영주였다. 그는 그 토지에 존재하는 주권자였다. 그는 일시적이고 관료적인 중국 관리와는 현저한 차이가 있었다. 일본에서 중요한 것은 그 사람이 사쓰마薩摩 영지播에 속하는가, 히젠肥前의 영지에 속하는가에 있었다. 어떤 사람의 고삐는 그의 영지에 매여 있었다.

씨족을 제도화하는 또 다른 방법의 하나는 먼 선조나 종족의 신들을 신사나 성소聖所에서 숭배하는 것이다. 이러한 숭배는 계보와 성이 없는 서민들도 행할 수 있는 것이다. 그러나 일본에서는 먼 선조를 숭배하는 의식은 행하지 않는다. '서민'들이 제사 지내는 신사神社에는 마을 사람들이 모두 모이지만, 그들은 그들 선조가 공통되어 있다는 것을 증명할 필요는 없다. 그들의 신사의 제신祭神은 '아이들'이라 불리지만 그들이 '아이들'인 것은 그들이 제신의 영역 내에 살고 있기 때문이다. 이처럼 같은 씨신氏神을 제사 지내는 촌민은, 세계 속 도처의 촌민과 마찬가지로 몇 대 동안 같은 땅에 정주한 결과로서 서로 인연을 맺어 왔지만, 그들은 공통된 선조의 피를 받은 긴밀한 씨족 집단은 아닌 것이다.

조상에 대한 숭배는 신사와는 별도로 가족의 거실에 마련된 불단에서 행해지는데, 거기엔 최근에 죽은 겨우 6,7명의 영혼靈魂만을 모신다. 일본의 모든 계급의 사람들은 매일 이 불단 앞에서, 그 안에 안치된 작은 묘비를 모방한 위패位牌로 대표되는, 그리고 아직도 기억에 남아있는 부모나 조부모 및 가까운 친족을 위해 예배를 행하고 음식을 바친다. 묘지에도 증조부모의 묘표墓標는 글씨가 흐려져도 고쳐 쓰지 않고 그대로 두며, 3대 전의 조상에 이르면 그것이 누구의 묘인가조차 모를 정도로 잊게 된다. 일본의 가족적인 유대는 서양과 거의 차이가 없는 데까지 좁혀져 있다. 아마도 프랑스의 가족이 이와 가장 흡사할 것이다.

따라서 일본의 '효도'는 직접 얼굴을 마주치는 한정된 가족 간의 문제다. 이것은 자기 아버지와 할아버지, 거기에 그들의 형제 및 그 직계直系비속卑屬 정도를 포함하는 데 머무는 집단 속에서, 세대나 성별, 연령에 따라서 자기에게 알맞은 위치를 차지하는 것을 뜻한다. 더욱 넓은 범위의 집단이 포함되는 큰 가정에서조차도, 가족은 몇 개의 다른 계통으로 나뉘어 차남 이하의 남자는 분가分家를 하게 된다. 이렇게 좁고, 직접 얼굴을 대하는 집단 내부에서 '알맞은 위치'를 규정하는 규칙은 참으로 엄밀하다.

연장자가 정식으로 은퇴隱退하기까지는 그 연장자의 명령이 엄중히 지켜진다. 오늘날에도 이미 성장한 몇 명의 아들을 둔 아버지라도 그 자신의 아버지가 아직 생존해 있으면, 무슨 일을 결정할 때 일일이 그 아버지의 승인을 얻어야 한다. 아들이 3,40세가 되었을 경우에도 부모가 아들의 결혼문제를 좌우하는 것이다. 아버지는 일가一家의 가장으로서 식사 때는 맨 먼저 수저를 들고, 목욕할 때도 먼저 들어가며, 가족의 정중한 인사를 가볍게 고개를 끄덕이며 받는다. 일본에서 널리 일반화된 하나의 수수께끼가 있는데, 이를 우리 식으로 번역하면 대략 다음과 같다. "부모에게 의견을 제출하고 싶어 하는 자식은, 머리카락을 가지고 싶어 하는 승려와 같다. 그 까닭은?" 이에 대한 해답은 "아무리 하고 싶어도 할 수 없다."라는 것이다.

알맞은 위치라는 것은 단지 세대 차이만이 아니라 연령의 차이에도 적용된다. 일본인은 극단적인 무질서 혼란 상태를 표현할 때, 어떤 일이 "난형난제難兄難弟다."라고 말한다. 이러한 표현은 우리의 "고기도 아니고 새도 아니다Neither fish nor fowl"라는 표현과 비슷하다. 실제 일본인의 사고로는 마치 물고기는 물 속에 있어야 하는 것과 같이 사람은 그 맏형으로서의 성격을 어디까지나 가져야 하는 것이다. 장남은 상속자다. 일본을 방문한 여행자들은 '일본의 장남이 매우 일찍이 몸에 익히는 책임감 있는 언행'에 대해 언급하고 있다. 장남은 아버지와 큰 차이 없는 특권을 갖는다. 옛날에는 동생은 불가피하게 장남에게 의존하곤 하였다. 오늘날 특히 시골이나 작은 도시에서 집에 머물러 낡은 관습에 매여 있는 것은 장남 쪽이다. 대체로 차남은 넓은 세계로 진출하여 교육도 많이 받고 수입도 장남보다 더 많다. 그렇지만 옛날부터 내려오는 계층제도의 습관은 지금도 여전히 강력하다.

오늘날의 정치평론에서조차도 대동아 정책 논의 중에 전통적인 형의 특권이 분명히 드러나 있다. 1942년 봄, 한 중령이 육군성의 대변자로서 공영권共榮圈에 관해 다음과 같이 말하였다. "일본은 그들의 형이며, 그들은 일본의 아우다. 이 사실을 점령지역의 주민에게 철저히 인지시키지 않으면 안 된다. 주민들에게 지나친 배려를 표시하면, 그들 마음에 일본의 친절에 편승하려는 경향을 일으키게 하여 일본의 통치에 해로운 영향을 끼치게 된다." 바꾸어 말하면, 형은 무엇이 아우를 위한 일인가를 결정하여 그것을 강요할 때는 "너무 지나친 배려"를 보여주어서는 안 된다는 것이다.

나이에 상관없이, 어떤 사람의 계층 제도 속에서의 위치는 그 사람이 남자인가 여자인가에 따라 달라진다. 일본의 부인은 그 남편의 뒤를 따라 걸으며, 사회적 지위도 남편보다 낮다. 때때로 양장을 했을 경우는 남편과 나란히 걷기도 하고, 혹은 대문을 나설 때 남편보다 앞서 나가는 부인일지라도, 일단 기모노着物로 갈아입으면, 남편의 뒤를 따르는 것이다. 가정에서 딸들은 선물이나 사람들의 보살핌, 교육비 등이 모두 남자 형제에게로 돌아가는 것을 얌전하게 방관할 수밖에 없다. 젊은 부인들을 위한 고등교육의 학교가 설립되었을 때도 거기에 규정된 교육과정에는 예의나 예의범절의 교수가 중시되었다. 본격적인 지적 교육은 도저히 남자들의 발밑에도 미치지 못하였다. 현재 이러한 학교의 한 교장이 그 학교 상층계급 출신 여학생들에게 어느 정도 유럽어를 가르치는 것이 좋다고 주장했는데, 그 근거는 여학생들이 결혼하여 남편의 장서에 앉은 먼지를 턴 후 위아래가 바뀌지 않게 책장 안에 넣을 수 있도록 바라는 데 있었다.

그렇기는 하지만 일본 부인은 다른 대부분의 아시아 여러 나라에 비하면 많은 자유를 누리고 있다. 이는 단지 일본이 서구화된 하나의 현상이라고만은 할 수 없다. 중국 상류 계급에서처럼 여자에게 전족纏足을 행하는 풍습이 일본에는 일찍이 없었고, 또 오늘날 인도의 부인은 일본 부인이 가게를 출입하고 시가지를 왕래하면서 자기네 몸은 감추지 않음을 보고 놀란 표정을 짓는다. 일본에서는 부인이 살림을 위해서 쇼핑을 하며 그 가정의 경제권을 쥐고 있다. 돈이 모자라면 집안의 어떤 물건을 선택하여 전당포에 가지고 가는 것도 부인의 임무다. 부인은 하인들을 지휘하며 자녀의 결혼 문제에서는 큰 발언권을 가지고 있다. 그리고 며느리를 얻어서 시어머니가 되면 마치 그 전반생을 통해서 굽실대기만 하던 가련한 제비꽃이었다고는 도저히 생각할 수 없을 정도로 단호한 태도로 집안의 모든 일을 관장하는 것이다.

일본에는 세대世代와 성별性別과 연령年齡에서 오는 특권이 이처럼 크다. 그러나 이러한 특권을 행사하는 사람들은 멋대로 하는 독재자로서가 아니라 중대한 책무를 위탁委託받은 인간으로서 행동한다. 아버지 혹은 형은 현재 살고 있는 가족, 이미 죽은 가족, 그리고 장차 태어날 가족을 포함한 그 가족 전체에 대한 책임을 진다. 그는 중대한 결정을 하며, 반드시 자기가 내린 결정이 시행되도록 계획해야 한다. 그러나 그는 무제한의 권력을 가지고 있는 것은 아니다. 그는 일가의 명예를 유지할 책임을 지고 행동하도록 기대되고 있다. 그는 자식이나 아우에게 그 집안의 물심양면의 유산을 상기시킨다. 그리하여 그 분수에 맞는 인간이 되기를 요구한다. 가령 농부의 신분일지라도 그는 가문의 조상에 대해 '자중自重하는 태도'를 요구한다. 또 그가 속한 계급이 상층 계급일수록 가문에 대한 책임이 비례하여 가중된다. 가문의 요구는 개인의 요구에 선행하는 것이다.

어떤 중대한 사건이 일어났을 경우에는 그 가문의 지체가 높고 낮음에 상관없이 가장은 친족 회의를 소집하여 그 문제를 토의한다. 예를 든다면, 약혼에 관해 상담하기 위해서는 가족의 구성원은 멀리 떨어진 지방에서도 일부러 오는 수가 있다. 결론에 도달하는 과정에 있어서는 아무리 하찮은 사람의 의견도 수렴한다. 아우나 아내의 의견이 결정적일 수도 있다. 호주戶主가 모두의 의견을 무시하고 행동하게 되면 매우 곤란한 결과에 빠진다. 물론 그 결정이 거기에 운명이 달린 당사자의 마음에 맞지 않는 경우도 있다. 그러나 여태까지 친족 회의의 결정에 승복해 온 경험을 가진 연장자들은 그들의 손아랫사람들에 대해 굴복하여 자신들의 결정에 따를 것을 완강하게 요구한다. 그들의 요구의 배후背後에 숨어 있는 강제력은 가령 프로이센에서 아버지에게 그 처자에 대한 절대적인 권리를 관습상으로는 물론, 법률적으로도 부여하는 것과는 매우 다르다. 그렇다고 해서 일본이 더 강제성이 적다는 뜻이 아니다. 그 효과가 다르다는 뜻이다. 일본인은 그 가정 생활에서 전제적인 권력을 존중하도록 배우지는 않는다. 또한 쉽사리 그 권위에 굴복하는 습성을 기르지도 않는다. 가족의 의지에의 복종은 이를테면 그 요구가 아무리 부당한 것이라 할지라도, 전 가족의 문제에 관계를 갖는 최고 가치의 이름으로서 요구된다. 즉 공동의 충성이라는 이름으로 요구되는 것이다.

일본인은 누구나 우선 가정 내부에서 계층 제도의 습관을 배우고 그것을 경제 생활이나 정치 생활 등 넓은 영역에 적용한다. 그는 그것이 실제로 그 집단 속에서 지배력을 가진 인물이든 아니든, 자기보다 위의 '분수에 맞는 위치'를 갖는 자에 대해서는 그에 해당하는 경의를 표하도록 배운다. 아내에게 지배당하는 남편, 아우에게 지배되는 형일지라도 표면적으로는 존경을 받게 된다. 특권과 특권 사이의 형식적인 경계선을 누군가 다른 사람이 보이지 않는 데서 조종하고 있다 하더라도, 그것 때문에 파괴되지는 않는다. 겉으로 드러난 부분이 실제의 지배 관계에 맞지 않다고 하더라도 그 특권 관계는 변경되거나 수정되지 않는다. 그것은 여전히 불가침인 것이다.

루스 베네딕트, 김윤식 · 오인석 옮김, 『국화와 칼』, 을유문화사, 1974, 59~73쪽.

1) 내재적 비평

1. 저자는 당시 미국 정부의 연구 프로젝트의 일환으로 일본에 대한 연구를 진행했다. 연구의 배경 의도가 어떻게 드러나고 있는지 분석해보시오.

2. 이 글에서는 일본 사회를 여전히 '귀족주의적인 사회'라고 주장하고 있다. 그 근거는 무엇인지 찾아보고, 주장이 타당한지 평가해보시오.

3. 저자가 일본을 바라보는 관점이 문화 상대주의적 관점인지 문화제국주의적 관점인지 판단하고, 그 근거를 찾아보시오.

4. 제시글을 보면, "같은 씨신氏神을 제사 지내는 촌민은, 세계 속 도처의 촌민과 마찬가지로 몇 대 동안 같은 땅에 정주한 결과로서 서로 인연을 맺어 왔지만, 그들은 공통된 선조의 피를 받은 긴밀한 씨족 집단은 아닌 것이다."라고 진술하고 있다. 일본의 신사에 대한 이 글의 관점이나 일본의 지역주의와 연고주의에 대한 저자의 판단 등 다양한 질문들을 통해 논리적 오류가 없는지 논의해보시오.

2) 외재적 비평

1. 『국화와 칼』에서 주장하는 일본사회의 특성이 현재에도 유효한지, 그렇지 않은지 각각 그 이유를 들어 논의해보시오.

2. 이 책의 예상 독자와 지금 이 책을 읽는 '나'의 위치와 관점은 서로 다르다. 현재의 '나'의 관점에서 책을 읽었을 때 발견되는 문제점은 없는지 비교해보시오.

3. 이 책의 5장, 6장에서는 남에게 은혜를 입는 일을 극도로 꺼리는 특성과 이를 갚으려는 행동양식을 '온恩'과 '기리義理'로 설명하고 있다. 집필할 당시의 사회·문화적 배경을 고려하여 이 특성이 일본인에게 어떤 문화적 의미를 가지는지 논의해보시오.

4. 일본문학에서는 죽음을 선택할 때 가혹한 운명을 참고 따르는 것이 아니라, 자발성과 단호한 결의의 의미로 받아들인다는 주제를 자주 사용한다. 현대 문화콘텐츠에서도 일본의 영화나 애니메이션을 보면 그러한 예를 찾아볼 수 있다. 『국화와 칼』의 분석을 참고하여, 이러한 현상이 일본의 어떠한 문화적 특성을 반영하는지 논의해보시오.

4. 피드백

평가는 텍스트의 내용을 확장하고 종합하여 비판의 과정에 이르게 하는 활동이다. 따라서 자신의 평가가 적절한 것이었는지를 점검해 보는 일이 필요하다. 이후 동료를 통해 점검을 받고 이를 다시 수정해 보는 활동이 모두 피드백 과정에 포함된다.

4.1 자기 점검을 위한 항목들과 비평글 쓰기

다음은 자신이 비평한 내용들을 스스로 점검해 볼 수 있도록 도움을 주는 질문들이다.

내재적 비평	- 글에서 사용하고 있는 용어의 명료성과 정확성을 확인했는가? - 글의 주장과 저자의 관점이 분명하게 드러나는가? - 텍스트의 주장은 신뢰할 만한가? - 주장을 지지해주는 근거와 이유는 무엇인가? - 근거와 이유들은 주장을 지지해주기에 적절한가? - 주장과 근거와 이유들 사이에 논리적 오류는 없는가? - 글의 내용과 저자의 관점에 대해 동의하는가? 동의한다면 그러한 평가를 내린 근거는 무엇인가? - 글의 내용과 저자의 관점에 대해 반대하는가? 반대한다면 그러한 평가를 내린 근거는 무엇인가?
외재적 비평	- 글에서 드러난 저자의 관점이나 입장은 무엇인가? - 저자의 관점이나 입장은 글이 생산된 당시의 사회·문화적 맥락을 제대로 반영하고 있는가? - 반영했다면 충분히 반영하고 있는가? - 제대로 반영하지 못했다면 텍스트가 생산되었을 당시의 사회·문화적 맥락에 비추어 볼 때 어떤 점에서 문제적인가? - 저자의 관점과 글의 내용은 현대의 사회적 담론에 비추어 보면 어떻게 평가할 수 있는가? - 문제점이 없다면 그 이유는 무엇인가? - 문제점이 있다면 그 이유와 근거는 무엇인가? - 독자가 처한 오늘날의 시점이나 사회적 관점에서 글은 어떤 의미로 다시 읽힐 수 있는가? - 글에 대해 어떤 가치평가를 내릴 수 있는가?

이제 제시된 항목들을 중심으로 비평하고자 하는 텍스트를 자기 말로 비판해보자.

4.2 동료 점검과 점검표

텍스트 분석은 독자의 이해 정도에 따라 달라질 수 있다. 따라서 동료와 함께 자신의 비평을 교차 점검하고 토의해 보는 과정 또한 중요하다. 다음 표는 비평을 효과적으로 점검하고 함께 토의하기 용이하게 만들어 본 것이다. 텍스트를 비평한 결과를 글로 작성한 후 서로 평가해 볼 수 있다.

피드백 기준	동료(협동) 피드백
저자의 관점을 잘 파악하고 평가했는가?	5 4 3 2 1
주장의 근거와 논리적 오류를 잘 평가했는가?	5 4 3 2 1
당대 사회상에 비추어 비평하고 있는가?	5 4 3 2 1
텍스트의 내용을 현실과 연관시켜서 잘 비평했는가?	5 4 3 2 1
텍스트 핵심 개념과 내용을 이해하면서 비평했는가?	5 4 3 2 1
텍스트의 전체 주제와 문제점을 파악하면서 비평했는가?	5 4 3 2 1
기타	

5.
쓰기 과제

비평적 글쓰기 부분에서의 쓰기 과제는 다양한 분야에 대한 비평문을 살펴 본 후 직접 써보게 될 것이다. 시사 비평, 문학 비평, 문화 비평, 미술 비평, 음악 비평, 서평 등 다양한 비평적 글쓰기가 존재한다. 서평 쓰기의 예를 통해 앞부분에서 제시한 내재적 비평과 외재적 비평의 사례를 글 속에서 찾아볼 수 있다.

서평을 쓸 때는 가장 먼저 저자에 대해 조사를 해야 한다. 같은 주제라고 하더라도, 글이란 저자의 목소리가 묻어나게 마련이기 때문이다. 저자가 어떠한 상황 속에서 왜 이 책을 썼으며, 이 책에서 무엇을 말하려고 하는가의 핵심을 잡아내지 못한다면 그 책을 제대로 읽었다고 말할 수 없다. 저자에 대한 조사를 바탕으로 책의 내용을 이해하고 다음으로 저자의 생각에 반대해서 읽는 비판적 비평이 이루어진다. 다음으로 책이 출판되었을 때 사회·문화적인 관점으로 비판해 보아야 하며 현대 사회의 담론으로 비판해 보아야 한다. 이는 비평가의 글쓰기 방법에 따라 내재적 비평과 외재적 비평 순서는 바뀔 수도 있고 혼합되어 사용되기도 한다. 다음의 서평을 통해 교재에서 배운 방법을 실제로 적용해 보자.

이 책은 루스 베네딕트Ruth Benedict, 1887~1948의 *The Chrysanthemum and the Sword : Patterns of Japanese Culture* Houghton Mifflin Company, 1946를 번역한 것이다 루스 베네딕트는 일본 문화의 특성을 '국화'와 '칼'이라는 두 가지 극단적인 상징으로 표현하고 있다. 그 부제에서 알 수 있듯이 이 책은 일본문화의 틀을 탐구하고 있다. 미국에서 크게 발달한 문화인류학의 방법론에 의거한 저자의 연구는, 매우 전문적이다. 여기서 '전문적'이라는 것은 단순한 일본 기행문이나 견문기가 아니라 엄밀한 학문적 노작이라는 뜻이다. 저자가 목적으로 삼은 것은 평균적 일본인의 행동과 사고의 틀을 탐구하는 것이다. 그것은 한마디로 '하지恥(수치·부끄러움)'의 인식에 놓인 문화다. 원래 이런 문화인류학적 방법은 역사주의 방법과는 다르고, 따라서 흔히 우리가 입문적으로 어떤 나라의 문화나 사물을 이해하는 방법론과도 다르다.	텍스트 이해와 소개
그런 역사주의 방법은 주관성에서 벗어나지 못한다는 결정적인 한계가 있다. 이에 비하면 이 책의 방법론은 그런 주관성을 극복했다는 의미에서 학문적 객관성을 얻고 있다. 그 계층제도	내재적 비평

가 근대사회로 넘어올 때 어떠한 질서와 충동을 일으키는가에 대한 고찰은 제 3장 '메이지유신' 속에 선명히 드러나 있다.	(평가)
루스 베네딕트는 미국 뉴욕에서 태어나 1909년 배서대학에서 영문학을 전공하고 교사와 시인으로 활동하다 생화학자인 스탠리 베네딕트와 결혼했다. 1919년 인류학에 접하고, 2년 후 컬럼비아대학에 입학하여 절대적인 스승 프란츠 보아스를 만나면서 본격적인 인류학 연구에 빠져들었다. 현지를 답사하며 아메리칸 인디언 종족들의 민화와 종교를 연구하여 컬럼비아대학에서 박사학위를 받은 그녀는 1930년부터 모교에서 인류학 교수로 재직했다.	저자 소개
베네딕트의 대표적 저서로는 『문화의 패턴Patterns of Culture』(1934), 『종족Race: Science and Politics』(1940) 등이 있다. 만년의 명작인 『국화와 칼』은 제2차 세계대전이 막바지에 접어든 1944년 6월 미국무부의 위촉으로 연구하기 시작했다. 그러나 저자 자신은 일본을 방문한 적이 단 한 번도 없다. 학문의 연구에서 그 대상을 직접 목격하지 않는 쪽이 오히려 보다 엄밀할 수도 있다는 가능성을 이 책은 입증하고 있다. 부분적 체험은 전체적 방법론을 망쳐놓을 수도 있다. 이 책이 수많은 개인적 기행문이나 저널리스틱한 일본 인상기와 결정적으로 구분되는 까닭도 여기에 있으리라.	외재적 비평 (텍스트 생산 당시의 사회·문화적 평가)

역자들은 1970년대 초 일본 도쿄대학에서 같은 시기에 연수하여 만난 것을 계기로 이 책을 번역하게 되었다. 두 사람은 대학 동기동창으로, 서울대 교양과정부에 전임된 직후 일본으로 해외 연수를 와 있었다. 우리는 가끔 여가 시간에 대학 캠퍼스에 있는 '산시로 연못'가에 앉아 일본문화에 대해 담소를 나누었다. 1970년대 까지만 해도 일본에 대한 연구는 우리나라에서는 거의 황무지에 가까웠고, 가끔 출판된 사사로운 인상기나 체험기는 주관성 때문에 오히려 일본에 대한 이해를 그르칠 수 있었다. 일본 연구의 고전이 된 이 책은 그렇기 때문에 번역할 가치가 있었다.

일본을 흔히 '가깝고도 먼 나라'라고 표현하고 있는데, 국경 없는 글로벌 시대에 들어선 오늘날 일본에 대한 이해와 관심은 더욱 절실해지고 있다. 현재 두 나라는 정치, 경제, 산업뿐만 아니라 사회, 문화 등 모든 면에서 보이지 않는 구석구석까지 서로 깊은 영향을 주고받고 있는 실정이다. 그러나 우리는 애써 일본을 외면해왔을 뿐 아니라 일본을 잘 아는 것처럼 행동해왔다. 과연 우리는 일본을 얼마나 알고 있을까? 이제 우리는 일본이 가장 가까운 이웃나라이고 같은 문화권 안에서 공존해야 할 나라라는 현실을 직시할 필요가 있다.

아무쪼록 이 책이 일본에 대한 이해와 탐구에 조금이라도 도움이 되었으면 하는 마음 간절하다.

루스 베네딕트, 김윤식 옮김, 『국화와 칼』, 을유문화사, 2009, 역자서문.

외재적 비평 (현대 사회·문화적 평가)

참고문헌

고운기, 『삼국유사 글쓰기 감각』, 현암사, 2010

김부식, 이우경 살림, 『새로운 삼국사기』, 한국문화사, 2007

루스 베네딕트, 김윤식 옮김, 『국화와 칼』, 을유문화사, 2009

박진태, 『삼국유사의 종합적 연구』, 박이정, 2002

일연, 김원중 옮김, 『삼국유사』, 을유문화사, 2002

일연, 리상호 옮김, 『삼국유사』, 까치, 2006

제4부

논문 쓰기

연구 목적과 연구 대상의 특성에 따라 적합한 연구 방법을 선택하는 것이 매우 중요하다. 연구 목적이 특정 현상의 원인과 원리를 밝히는 데 있다면, 관찰 · 실험 · 통계 분석 등의 방법이 적절할 수 있다. 행위자의 동기 및 의미 세계에 대해 관심을 갖는 연구라면 심층면접 · 참여관찰 등의 방법이 효과적이다. 매우 추상적인 연구 대상이라면 일반화를 위한 자료의 통계 및 비교 분석 방법이 유용하며, 특수한 연구 대상일 경우에는 자료 수집 과정 자체가 중요한 연구 방법이 될 수 있다.

1. 논문의 이해

1.1 논문이란 무엇인가

논문은 인간, 사회, 자연, 사물 등에 대해 연구자의 독창적인 견해와 주장을 체계적으로 전개한 글을 말한다. 대학에서 사용되는 논문의 종류에는 보고서, 졸업논문, 석·박사 학위 논문 등이 있다.

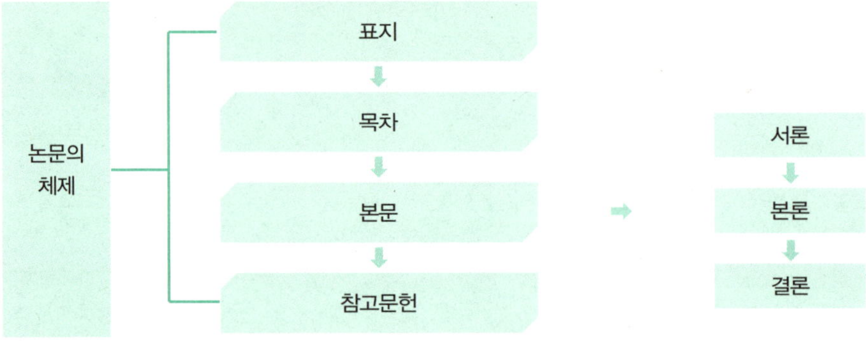

논문은 대학에서 요구하는 어떠한 글보다 체계적인 형식을 갖추어야 하는 글이다. 또한 연구 대상에 대해 자신의 견해를 논증적으로 진술한 객관적이고 설득적인 글이어야 한다. 논문을 준비, 작성, 검토, 제출하는 전 과정을 익힘으로써 사고력과 표현력을 습득할 수 있다.

1.2 논문 작성의 과정

논문은 연구 과정과 결과에 대한 보고의 글이다. 따라서 논문 작성은 연구 과정과 분리될 수 없다. 논문 작성 과정은 크게 다음의 세 단계로 구분해 볼 수 있다.

(1) 문제 제기 : 관심 가는 현상들에서 실제적인 문제를 찾아 연구 대상으로 선택하기

(2) 주제 설정 : 주제를 결정하고, 이를 바탕으로 연구 개요 만들기

(3) 쓰기 : 앞서 준비한 내용을 바탕으로 실제 논문 작성하기

◈ 위 세 단계는 다음의 세부 과정을 거쳐 수행된다.

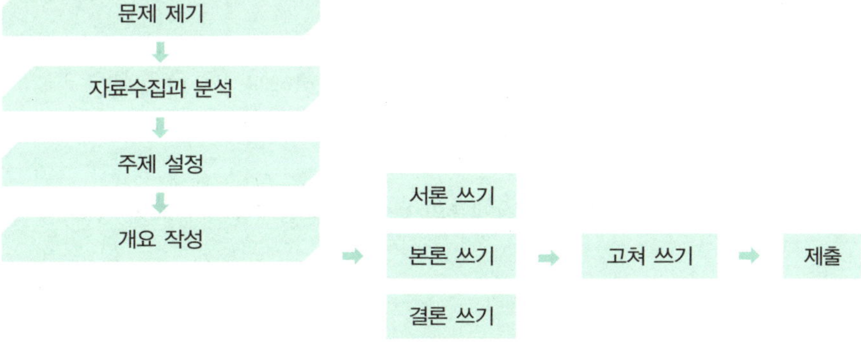

1.3 성공적인 논문의 조건

논문은 지적 활동으로, 개인의 연구 관심에서 시작하지만 그 결과는 소속된 공동체에 귀속된다. 성공적인 논문이 되기 위해서는 신뢰성과 창의성이 있어야 한다. 자료 획득과 해석 그리고 분석 과정에서 정확성을 갖춰야 하며, 서술 과정에서 논리적 완결성을 보여야 한다.

1) 연구 대상의 새로움

사람들은 늘 새로운 대상에 관심을 갖는다. 진취적인 연구자들은 오지에 처음 발을 딛는 여행가처럼 참신한 연구 대상을 선정하여 그 탐구 과정을 즐긴다. 이 과정에서 발굴한 자료들은 학술 공동체가 공유하는 소중한 자산이 된다.

인터넷과 같은 미디어를 통해 쉽게 접할 수 있는 문제적 현상이나 자료들을 대상으로 작성된 논문은 대부분 새로운 지식을 생산하지 못한 채 기존 정보를 짜깁기하는 데 그치기 쉽다. 그러한 경우 오히려 정보의 질을 떨어뜨리거나 왜곡하기 일쑤다.

【예시 1】 식상한 소재를 학술적인 연구 대상으로 만들기

1. 추상화의 방법

베트남의 한류 ➡ 유교문화권의 한류 ➡ 문화접변에서 전통의 재발견

2. 구체화의 방법

베트남의 한류 ➡ 베트남 중간계층의 한류 ➡ 중간계층의 문화적 향유 양식

의 변화

3. 새로운 맥락화의 방법

• 경제의 세계화 맥락에서 한류의 활용 가능성

• 다른 문화와 공존을 위한 한류의 반성

2) 연구 방법의 새로움

논문이 논설문과 다른 것은 결론에 도달하기까지의 연구 과정을 제시한다는 점에 있다. 연구 과정에서 자신의 가설 또는 주장을 정당화하기 위해서는 '연구 방법'이 필요하다. 연구 결과가 상식적인 내용이라 할지라도 새로운 연구 방법을 통해 접근했다면 우수한 논문이 될 수 있다.

연구 목적과 연구 대상의 특성에 따라 적합한 연구 방법을 선택하는 것이 매우 중요하다. 연구 목적이 특정 현상의 원인과 원리를 밝히는 데 있다면, 관찰·실험·통계 분석 등의 방법이 적절할 수 있다. 행위자의 동기 및 의미 세계에 대해 관심을 갖는 연구라면 심층면접·참여관찰 등의 방법이 효과적이다. 매우 추상적인 연구 대상이라면 일반화를 위한 자료의 통계 및 비교 분석 방법이 유용하며, 특수한 연구 대상일 경우에는 자료 수집 과정 자체가 중요한 연구 방법이 될 수 있다.

【예시 2】 연구 목적/대상의 차이에 따라 접근 방법을 달리하기

● 문제 현상: 노점상의 증가

1. 연구 목적이 '노점상 증가의 구조적, 제도적 요인 탐구'인 경우

➔ 통계 분석, 제도 분석, 구조 분석

※ 노점상 관련 통계자료 확보 후 경제 위기와 제도 변화 등 구조적 요인을 분석

2. 연구 목적이 '왜 노점상인은 단속의 위험을 무릅쓰고 영업을 하는가?'인 경우

➜ 심층면접, 사례 분석

※ 노점상 인터뷰 조사를 통해 노점 영업의 동기와 그 의미를 분석

1.4 연구 윤리

대학에서 논문 작성을 학습하는 이유는 우리 주변의 여러 현상들에 학술적으로 접근하여 사태의 본질을 이해하고, 그에 대한 합리적인 문제 해결 능력을 기르기 위해서이다. 이러한 근본적인 취지에 위배되는 대표적인 행위가 '표절'이다. 논문을 준비하고 쓰고 제출하는 과정에서 그 같은 비윤리적 행위를 경계함으로써 도덕적 정직성을 보여줄 필요가 있다.

연구 윤리

- √ 다른 사람의 아이디어 도용하지 않기
- √ 자료에 대한 출처를 분명하게 밝히기
- √ 다른 사람의 글, 도표, 그림, 사진 등을 도용하지 않기
- √ 다른 사람의 자료를 해석할 때 왜곡하지 않기

1) 대학생의 연구 윤리

대학생의 비윤리적인 학습 자세 ➡

- 표절
- 위조
- 과제물 구입
- 양도
- 중복 제출

인터넷에서 손쉽게 이루어지는 과제물 구입 및 양도는 과제에 대한 압박에 시달리는 학생들이 흔히 받는 유혹이다. 그러나 인터넷 상에서 구입한 과제물은 명백히 다른 이의 노력과 창의성을 훔치는 행위이다. 중복 제출 역시 연구 윤리에서 벗어난 행위이다. 내용과 구성은 크게 바꾸지 않은 채, 제목이나 목차를 약간 수정하여 한 편의 논문을 두 번 이상 사용하는 경우가 이에 해당한다. 이외에 모둠별 공동 과제물을 자신의 개인 과제물로 사용하는 것도 연구 윤리에서 벗어난다. 모둠 구성원의 사전 허락 없이 개인적인 용도로 사용함으로써 문제가 된 사례가 적지 않다.

가장 심각한 비윤리적인 연구 행위는 표절이다. 자신이 의식한 상태에서 행한 경우도 문제이지만, 표절인지 모른 채 이루어진 경우도 문제가 된다. 따라서 표절에 해당하는 경우가 정확히 무엇인지 알고 논문 작성 과정에서 이에 유의할 필요가 있다.

2) 표절의 위험성

표절의 사례	
	√ 다른 사람의 자료(글, 사진, 그래프, 도표)에 대한 출처를 밝히지 않은 경우
	√ 인용한 자료가 자신의 것이 아님을 밝히지 않은 경우
	√ 이미 사용한 자신의 자료를 다른 곳에서 새로운 것으로 사용한 경우 (자기 표절)

표절을 방지하기 위한 근본적인 방법은 아이디어, 개념, 자료 등을 인용할 때, 주석을 통해 그 출처를 정확하게 밝히는 것이다.

◉ 표절 방지를 위한 자기 점검

1. 출처를 밝히지 않고 다른 사람의 글, 도표, 그림, 사진 등의 전부 혹은 일부를 사용하지 않았는가?
2. 여러 사람의 글을 출처를 밝히지 않은 채 짜깁기하지 않았는가?
3. 다른 사람이 제시한 개념이나 아이디어를 무단으로 도용하지 않았는가?
4. 다른 글에서 이미 사용했던 자신의 글이나 아이디어를 새로운 것으로 제시하고 있지 않은가?

2. 문제 제기 및 자료 분석

2.1 문제 제기

논문 작성은 자신의 관심 영역에서 새로운 연구 문제를 찾아내는 데서 시작한다. 자연현상에 대한 호기심, 사적인 취미는 물론 정치적 이슈에 이르기까지 사람들의 관심 영역은 다양하다. 평소 자신의 관심 영역에 관한 새로운 정보에 눈과 귀를 열어둔 사람이라면, 그에 대한 지식과 정보가 축적되었을 것이다. 이 축적된 지식을 통해 명확히 해명되지 않는 현상들을 추려내는 기초 작업으로서 연구 과제의 선정이 바로 논문 작성의 출발점이 된다. 이를 가리켜 흔히 문제파악이라고도 한다.

문제 제기 : 3단계

1단계 : 관심 영역의 개별 현상 정리

↓

2단계 : 그 현상들의 관계 분석

↓

3단계 : 문제를 찾아 내 연구 과제로 확정

◉ 문제 제기 방법

1. 동일한 주제 영역의 다양한 현상들을 다룰 경우
2. 주제 영역은 다르지만 현상들의 작동 원리가 같은 경우

1) 동일한 주제 영역의 다양한 현상들을 다룰 경우

"'2, 4, ( ), 8, 10'에서 빈 칸의 숫자를 채우시오."라는 문제가 주어졌을 때, 대부분의 사람들은 "6"이라고 답한다. 왜 그러한 응답이 다수를 차지할까? 물론 6이 아닌 숫자를 넣어도 오답은 아니다. 문제에 어떤 제한 조건도 제시되지 않았기 때문이다. 뿐만 아니라 일정한 규칙성을 발견해내기엔 제시된 사례가 너무 적다. 그런데도 많은 사람들이 6을 고른 데는 이유가 있을 것이다. 그 이유가 설득력 있게 제시될 때, 비로소 위 숫자들의 배열은 의미를 갖게 된다.

【예시 1】 동일 주제 영역의 경우

경제와 관련하여 수집한 정보들을 통해 문제를 파악해 보자.

(가) 청년 실업 관련 정보

올해 통계청 '2월 고용동향' 조사 결과에 따르면, 청년(15~29세) 실업률은 10.0%로, 10년 전 2월의 조사 결과(10.1%) 이후 10년 만에 최고로 치솟았다. 2월 청년실업자 수는 43만 3,000명으로 집계됐다. 전체 실업률은 4.9%이고, 전체 실업자도 116만 9,000명으로 집계되어, 2개월 연속 100만 명을 넘었다.

(나) 한국 기업의 경영 실적 관련 정보

지표상으로 한국 경제는 2년 전의 금융위기를 완전히 극복했다. 금융위기 이전 최고를 기록했을 당시와 현재를 비교해보면 산업생산은 8.9% 증가했고, 소비는 2.7% 늘어났다. 경기선행지수는 과거 최고점 대비 9% 개선됐고, 국내 유동성 역시 10% 증가했다. 생산·소비·투자는 이미 금융위기 이전 수준 이상으로 회복된 것이다. 특히 기업실적은 가파른 상승세다. 유가증권시장 상장사 순이익은 사상 최고였던 3년 전에 비해 50% 가까이 증가할 것으로 추정된다. 분기 기준으로 2분기 또는 3분기가 사상 최고가 될 것으로 보인다.

(다) 중국의 경제 성장 관련 정보

중국의 지난 10년 간 연평균 경제성장률은 10%에 달한다.

(가)~(다)를 요약해보자.

(가) 한국의 청년 실업이 심각하다.

(나) 한국 상장 기업의 순이익은 금융 위기 이후 사상 최대이다.

(다) 중국 경제는 지난 10년 간 비약적으로 성장했다.

(가)와 (나)는 모두 한국 사회에서 나타난 현상들이다. 이를 매개로 이들 문장의 내용을 결합시키면, '고용 없는 성장'으로 그 핵심을 집약해 볼 수 있다. 한편 (다)는 중국 경제의 높은 성장률에 관해 언급하고 있다. 현상들에 관한 설명들을 이같이 요약하여 나열하는 것만으로는 문제 파악에 이를 수 없다. 그 현상들을 아우를 숨겨진 작동 원리를 찾아낼 때, 좀 더 근원적인 문제에 접근할 수 있다.

우선 한국과 중국을 포함하는 최소 지역 단위를 떠올려보자. '동아시아'이다. '동아시아' 국가 중 위 정보 목록에서 누락된 국가가 있다. '일본'이다. 이러한 능동적 문제파악 과정을 통해 일본 경제에 대한 새로운 정보를 수집해야 한다는 것을 알게 된다. '한국의 고용 없는 성장'이라는 문제 현상의 심층에는 한국, 일본, 중국의 동아시아 3국의 경제적 분업 체제가 자리잡고 있다. 일본은 하이테크 개발, 한국은 공정화, 중국은 생산기지 역할을 각각 맡게 된 것이다. 이런 문제파악 과정을 거치면, 최종적으로 '동아시아 산업의 분업 체제가 한국의 고용에 미치는 영향'이라는 구체적인 연구 대상을 얻을 수 있게 된다.

2) 주제 영역은 다르지만 현상들의 작동 원리는 같은 경우

서로 다른 주제 영역의 문제들이 같은 원인에서 비롯되는 경우가 있다. 경제 영역의 변화는 정치, 사회, 문화 영역의 변화와 영향을 주고받게 마련이다. 자연세계에서도 이 같은 상호작용이 발생한다. 북극 빙하가 녹아내리면 태평양의 해류에 변화가 일고 그로부터 기단에도 변화가 생겨 이상 기후를 불러오게 된다. 그리고 이는 다시 북극 빙하의 붕괴를 가속화하는 결과로 이어진다. 이러한 예에서 알 수 있듯이 인문, 사회, 자연 현상을 이해하기 위해서는 다양한 분야의 현상들 뒤에 작동하고 있는 공통의 요인들을 찾아 탐구 대상으로 삼아야 한다.

◉ 다양한 주제 영역의 현상들을 이용한 문제 파악의 절차

1. 개별 자료들을 문장으로 요약한다.
2. 주제 영역이 다르다는 점에 주목하여 주어의 공통성보다는 술어 내용의 공통성에 주목한다.
3. 술어의 공통성을 중심으로 다시 개별 자료를 재해석한다.
4. 각 자료들 모두에 영향을 미쳤다고 판단되는 핵심 문제를 찾아낸다.

【예시 2】 주제가 다양한 영역의 경우

책과 저널에서 읽고 메모한 다양한 관심 영역의 자료들을 바탕으로 문제 제기를 연습해보자.

(가) 레이첼 카슨의 『침묵의 봄』에서 메모한 내용

원시적 농업시대에 해충 피해는 심각하지 않았는데, 대규모 농지에서 작물 재배를 하면서 해충 피해 문제가 심각해졌다. 단일 작물을 대규모로 재배하면 특정 곤충 개체 수가 급격히 증가하기 때문이다. 농약 사용이 늘어난 데는 이런 원인이 있다. 자연계는 다양성을 선호하지만, 인간은 이를 단순화시킨다.

(나) 영화의 세계 흥행 순위를 메모한 내용

1위, 「아바타」(20세기폭스)

2위, 「타이타닉」(20세기폭스)

3위, 「반지의 제왕」(뉴라인시네마)

4위, 「캐리비안의 해적」(디즈니)

5위, 「해리포터」(워너브라더스)

6위, 「스타워즈」(루카스 필름)

7위, 「쥬라기 공원」(유니버설픽쳐스)

(다) 제이 그리피스의 『시계 밖의 시간』에서 메모한 내용

전 세계 6천여 언어 중 5~10%가 다음 세기 내에 사라질 것이다. 언어의 90%가 100년 내에 운명을 다할 것이다. 현존하는 언어의 20~50%는 더 이상 아이들에게 가르치지 않고 있다. 약 20억 9천만 명(세계 인구의 1/3이 넘는다)이 일상적으로 영어에 노출되어 있다. 아마도 수세기 내에 세계는 단일 언어권이 될 것이다.

(가)~(다)를 한 문장으로 요약해보자.

(가) 단일 작물 경작은 해충 피해를 심화시켜 농약 사용량을 늘렸다.

(나) 전세계적인 흥행 대작 영화는 모두 컴퓨터그래픽을 이용한 작품들이다.

(다) 언어의 다양성이 사라지고, 단일 언어권이 될 것이다.

(가)는 농업·환경 분야를, (나)는 영화 분야를, (다)는 언어 분야를 각각 다룬 자료여서 주제적 공통성이 발견되지 않는다. 하지만 밑줄 친 부분에 주목하면, 이 세 자료들이 '단일화'라는 공통의 경향성에 근거하고 있다는 것을 알 수 있다. 이에 착안하여 다시 (가)~(다)를 다음과 같이 요약 정리해 볼 수 있다.

(가) 농업 경작에서 다양성이 사라졌다.

(나) 영화 제작에서 다양성이 사라지고 있다.

(다) 언어의 다양성이 사라지고 있다.

술어 부분에서 '다양성의 소멸'이라는 공통점이 발견되었기에, 그 현상들을 아우를 수 있는 원인의 추론이 가능하다. 작물 재배의 다양성이 사라진 것은 '농업의 상업화'라는 요인이 작용했기 때문이다. 영화 제작의 다양성이 사라진 것은 '영화 산업의 이윤 추구 극대화'라는 요인이 작용했기 때문이다. 한편 언어의 다양성이 사라지는 데는 여러 요인이 있다. 그 한 요인으로 주요 외국어 습득을 통해 자신의 능력을 높임으로써 경제적 이익을 극대화하려는 행위자들의 전략을 들 수 있다.

이러한 일련의 문제 제기 과정을 거칠 때, '경제 제일주의의 지배에 따른 획일화 경향'이라는 연구 대상을 도출할 수 있다.

2.2 자료 분석

명확한 주제 설정을 위해서는 먼저 문제와 관련된 자료들을 찾아 읽어야 한다. 자료가 주제를 설정하는 데 유용한 배경 지식이 되어 주기 때문이다. 앞선 연구자들의 연구 성과를 토대로 연구 대상에 대한 이해를 넓히고 동시에 기존 논의의 한계를 지적하는 데에도 자료는 이용될 수 있다. 이와 함께 자료는 궁극적으로 선정한 주제를 논증해 나가는 데 필요한 여러 문헌적, 인적, 물질적 바탕이 된다.

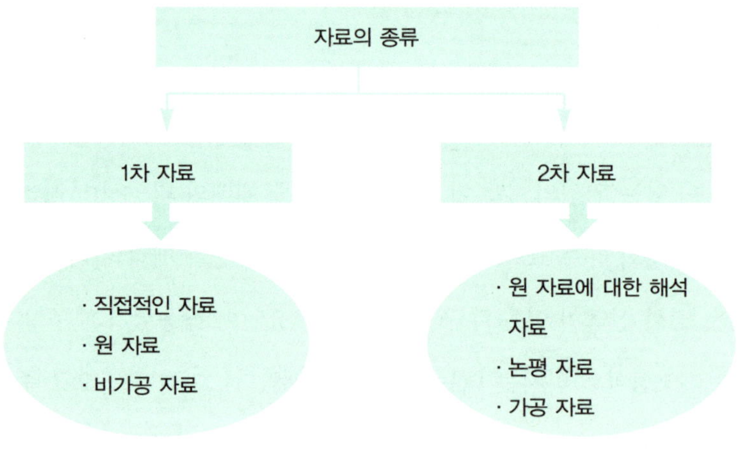

1) 자료 찾기 방법

논문 작성 과정에서 여러 가지 형태의 자료가 활용되는 만큼 자료의 출처 역시 다양하다. 대표적인 자료 형태인 문헌 자료를 대상으로 학교 도서관 온라인 검색 시스템을 이용하여 자료를 찾아보자.

다음의 화면은 학교 도서관 홈페이지의 첫 화면이다. 화면 하단에는 학술연구정보서비스RISS, 국가과학기술전자도서관NDSL, 국립중앙도서관, 국회도서관 등 주요 참고사이트를 확인할 수 있다. 이들 사이트들이 제공하는 자료는 조금씩 그 성격이 다르다. 가령 '사회적 소수자'라는 인문사회학적 주제어와 관련된 자료를 찾고자 한다면, 학술연구정보서비스RISS를 이용하는 편이 좋다.

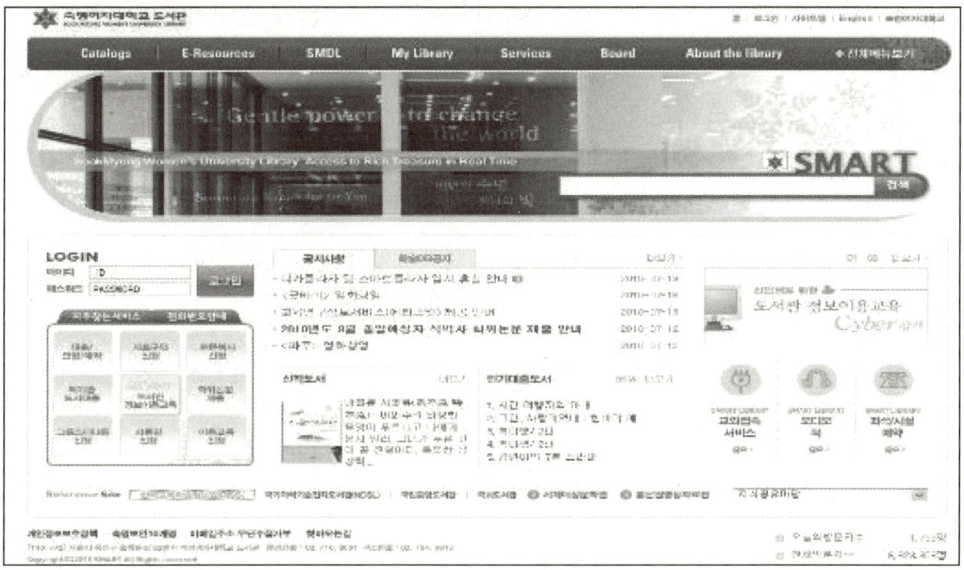

일단 학술연구정보서비스에 접속하면 아래와 같은 통합검색 화면을 만나게 된다. 제목, 저자명, 주제어, 발행처, 초록, 목차 중 검색어를 선택할

수 있으며, 학위논문, 국내학술지논문, 해외학술지논문, 단행본 등 자료 유형 역시 선택할 수 있다.

아래 화면은 '사회적 소수자'라는 검색 키워드로 찾은 국내학술지논문의 목록을 보여준다.

가능한 한 구체적인 검색어를 이용하여 검색을 시도해야 주제 선정과

논증에 도움이 되는 자료에 용이하게 접근할 수 있다. 방대한 자료 목록 가운데 나에게 필요한 자료만을 효과적으로 선별하기 위해서는 각각의 논문 제목 아래 있는 '간략보기'를 우선적으로 클릭하여 확인하면 된다.

아래 화면에서처럼 간략보기는 논문의 경우 저자명, 학술지명, 발행처, 발행연도, 주제어 등 자료에 관한 기본 정보를 제공해준다. 따라서 이를 바탕으로 자료의 참조 여부를 일차적으로 판단하여 선별하면 된다.

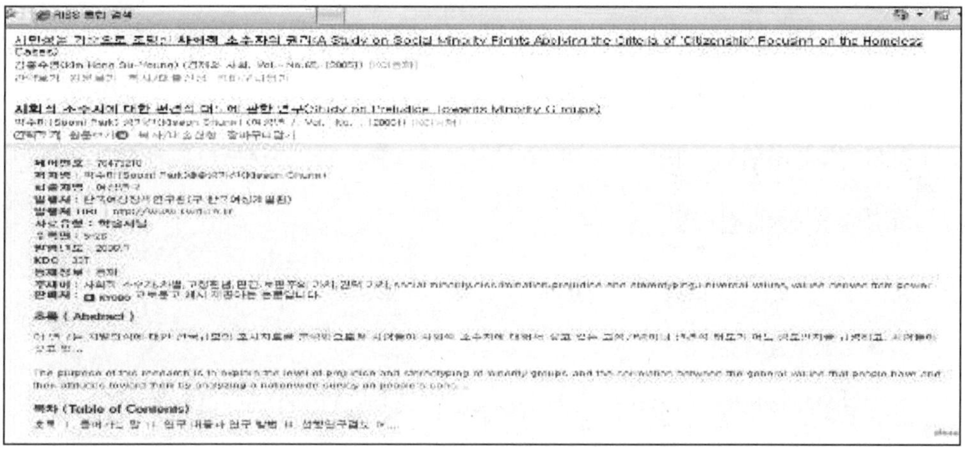

간략보기가 제공하는 정보만으로 필요한 자료인지 선뜻 판단이 서지 않을 경우엔 그 옆의 원문보기를 클릭하여 목차와 전문을 확인해야 한다. 주제어 관련 자료들을 모두 읽고서 주제를 결정하고 논증에 필요한 자료들을 선별하는 것이 이상적이나, 현실적으로 이것이 어렵다면 차선으로 목차를 검토하여 필요한 자료인지를 판단하도록 한다.

이를 통해서도 확인되지 않을 경우엔 초록을 읽어본다. 단행본의 경우 단행본 목록에서 책명을 클릭한 다음 새로운 화면의 목차 전체보기를 클릭하여 세부 내용을 확인하는 방법으로 자료를 선별할 수 있다.

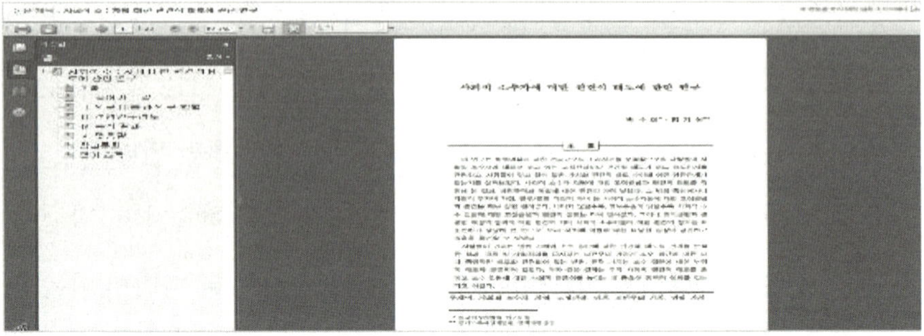

일단 참고 대상으로 판정된 논문 자료는 파일 형태로 다운로드하여 저장하거나 출력하여 읽으면 된다. 단행본의 경우 한국교육학술정보원RISS 검색 결과 확인한 해당 자료의 문헌정보를 바탕으로 도서관 홈페이지 통합검색을 통해 접근할 수 있다.

◉ 자료 수집 방법

1. 백과사전이나 문헌사전 등을 찾아 주제와 관련된 핵심 개념과 연구 범위를 알아본다.
2. 단행본, 잡지, 논문 수록집 등 간행물이나 인터넷 검색 도구를 활용하여 수집한다.
3. 자료를 어디에서 얻었는지 출처를 반드시 서지 목록에 기입한다.
4. 수집한 자료를 본질적인 것과 부차적인 것으로 분류한다.

【연습 1】

1. '사회적 소수자'라는 화제의 구체적인 대상들을 검색키워드 삼아 자료 찾기를 시도해보자.

2. 국내논문 자료를 중심으로 전체 목록을 확인한 뒤 간략보기와 원문보기 기능을 이용해 자료를 선별하자.

3. 예상 작성 논문의 주제를 설정해 보고, 그와 관련하여 참고할 필요가 있다고 판단되는 자료 목록을 정리해보자.

2) 자료 해석과 활용

해당 자료들을 논문 작성에 유용하게 활용하기 위해서는 이를 정리하고 동시에 평가하는 읽기가 행해져야 한다. 이러한 읽기에 다음과 같은 '자료 평가 카드'의 작성이 도움이 된다.

자료 평가 카드

- **문헌 정보** – 저자, 자료명, 게재자명 등의 정보 입력
  – 자료 인용 시 주석 달기, 참고문헌 작성에 도움
- **내용 분류** – 일종의 색인
  – 자료 선별 및 논증 시 사용
- **내용 요약** – 핵심 내용 정리
  – 실질적인 근거 자료로 사용
- **견해와 평가** – 해당 자료의 의의 및 한계점
  – 자신의 논평으로 활용

자료 찾기는 주제 설정을 위해 반드시 수행해야 할 작업이다. 자료 찾기에는 설정된 주제를 지지하기 위한 근거를 마련하고, 동시에 주제를 심화시키는 데까지 나아가는 전략적 읽기로 이어져야 하며, 그 결과는 〈자료 평가 카드〉 작성을 통해 정리되어야 한다.

◉ 자료 분석 방법

1. 주제와의 관련성을 따져 수집한 자료를 취사선택한다.
2. 자기 주장의 타당성을 입증할 수 있는 자료를 정리한다.
3. 다른 사람이 보아도 인정할 수 있도록 객관성의 원칙에 따라 분석한다.
4. 자료는 1차 자료에 2차 자료를 연관시키면서 분석한다.
5. 시간 또는 연대순으로, 일반적인 사항에서 특수한 사실로, 비교와 대조에 관련되는 것들, 원인에서 결과에 이르는 순서 등을 염두에 두고 자료를 분석한다.

【연습 2】

【연습 1】에 해당하는 자료들을 더 검색하여 〈자료 평가 카드〉을 작성하고, 연대순이나 비교, 인과 등의 방법을 이용해 논리적이고 체계적으로 분류해 보자.

3.
주제 설정 및 개요 작성

3.1 주제 설정

학문의 성격에 따라 선호하는 주제문의 형식은 조금씩 다를 수 있다. 대체로 사회과학과 자연과학 분야는 '가설'의 형식을 취하여 독립변수(원인)와 종속변수(연구 대상) 간의 관계를 중심으로 서술된다. 인문과학의 경우에는 연구 대상의 구체적 특성을 강조하는 방식으로 서술된다. 이런 차이에도 불구하고, 주제문은 '논리적 주장을 담은 완성된 명제'로서 반드시 주장과 핵심 근거를 그 구성 요소로 갖춰야 한다.

◉ 주제문 만들기

주제문 : 논리적 주장을 담은 명제로서 주장과 핵심 근거가 구성 요소

좋은 주제문의 조건 : 제재의 특정성 + 견해의 구체성

(주어 부분) (서술어 부분)

【예시 1】 읽기 자료에서 주제문으로 발전시키기

1. 읽기 자료 : 백석白石 시인의 시 3편.

〈남신의주 유동 박시봉방〉, 〈북방에서〉, 〈흰 바람벽이 있어〉

2. 학생이 제출한 주제문 : ① 백석의 시는 ② 감동적이다.

3. 주제문 평가 ①의 경우 : 광범위한 범주 → 분석 대상 작품들은 모두 후기 시에 해당

②의 경우 : 모호한 생각 → 감동을 주는 요인에 대한 분석이 필요

4. 수정한 주제문 : 백석의 후기 시는 고난을 운명애로 승화시킨다는 점에서 감동적이다.

성공적인 논문이 되려면 연구 주제가 구체적이어야 한다. 연구 대상을 특정화하고 좁힐수록 연구 주제는 구체화되게 마련이다.

◉ 주제 설정 방법

1. 좋은 논문이 되기 위해서는 주제의 범위가 좁고 구체적이어야 한다.
2. 주제에 필자의 핵심 주장이 선명하게 드러나야 한다.
3. 주제가 흥미롭고 논쟁적이며 신선해야 한다.
4. 다음과 같은 질문을 던지고 대답해보면 주제에 대해 구체적으로 접근할 수 있다.

① 주제와 관련하여 어떤 논의가 전개, 대립되고 있는가?

② 자신은 어떤 입장을 취할 것이며, 다른 사람들의 입장과 어떻게 다른가?

③ 논문을 통하여 자신은 무엇을 주장할 것인가?

5. 주제를 효과적으로 드러낼 방법을 모색해 보자.

① 주제에 어떻게 접근하고, 어떤 방법으로 분석할 것인가?

② 분명한 결론을 얻을 수 있는가?

③ 자신의 논문은 공동체 사회의 어떤 면에 기여하는가?

【연습 1】 인과 관계를 갖춘 주제문 작성 연습

아래 ①~④는 해당 자료를 읽고 그 핵심 내용을 정리한 것이다. 이에 간단히 문제 제기를 하고, 주제문을 작성해 보자.

① 1차 대전 이후 이탈리아는 위기에 빠졌다.

② 뒤늦은 산업화의 결과 이탈리아 사회는 심각한 부의 불균형 상태에 처했다.

③ 배고픔으로 인한 폭동이 이탈리아 전역으로 확산되었다.

④ 사회 불안의 결과 파시즘 세력이 집권하였다.

1단계: ①~④의 내용에서 최종 결과는 무엇인가?

2단계: 최종 결과에 영향을 미친 핵심 요인은 무엇인가?

3단계: 요인과 결과를 학술적 용어를 사용해 정리해 보고, 이를 하나의 논리적 문장으로 써 보자.

☞ “ ”

3.2 개요 작성

1) 논리적 개요 작성

논문의 결론에 해당하는 주제문이 분명하게 설정되었으므로, 어떻게 이를 객관적으로 뒷받침할 것인가에 대해 고민해 보자. 먼저 장章과 절節의 서술에 활용될 내용, 곧 구체적으로 탐구할 사항들의 목록을 작성해보자. 그 항목들을 논리적으로 배치하는 작업이 개요 작성이다. 이와 관련하여 다음과 같은 툴민의 논증 모형을 한 예로 활용해 볼 수 있다.

◉ 툴민의 논증 구조도

Backing(세부 논증)

↓

Warrant(정당화 이유)

↓

Backing(세부 논증 1) → Ground(근거) 1

Backing(세부 논증 2) → Ground(근거) 2 → Qualifier(한정) → Claim(주장)

Backing(세부 논증 3) → Ground(근거) 3

↑

Rebuttal(예상 반론 또는 그에 대한 반박)

예비 작업이 아무리 충실했더라도 실제 연구 과정에서 개요 변경의 필요성을 느끼는 경우가 많다. 주장(C)과 정당화 이유(W) 부분의 실패가 아니라 개별 근거(G) 수준의 문제라면 과감히 개요를 변경하면 된다. 전문 연구자라고 할지라도 처음부터 완벽한 개요를 갖고 시작할 수는 없다. 연구 과제를 입증하는 데 더 핵심적인 근거가 발견되면, 과감히 그것을 G1으로 상정하면 된다.

【연습 2】

1. 자신이 준비한 자료를 바탕으로 위 모형을 채워보자. 아마도 최소 하나의 주장(C)과 근거(G) 정도는 쉽게 채울 수 있을 것이다. 그럼으로써 부족한 부분이 확인될 것이다.

2. 상상력을 최대한 발휘해 나머지 빈 칸을 적절히 채우고, 다시 그것을 입증할 수 있는 자료를 선정하여 분석하기를 반복하자.

3. 이러한 과정이 어느 정도 완료되어 위 모형을 완성시켰다면, 향후 자신의 작업 결과가 어느 정도의 논리적 타당성이 있을지를 미리 점검해 보자.

4. 이 작업이 끝나면 논문의 목차에 해당하는 개요를 완성시켜 보자.

2) 목차형 개요로 발전시키기

목차형 개요란 논문의 내용을 구성 요소에 따라, 장절章節의 예상 순서대로 정리한 것을 말한다. 지금까지 작업한 문제 제기, 주제설정, 논리적 개요 작성을 바탕으로 구체적인 목차를 작성하게 된다. 다음의 표는 앞서 작업한 내용이 목차형 개요의 세부 항목으로 각기 전환되는 방식을 보여준다.

선행 작업 내용	논문의 형식적 구성 요소	목차형 개요
문제제기 과정 중 '현상들'	서론	I-1. (도입부의 문제의식)
주제설정 과정(C, W)		I-2. (논제 구체화)
논리적 개요의 개별 근거들 (G1~Gn)		I-3. (논증 전개 순서 소개)
근거1(G1), 세부 논증 1	본론	II-1. (연구문제 1)
근거2(G2), 세부 논증 2		II-2. (연구문제 2)
근거n(Gn), 세부 논증 n		II-n. (연구문제 n)
	결론	III. (요약, 의의, 한계, 함의)

◉ **목차형 개요 작성시 주의할 사항**

1. 서론, 본론, 문제의식, 요약 등과 같은 형식적 구성 요소를 가리키는 용어보다는 그에 해당하는 내용을 적어야 한다.
2. 핵심어를 중심으로 실제 내용을 적어야 한다.
3. 이래와 같이 장, 절의 항목들로 구성한다.

Ⅰ. ____________________

1. ____________________

1) ____________________

2) ____________________

2. ______________________________

1) ___________________________

2) ___________________________

Ⅱ. ______________________________________

…

3) 가제목 달기

논문 표지에는 제목이 반드시 기재되어야 한다. 주제와 관련하여 구체적일수록 좋은 제목이다. 목차 또한 그러하다. 연구자는 본문에 서술된 내용에 가장 근접한 제목을 붙여야 한다. 모든 논문을 읽을 수 없을 때, 독자들은 제목과 목차만을 보고 읽을지 말지를 결정한다.

가제목은 주제문을 이용하면 효과적으로 만들 수 있다. 주제문은 연구과정의 핵심이며 동시에 연구의 결론이기 때문이다. 주제문이 명제 형태의 문장으로 제시되는 데 반해, 제목은 구절로 제시되는 것이 바람직하다. 연구 목적이 잘 드러나도록 제목을 작성하자.

【연습 3】

1. 선정한 연구 대상을 바탕으로 주제문을 작성하고, 앞에 제시된 '논리적 개요' 모형에 맞춰 연구 개요와 가제목을 작성해보자.

2. 연구 개요를 토대로 교수자 또는 동료학습자의 피드백을 받은 다음, '목차형 개요'를 완성시켜 보자.

4. 쓰기

쓰기는 해당 연구 결과의 내용을 서술하는 과정이다. 연구 방법, 논리 전개 방법, 서술 방법 등은 연구자 또는 연구 대상에 따라 다양할 수 있다. 그러나 이치에 맞는 논리적 서술을 통해 표현되어야 한다는 전제는 어떠한 논문의 경우에도 예외일 수 없다. 심지어 과학적 증명과 무관한 해석적 평론 형식의 논문일지라도 그 나름의 논리를 갖출 때 논문으로 인정될 수 있다.

4.1 서론 쓰기

논문의 서론은 연구자와 독자가 처음 만나 소통을 시도하는 장이다. 연구자는 서론을 통해 자신의 초기 문제의식을 독자의 잠재적 관심과 합치시키고, 새로운 관점과 영역에서 그 같은 문제의식이 논의될 필요가 있음을 설득하게 된다. 따라서 좋은 서론을 쓰려면, 먼저 소통의 덕목인 개방성과 참신성을 충족시킬 수 있는 서술 방법을 충실히 익힐 필요가 있다.

◉ **서론의 전개 과정**

도입부

⬇

논제 구체화

⬇

논증 전개 목록 제시

서론의 내용

- **연구의 대상이 되는 과제를 제기한다.**
- **연구의 목적을 밝힌다.**
- **연구 과제의 이론적 배경을 설명한다.**
- **연구 범위와 방법을 개괄적으로 설명한다.**
- **연구 과제에 대한 전망을 제시한다.**

1) 도입부 쓰기

도입부는 독자들이 연구자의 연구 관심과 관점을 정확히 알 수 있게끔 서술되어야 한다. 독자의 흥미를 끌 수 있다면 더욱 좋다. 그렇다고 해서 과도한 감정 표현이나 지나치게 과장적인 서술로 시작하는 것은 적절치 않다. 도입부의 형태는 주제에 따라 다양할 수 있다. 대표적인 몇몇 예를 살펴보면 다음과 같다.

▶ 설명형

- 해당 사안이 문제가 되는 이유 또는 배경, 사실 등을 압축하여 설명하는 방식
- 서술 특징 : 배경 제시, 시간의 흐름, 인과적 연쇄에 따라 서술

【예시 1】

자연재해로 피해를 입은 지역에서 재난구호 활동을 하는 일반적인 미국 시민들을 쉽게 만날 수 있다. 피해 지역 인근은 물론 멀리 떨어진 지역에서 온 이들 자원봉사자들은 매우 열정적으로 이재민 구호와 긴급 방재 활동을 수행한다. 그들이 참여하는 방식은 매우 조직적이다. 지역별로 구성된 자원봉사 조직 단위로 구호 활동 참여를 결정하고, 봉사 현장에 도착해서는 지휘부의 지시에 따라 정해진 역할을 수행한다. 지극히 개인적인 자원봉사 활동조차도 단체를 조직해서 수행하는 미국인들의 참여 방식에서 우리는 미국 사회를 지탱하는 근원적 힘으로서 공동체주의 문화의 한 단면을 엿볼 수 있다.

미국인의 자원봉사에 대해 경탄하는 1차 관심에서 자원봉사 활동의 특성에 관한 2차 관심, 그리고 자원봉사 사례로 이어지는 논의 흐름을 통해 '미국의 공동체주의 문화'라는 연구 대상을 구체적으로 확정하는 것을 볼 수 있다.

▶ 수렴형

- 일반 진술 후에 논점을 좁혀 구체적인 진술을 하는 방식

- 일반 진술과 구체적 진술 사이의 긴밀한 연결이 핵심

【예시 2】

㉠ 먹을거리는 그것을 먹는 집단의 정체성을 나타내는 중요한 문화적 징표이다. 홍어는 전라남도, 김치는 한국인, 스파게티는 이탈리아인과 쉽게 동일시된다. 이처럼 상징적 중요성을 갖는 먹을거리의 하나로서 술을 빼놓을 수 없다. ㉡ 술은 집단적 정체성의 상징으로서 특정 민족 내지는 국민국가의 이미지와 밀접히 관련되어 있다.(이철우, 「유럽 단일시장과 술의 문화정치」, 『현상과 인식』 27권 3호, 2003. 71쪽 부분 수정.)

㉠에서는 '먹을거리'가 국민 정체성과 맺는 관계에 대한 일반적 진술을 통해 독자의 관심을 끌어냈다. 그리고 ㉡에서 이를 '술'이라는 특수한 대상으로 자연스럽게 축소시켜 연구 대상을 확정하고 있다.

▶**변환형**

- 서술 방식: 상식에 해당하는 일반 진술 후 그것과 대비되는 구체 진술 및 사례 제시
- 특정한 패턴을 반복 연습하는 것이 효과적

【예시 3】

㉠ 우리는 흔히 사람들이 선하기에 악한 행위를 꺼릴 것이라고 생각한다. 잔인한 범죄는 비정상적인 사고방식을 가진 극히 일부의 사람들에 의해 자행

된다고 믿는다. ㉡ 하지만 지극히 '정상적'인 사람들 또한 단지 윗사람의 명령이라는 이유로 끔찍한 범죄를 저지를 수 있다. 1968년 3월 16일, 윌리엄 캘리 중위가 이끄는 미군 부대가 베트남의 마이라이 마을에서 100명 이상의 민간인을 학살한 행위가 그 보기이다.(Leonard J. Rosen & Laurence Behrens, *Writing and Reading across the Curriculum*, 7th edition. (Addison Wesley Longman, Inc.: 2000), pp. 82-83.)

상식적인 진술인 ㉠과 이와 상반되는 연구자의 ㉡ 진술을 맞세우는 방식을 통해 논의하게 될 연구 대상(악의 사회성)을 제시하고 있다.

2) 논제 구체화

서론 쓰기의 두 번째 단계인 '논제 구체화'에서는 '도입부'에서 제시한 연구 대상을 구체화하여 주제를 확정하고, 이를 논증 또는 설명할 방법에 대해 소개하게 된다. 그 핵심은 주제문(C)을 정당화할 이론적 원리(W)를 논의 대상과 연결 짓는 것이다. 실제 연구 결과와 연결 짓는 경우도 마찬가지이다. 도입부에 제시한 연구 대상을 실제 연구 과정에서 어떤 이론적 맥락과 방법을 통해 분석해야 효과적인지를 서술하고, 그에 대한 연구자의 견해 혹은 가설을 밝히면 된다. 그러나 최종적인 결론을 이에서 제시해서는 곤란하다.

【예시 4】 논제 구체화 단계 쓰기

(도입부) "전쟁 전에 미국 정보당국은 사담 후세인이 생화학무기를 쌓아뒀다고 말했다. 하지만 오늘 우리는 이 판단이 틀렸다는 것을 알았다. (이 잘못된 정보가) 우리 동맹국들과 유엔에 확산돼 그들 모두가 사담 후세인이 활발한 대량살상무기 프로그램을 갖고 있다고 믿었던 것이다." 이것은 이라크 전쟁에 반대하는 미국 시민단체의 말이 아니다. 이라크 전쟁이 결정되는 과정을 조사한 미국 상원의 조사 결과를 발표하는 팻 로버츠 정보위원장(공화당)의 말이다.

이라크 전쟁 개시 1년 후 미국 상원 정보위원회가 작성한 보고서의 내용을 근거로 우리나라의 추가 파병(전투병 파병)의 문제점을 비판하려는 목적에서 위 도입부는 작성되었다. 도입부를 위와 같이 썼을 경우, 논제 구체화 단계는 다음과 같이 쓰면 된다.

【예시 5】

〈1단락〉

전쟁을 무조건 반대하는 것은 아니다. 정의로운 전쟁이라면 피해를 감수하고 참전할 수 있다. 또한 이미 이라크에 파병한 의료·공병부대의 철수를 주장하는 것도 아니다. 비전투병으로 구성된 이 부대들이 이라크에서 벌인 인도적인 활동은 높게 평가할 수 있기 때문이다. <u>문제를 제기하는 것은 전투병이 대거 포함된 자이툰 부대를 평화재건의 명목으로 이라크에 추가 파병한다는 정부의 결정이다.</u>

〈2단락〉

정의로운 전쟁 이론에 따르면, 참전은 전쟁의 목적과 수단이 정의로울 때 정당화된다. 이라크 전쟁이 이 조건을 충족시킨다면 국내외 비판 여론이라는 부담을 무릅쓴 국군통수권자의 고뇌에 찬 결단이라고 판단할 수 있다. 그러나 이 조건을 충족시키지 못한다면, 이는 평화 추구라는 헌법을 위반한 그릇된 정책결정 사례가 된다. 현재 우리나라는 이라크 추가 파병을 둘러싸고 보수와 진보 진영으로 나뉘어 소모적인 이데올로기 논쟁을 계속하고 있다. 그러다보니 막상 이라크에 전투병을 파병하는 것이 과연 정의로운 것인지 그렇지 않은지에 논리적 판단은 무시되고 있다. 이런 상황에서 지금까지 공개된 자료를 바탕으로 그 전쟁의 정당성 여부를 점검하는 것은 향후 이 문제에 대한 토론의 기초 자료를 제공한다는 점에서 시급한 작업이다.(이광모·이황직·서정혁, 『논증과 글쓰기』, 형설출판사, 2006, 218쪽.)

〈1단락〉에서 연구자는 추가 파병의 부당성에 대해 비판하겠다며 연구 대상을 한정하고 있다. 그리고 〈2단락〉에서는 '정의로운 전쟁'이라는 특정한 이론에 기반해서 논의를 전개할 것을 약속한다. 이 경우 '정의로운 전쟁'은 정당화 이유(W)에 해당하고, '전쟁의 목적과 수단이 정의롭지 않다면 그것은 부당한 정책결정이다'라는 진술은 그에 대한 예비적 주장이 된다.

〈1단락〉의 밑줄 부분은 연구 대상을 한정하여 주제를 구체화하는 단계이다. 〈2단락〉은 연구자가 이 주제에 접근하기 위해 선택한 이론적 배경에 관한 소개이다. 도입부에서 이미 연구 대상을 한정했다면, 곧장 다음 단락으로 넘어가도 무방하다.

3) 논증 전개 순서

확정된 연구 문제를 해결하기 위해 실제 본론에서 다룰 중요 논점들을 순서대로 서술하는 일이 서론의 마지막 단계이다. 원칙적으로 본론의 각 절은 이 순서에 따라 배치되어야 한다. 이 단계는 다음과 같은 정형화된 패턴을 따름으로써 쉽게 수행될 수 있다.

【예시 6】

이 글은 정부의 이라크 추가 파병 계획이 정의로운 전쟁 이론이 요구하는 조건을 충족시키는지의 여부를 다음과 같은 범주로 나눠 구체적으로 살펴볼 것이다. 첫째, 개전 당시 미국이 선포한 개전 목적인 '테러리즘의 위협으로부터 세계를 보호'가 과연 사실인지의 여부를 검토할 것이다.(본론 1절) 둘째, 이라크 전쟁에서 사용된 전술과 무기 등이 과연 국제법적으로 정당한 것인지를 검토할 것이다.(본론 2절) 셋째, 이라크 점령 후의 미국의 정책이 과연 초기의 개전 목적을 넘어 과도한 의도를 담고 있는 것인지에 대해 분석할 것이다.(본론 3절)

위 예시문에서 연구자는 본론에서 검토할 주요 항목들을 순서대로 소개하고 있다. 이처럼 '첫째', '둘째' 등의 순차적 표현을 쓰고, 각 항목 뒤에 괄호로써 논의될 해당 절을 밝히도록 한다.

◉ 서론을 쓸 때 염두에 두어야 할 사항

1. 연구 주제에 관심을 가져야 할 필요성에 관하여 독자와 공감대를 형성

한다.

2. 연구 주제와 관련하여 새로운 아이디어를 제공한다.

3. 연구 과제에 대한 기존 입장을 정리하고, 이에 대해 문제를 제기하는 방식으로 논문의 의의를 부각시킨다.

4. 문제 해결 방향을 간략하게 제시하고, 이를 자연스럽게 본론과 연결시킨다.

【연습 1】

1. 연구가 어느 정도 진행되었다는 가정 하에 앞서 확정한 '목차형 개요'를 바탕으로 '도입부'를 2개의 방식으로 작성하고, 이에 대해 동료학습자 또는 교수자의 평가를 받아보자.

2. 앞서 작성한 도입부의 전개 흐름을 고려하면서 '논제 구체화'의 내용을 간략하게 써 보자.

4.2 본론 쓰기

성공적인 본론 쓰기의 관건은 주제의 통일성과 논지의 일관성을 효과적으로 유지하고 이를 위해 논거들을 얼마나 체계적으로 배열하느냐이다. 본론은 서론에서 명시한 연구 목적과 방법을 구체적으로 실행하는 장이다. 가설 혹은 문제제기를 통해 서론에서 내세운 주장의 타당성을 충분한 근거를 가지고 입증해 가는 과정이 본론 쓰기에 해당한다. 이 과정에서 자신과 다른 의견이나 입장에 대해 반박할 수도 있고, 자료를 분석하고 평가하여 자신의 주장을 강화할 수도 있다.

◈ 본론에서 실행해야 할 내용

1. 서론에서 명시한 연구 목적과 방법대로 수행하기
2. 자신이 주장하는 바를 명확하게 제시하기
3. 주장에 대하여 체계적으로 논거 밝히기
4. 가능한 해결책을 진술하고, 제안한 해결책을 옹호하는 논증 펼치기
5. 자신과 다른 의견이나 입장에 대해 반박하기
6. 자료를 분석하고 평가하여 주장을 강화하기

다음의 예시문을 통해 주제의 통일성과 논지의 연결성, 그리고 자료 배열의 체계성이 본론 쓰기에서 중요하다는 것을 확인해보자.

【예시 1】 이노우에 가즈에의 「조선 '신여성'의 연애관과 결혼관의 변혁」(『신여성』, 청년사, 2003) 논문의 사례를 보자.(아래 내용은 본론의 구체적인 내용을 요약하여 정리한 것이다.)

I. 서론

근대화와 식민지화가 한꺼번에 닥친 당시 사회 상황 속에서 신여성의 사상과 행동이 갖는 역사적 의의를 총체적, 구체적, 객관적으로 검토할 필요가 있다. 이러한 작업의 일환으로서 이 글에서는 신여성들이 사회적으로 가장 물의를 일으켰던 연애관과 결혼관, 그리고 그것에 입각한 그들의 행동을 초기 신여성의 대표적인 인물이었던 김일엽과 나혜석을 중심으로 검토해보고자 한다. 이들을 연구 대상으로 삼은 이유는 이들의 연애관과 결혼관이 상당히 명료하고 내용적으로도 신여성을 대표한다고 볼 수 있기 때문이다.

II. 1920~1930년대 연애와 결혼의 현실과 신사상의 수용

1. 연애와 결혼의 현실과 '신여성'

* 이 시기 가부장적 결혼 제도의 실상
* 조혼의 폐해로 지적된 문제들
* 신여성의 연애와 조혼의 관련성
* 신여성과 기혼 남성의 연애 사건

전통화된 가부장제에 의한 강제 결혼과 첩을 인정하는 관습을 개혁하고, 남녀의 자유로운 교제와 배우자의 선택, 그리고 참된 일부일처제를 실현하

고자 하는 움직임은 이미 19세기 말부터 시작된 것이지만, 실제로 널리 논의되고 사회적 운동이 된 것은 지식층이 확대되고 신문과 잡지가 일반화된 1920년대의 일이었다. 이 같은 상황은 주요한의 다음과 같은 문자에 잘 나타나 있다.

> 지금부터 10년 전에 우리들은 강제 결혼에 대한 반항 운동의 불꽃을 보았다. 그것은 매우 빨리 청년층에 전염되었다. 그리하여 오늘은 조혼이 감소되고, '자유 결혼'이 원칙적 승인을 받게끔 되었다. 그러나 이것도 사회 전반적으로 되자면 전도요원이다.[1)]

이상과 같이 1920년대와 1930년대의 연애와 결혼을 둘러싼 상황은 낡은 것과 새로운 것이 충돌하며 전통적 제도와 관습을 변혁해가는 과도기적 상황이었다.

1) 주요한, 「과도기적 가정 비극과 그 대책」, 『동광』 제27호, 1931. 11, 76쪽.

2. 연애와 결혼관

＊1920년대 연애론과 결혼론의 수용 양상 및 실태

：김일엽의 〈나의 정조관〉과 노자영의 〈여성운동의 제일인자: 엘렌케이〉

＊1930년대 콜론타이와 베베르 사상의 등장

：조국현과 이석훈의 〈신연애론〉

이상과 같이 1920년대와 1930년대에 가족과 결혼 등을 둘러싼 현실은 신구가 대립하는 과도기의 모습을 보였는데, 적어도 신교육을 받은 남녀의 경우 불합리한 전통적 관습을 타파해야 한다는 인식을 공통적으로 가지고 있었다. 이러한 상황에서 다양한 연애론과 결혼론이 받아들여지고 변혁 이론적 기반이 마련되면서 독자적인 전개를 보였다. 여기서 특징적인 것은 자유연애든 자유 결혼이든, 또는 동지적 연애나 결혼이든 개인의 자유나 행복의 추구가 일차적인 목적이 아니라 민족의 독립이라고 하는 장래의 목표를 위한 종족의 개선이나 사회 진보라고 하는 대의명분이 앞서고 있었다는 점이다. 식민지 상황 속에서 연애나 결혼도 사회나 민족의 문제와 직결되었다고 할 수 있다. 그리고 실제로 일어난 연애나 이혼 사건도 이러한 가치 기준으로 평가가 이루어졌다.

III. 김일엽의 연애론과 행동

* 김일엽의 성장사
* 잡지 《신여자》(1920. 3)의 창간과 도일에서 귀국까지
* 김일엽의 〈신정조론〉

이와 같이 김일엽은 남녀평등을 주장하는 남자들에게조차 전통적인 성적 규범의식이 잔존하고 있음을 강렬하게 비판하였고, 여자들 중에서도 재혼한 여자에 대한 경멸이 존재함을 문제시하였다. 처녀성을 중시하지 않는 것은 김일엽의 신정조론의 어쩌면 당연한 귀결일 것이다.

김일엽의 행동과 사상의 참신성은 남녀 평등론을 누구보다 앞서 주장하

고 여성을 개발한 데에 그친 것이 아니라, 그때까지 금기시되어왔던 성도덕의 영역으로까지 논의를 이어갔다는 데에 있을 것이다.

IV. 나혜석의 연애론과 행동

* 최승구와의 연애와 약혼
* 김우영과의 연애와 결혼
* 최린과의 연애와 김우영과의 이혼
* 나혜석의 〈이혼고백장〉

나혜석은 정조가 취미라고 잘라 말한다. 그리고 종래 여성에게만 강요되던 정조 관념을 전면 부정하고 여성의 해방, 즉 인간의 해방은 정조의 해방에서 시작한다고 말한다. 이 정조관은 일련의 사건이 일단락되고 파리 유학을 결심하고 조선을 떠나기로 결심한 직후인 1935년 2월에 발표되었다. 모든 것을 잃고 실의에 빠져 있던 때였던 만큼 여성에게만 강요되던 정조의 이중성에 대한 비판의 소리도 그만큼 날카로웠던 것이라고 생각된다.

위 논문은 서론에서 제기한 연구 목적 달성을 위해 초기 신여성의 대표적인 인물이었던 김일엽과 나혜석의 생애 및 그들이 남긴 글들을 논거로 적절히 활용하고 있다. 이를 다음과 같이 도식화해보면, 본론 쓰기의 세 가지 핵심 가운데 하나인 주제의 통일성이 어떻게 효과적으로 유지되고 있는지 확인할 수 있다.

서론

- 연구목적: 신여성들의 연애관과 결혼관, 그리고 그들의 삶 및 사상에 관한 이해
- 연구방법: 대표적인 초기 신여성인 김일엽과 나혜석 관련 문헌 검토

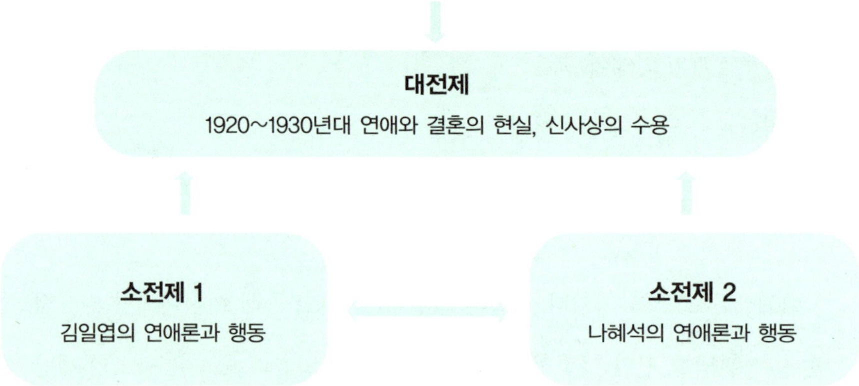

이처럼 서론에서 설정한 연구 목적과 이를 달성하기 위해 제시한 연구 방법에 따라 필자는 본론에서 연구 대상 전반에 관해 서술(대전제)하고, 이를 뒷받침해 줄 근거(소전제)로서 두 인물의 삶과 철학을 분석하고 있다. 그럼으로써 주제의 통일성을 꾀하고 있다.

주제의 통일성이 유지되기 위해서는 개별 장 또는 단락 내 논지가 일관성을 가져야 한다. 앞의 예시 논문의 경우 본론의 각 장별 소주제가 논리적으로 긴밀히 연결되어 있다. 먼저 상자 안에 요약된 본론의 장별 내용을 보면, 2장의 경우 연대기적으로, 3장과 4장은 인물의 생애와 사상을 그 변천에 따라 서술하고 있다. 그리고 이에 이어지는 각 장의 소결 역시 '이상과 같

이' 또는 '이와 같이' 등의 연결어로써 앞의 서술과 논지의 일관성을 꾀했다.

장별 소주제를 다음과 같은 도식으로 정리해보면, 2장에서의 개략적 서술이 3,4장의 구체적인 분석을 거치면서 그 논지가 한층 심화되는 양상을 확인하게 된다.

II

- 1920~30년대는 전통적 제도와 관습을 변혁해가는 과도기적 상황

- 식민지 상황이었던 당시 사회나 민족의 문제와 직결되었던 연애와 결혼 문제

⬇

III

- 남녀 평등론을 누구보다 앞서 주장한 김일엽

- 금기시되던 성도덕의 영역으로까지 연애론의 지평을 확장한 인물

⬇

IV

- 여성에게만 강요되던 정조 관념을 전면 부정한 나혜석

- 여성의 해방이 정조의 해방에서 시작된다고 주장

예시 논문은 각 장의 소주제를 뒷받침해 줄 만한 자료들을 충분히 제시하고 있다. 특히 각주 1)에서처럼 주제를 뒷받침할 논거를 적절히 인용하여 배치하는 체계성을 보여준다. 아울러 동일한 자료일지라도 각각의 논지에 부합하는 내용들을 선별하여 활용하고 있다.

◉ **본론을 쓸 때 염두에 두어야 할 사항**

1. 본인이 제기하고자 하는 주장을 중심으로 글을 서술해 나간다.
2. 주장을 통하여 자신의 쟁점이 분명하게 드러나도록 한다.
3. 개괄적인 논의에서 세부적인 논의로 논지를 전개한다.
4. 근거 자료를 자신의 논지에 통합시켜 설득력을 확보한다.
5. 다른 사람의 의견차를 명백하게 기술하여 독창적인 견해를 부각시킨다.
6. 가능한 반론을 예상하여 이를 역으로 자신의 주장이 타당함을 입증하는 데 활용한다.

4.3 결론 쓰기

결론에서는 연구의 목적과 주제의 중요성에 대해 다시 한 번 강조하게 된다. 그 구체적인 방법으로 본론에서 서술한 논문의 주장이나 논지에 대한 간략한 요약을 들 수 있다. 이 때 앞에서 언급한 말을 그대로 반복하지 말고 다르게 바꾸어서 표현해야 한다. 논점을 종합하고 논문의 의의를 설명하거나 연구 결과로 인한 효용과 기여도 혹은 새롭게 발견된 문제점이나 앞으로의 과제를 제시하는 것도 좋은 결론 쓰기의 비결이다.

◉ **결론에서 실행해야 할 내용**

1. 연구의 목적과 주제의 중요성 강조
2. 본론에서 서술한 논문의 주장이나 논지 요약

3. 논점을 종합하고 논문의 의의를 설명

4. 연구 결과로 인한 효용과 기여도 제시

5. 논문의 주제와 관련하여 새롭게 발견된 문제점이나 앞으로의 과제 제시

【예시 1】

V. 결론

앞에서 살펴본 바와 같이 '신여성'들의 연애관의 표명과 그에 따른 행동들은 일제의 지배 정책이 유화 혹은 회유 정책으로 전환된 1920년대에 활발히 전개되었다. 그리고 이러한 역사적인 시기에 김일엽과 나혜석 등의 신여성들은 당시 사회가 기대했던 수준을 훨씬 넘어서 행동을 하며 근원적인 연애관, 정조관, 결혼관을 표명하였다. 그녀들의 행동은 사회적인 비판을 받았으며, 발표하는 글들은 물의를 일으켰다. 이는 여성들에게는 금기시되었던 섹슈얼리티의 문제를 사회적으로 드러냈기 때문이며, 당시의 '여성 문제에 진보적인' 남성들조차도 고수하고 있었던 성에 대한 기존의 지배와 피지배의 도식에 항의하고 완전한 평등을 요구하고 있었기 때문이다. 김일엽이나 나혜석 등 신여성의 연애관과 결혼관은 식민지라는 당시의 사회적 조건에서 수용되기 힘들었다. 즉, 연애나 결혼도 사회 및 민족의 문제와 직결시키는 사회 분위기 속에서 공감을 얻을 수 없었다. 그러나 이들의 연애, 결혼, 이혼 체험과 거기서 결실을 맺은 확신은 당시 조선 사회의 현실에 대한 날카로운 문제 제기를 내포하고 있었다.

위 예시문에서 보듯이 필자는 본론에서 다룬 내용의 핵심을 일목요연하

게 정리한 후 해당 주제가 당시 조선 사회에서 갖는 의의가 무엇인지에 대해 평가함으로써 글을 끝맺고 있다. 이에서 나아가 자신의 연구에서 미진하다고 판단되는 점 또는 추가적으로 행해질 필요가 있는 연구과제에 대해 언급했다면 좀 더 풍성한 결론이 되었을 법하다.

논문 작성이 문제해결 과정이고 결론은 그에 대한 답을 요약적으로 제시하는 장이라는 편견을 벗어난다면, 더 흥미롭고 창의적인 결론 쓰기에 도전해 볼 수 있을 것이다.

◉ 결론을 쓸 때 염두에 두어야 할 사항

1. 논문을 통하여 자신이 궁극적으로 말하고자 하는 바가 잘 반영되었는지 점검한다.
2. 서론에서 설정한 논점을 잘 유지하였는지 고려하면서 마무리한다.
3. 막연한 낙관론이나 비관론을 피한다.
4. 본론으로부터 추론될 수 없는 논리적 비약이 있는지 확인한다.

【연습 1】 본론의 핵심 내용을 정리한 결론을 썼다면, 다음의 한 방법을 선택하여 이를 바꾸어 써보자.

1. 해당 주제에 대해 새롭게 제기될 수 있는 문제 혹은 아직 해결되지 못한 문제가 무엇인지를 밝혀보자.

2. 자신의 연구가 갖는 한계점이 무엇인지를 밝혀보자.

3. 자신의 연구 결과가 갖는 의의를 첨부해보자.

4. 논문을 작성하는 과정에서 새롭게 알게 된 사실과 의미를 덧붙여보자.

5. 선행 연구와 관련 자료 가운데서 해당 주제의 핵심을 갈파한 명제 혹은 경구를 찾아 논문의 대미를 장식해보자.

5. 완성하기

5.1 고쳐 쓰기

고쳐 쓰기는 논문의 초고를 작성한 후에 행하는 작업만은 아니다. 논문의 설계도에 해당하는 개요 작성 단계에서부터 면밀한 수정이 이루어져야 완성도 높은 초고를 작성할 수 있다.

다음의 【예시 1】은 「경제적 평화론을 통해 본 햇볕정책 평가: 개성공단 사례 중심으로」라는 제목의 논문을 작성하기 위해 한 학생이 전체 목차에 해당하는 개요를 작성해 제출한 것이다.

【예시 1】

I. 서론

II. 이론적 배경과 기존 연구의 검토

1. 햇볕정책에 반영된 경제적 평화론

2. 경제적 평화론 이론 및 실증분석

III. 개성공단 사례

IV. 경제적 평화론이 남북관계에 적용되지 않는 원인

V. 결론

【예시 1】은 비교적 주제적 통일성을 꾀했다고 볼 수 있는 개요이다. 그러나 2장에서 연구방법론에 해당하는 이론적 배경과 선행연구사를 분리하지 않음으로써 그 경계를 모호하게 만들었으며, 하위 두 절의 제목 역시 이를 적절히 구분하지 못한 문제점이 있다. 또한 전체 제목에서 언급된 햇볕정책에 관한 평가와 3장의 사례 분석 및 4장의 요인 분석의 연계성이 불분명한 점 등의 문제점을 보여준다. 이러한 문제들이 개요 작성 단계에서 해결될 때, 보다 더 설득력 있는 초고쓰기가 행해질 수 있을 것이다.

이렇듯 개요에 대한 고쳐 쓰기는 논문의 주제적 통일성과 장별 논리적 연결성 등을 높일 수 있는 유용한 방편이며, 또한 완결적인 목차를 작성하는 가장 손쉬운 방법이다.

본문 고쳐 쓰기 방법

- **내용** – 부족한 논거를 첨가한다.
  - 불필요한 논의를 삭제한다.
  - 새로운 내용으로 대체한다.
- **구성** – 장과 절의 구분을 재점검한다.
  - 각 단위 항목들의 변별성을 점검한다.
- **문장** – 비문을 수정한다.
  - 어휘들의 적절성을 검토한다.
  - 띄어쓰기와 맞춤법을 점검한다.

앞의 개요를 따라 작성된 초고의 3장에서 발췌한【예시 2】를 통해 고쳐 쓰기의 한 방법으로서 첨가의 실제 방법과 그 효과를 확인해보자.

【예시 2】

1998년 출범한 김대중 정부는 일관성 있게 햇볕정책을 추진하며 적극적 포용·협력의 일환으로 경제협력을 증진시키고자 했다. 햇볕정책의 중요한 운영원리는 '선경제, 후정치' 원칙으로 대표되는 정경분리이다. 비정치적인 영역에서 남북 간 상호교류를 증진시키는 전략을 통해 북한의 변화를 유도해낸다는 것이다. 비정치적인 영역에서의 상호 교류 증진이 결국 정치적 영역에서의 협력증진으로 이어질 수 있다는 발상은 남북경협이라는 형태로 구체화되어 나타났다. 그리고 남북경협을 증진시키기 위한 정부의 각종 노력은 개성공단이라는 남북경제협력의 표본으로 결실을 맺게 되었다.

개성공단은 햇볕정책이 거둔 가시적인 성과이다. 개성공단에서의 남북경협을 통해 남북교류는 보다 진척되었으며, 더 나아가 경협의 활성화에 의한 상호의존성 증대가 양국 간 정치적 관계를 호전시키고 더 나아가 분쟁과 갈등을 줄일 것이라는 기대감을 갖게 했다. 남북경협이 상호 이해관계를 서로 연계시킴으로써 상호의존관계를 만들고 이것이 바탕이 되어 무력사용을 억제하게 된다는 경제적 평화론이 남북관계에 있어서도 적용될 것으로 기대되었다.

개성공단의 남북경협은 놀라울 정도의 일정 궤도에 올랐다.[1)] 2004년 12월 15일 첫 제품이 출하된 후 2008년 말 가동기업 93개의 생산액이 5억

2500만 달러에 달했다. 그리고 일하는 북한 근로자는 3만 9000명에 이른다. 개성공단은 명실 공히 남북 경제협력의 표본으로 자리 잡았다.2)

---

1) 〈남북교류협력국 작성 남북교역 현황〉(통일부, 2009)

● 개성공단사업 연도별 현황

(단위: 천 달러 / Unit : $1,000)

연도	반입		반출		합계	
	금액	개성공단사업	금액	개성공단사업	금액	개성공단사업
2004	258,039	52	439,001	41,634	697,040	41,686
2005	340,281	19,794	715,472	156,943	1,055,754	176,736
2006	519,539	75,943	830,200	222,853	1,349,739	298,795
2007	765,346	101,179	1,032,550	339,498	1,797,896	440,677
2008	932,250	290,103	888,117	518,342	1,820,366	808,445
소 계	5,170,999	487,070	5,844,918	1,279,270	11,015,917	1,766,341

2) 〈이명박 정부 출범 1주년 개성공단사업 주요 성과〉(통일부, 2008)

● 개성공단 가동기업 수 및 생산액 현황

(단위 : 개, 만 달러/ Unit : $10,000)

구분	2005	2006	2007	2008	계
가동기업수	18	30	65	93	93
생산액	1,491	7,373	18,478	25,142	52,484

* '09.1말 현재 가동기업은 93개이고 건축 중인 기업은 38개이다.

【예시 2】는 주석을 통해 자료를 첨가함으로써 고쳐 쓰기 한 결과를 보여준다. 초고와 비교할 때 이는 개선된 점이다. 그러나 단순히 간접적인 자료만을 첨가하는 데 그침으로써 논지를 명확히 뒷받침하지 못했다는 아쉬움이 있다. 관련 자료를 본문에서 인용한 뒤 이에 대한 분석적 설명을 덧붙이는 방법으로 두 번째 고쳐쓰기를 행한다면 한층 설득적인 주장을 펼칠 수 있을 것이다.

내용 단위의 고쳐 쓰기에서는 독자의 입장이 되어 읽었을 때 이해가 잘 되는지를 고려해야 한다. 구성단위에서는 단락과 단락 사이의 연결이 자연스럽고 논리적인지 검토되어야 한다.

마지막으로 문장 단위의 고쳐쓰기에서는 다음과 같은 세부 항목들을 점검해야 한다.

◉ 내용을 수정할 때 고려해야 할 사항

1. 글의 내용이 자신이 쓰고자 하는 목적에 부합하는가?

2. 글의 체계가 유기적인 통일성을 갖고 있는가?

3. 주장이 논리적인 일관성을 유지하는가?

4. 독자의 입장에서 이해가 잘 되는가?

【연습 1】 작성한 논문의 문장을 다음의 질문들을 근거로 수정해 보자.

1. 어휘나 어조가 적절한가?

2. 문장의 길이가 적합한가?

3. 수동태나 피동사를 과도하게 사용하여 문장이 어색하지 않은가?

4. 동일한 표현을 반복하고 있지 않은가?

5. 맞춤법, 띄어쓰기, 시제 등이 정확한가?

6. 일반적이거나 상투적인 서술이어서 필자의 관점에 대한 재서술이 필요하지 않은가?

7. 주어와 서술어, 목적어와 서술어의 호응이 적절한가?

8. 관형어와 부사어의 위치가 꾸밈을 받는 말 바로 앞에 놓여 있는가?

9. 사물을 주어로 쓴 문장은 없는가?

【연습 2】 최종적으로 논문을 제출하기 전에 다음의 논문 구성 항목을 기준으로 점검하고 수정해 보자.

1. 표지

- 논문 제목
- 교과목(해당학기 기재)
- 담당교수명
- 제출자
- 제출일

2. 목차

① 상위 단위와 하위 단위가 순차적으로 이루어졌는가?

② 동등한 단위에 해당하는 기호가 통일되어 있는가?

③ 장 혹은 절에 속한 항목들이 대등한가?

④ 제목 옆에 페이지 표시가 되었는가?

3. 본문

① 서론 – 본론 – 결론이 잘 나뉘어 있는가?

② 문단 나누기가 제대로 되었는가?

③ 자료와 해석이 잘 구분되어 서술되어 있는가?

④ 자료 인용에 대한 각주가 처리되어 있는가?

4. 참고문헌

① 참고문헌의 순서가 제대로 되어 있는가?

② 기호가 제대로 통일되어 있는가?

5.2 인용하기 및 주석 달기

논문 작성 시 인용은 다음과 같은 목적에서 행해진다.

첫째, 자신의 견해에 정당성을 부여하기 위해 권위 있는 학자의 진술이나 이론을 논리적 근거로 삼는다.

둘째, 다른 사람의 견해를 비판함으로써 자신의 견해가 독창적임을 입증한다.

셋째, 다른 사람의 글에 대해 비평하거나 해설할 때, 그 대상이 되는 대목을 인용함으로써 구체적으로 논증할 수 있다.

이러한 목적에서 행해지는 인용에는 크게 직접인용과 간접인용의 방법이 있으며, 인용 시에는 반드시 해당 자료의 출처를 밝혀주는 주석을 달아야 한다.

1) 직접인용

다른 사람이 쓴 글의 일부를 그대로 인용하는 것이 직접인용이다. 원문의 표현이 중요할 때 이 방법을 사용한다. 내용이 다소 길 경우 하나의 문단으로 제시하되, 글자 크기를 조절하여 본문보다 작게 한다. 또는 본문 속에 있을 경우에는 쌍따옴표(“ ”)를 붙인다. 다음의 예를 보자.

【예시 1】

당시 조선의 불결한 위생 상태는 식자층에게도 큰 근심거리였다. 1897년 3월 30일자 《독립신문》에는 "뵈히는 거시 더러온 물건이요 냄석 마다 구린 닉요 길은 기텬을 겸 ᄒᆞ고 기텬은 뒤간을 겸 ᄒᆞ야 비가 죠곰 오면 추잡 홈을 형용 못ᄒᆞ고 일긔 더우면 염질이 ᄯᅥ날 ᄯᅢ가 업"[1)]다는 기사가 실렸다. 《한국지》에서도 서울의 위생 상태는 상세하게 보고된다. 이 책은 1898년경 서울은 다른 도시와 비교해 거리가 깨끗해졌지만, 얼마 전까지만 해도 특히 인구가 밀집해 있는 구역은 굉장히 더러웠다고 기록한다.

> 거리에 더러운 물이 흐르는 개울이 있었고, 개울 옆으로는 집 바로 옆의 변소에서 나오는 오물이 흘러들어가는 웅덩이가 계속되어 있었다. 쓰레기더미가 쌓여 거리의 반을 차지하고 있었고 여기에 작은 집짐승들인 고양이나 개의 똥, 말이나 소의 배설물이 함께 쌓여 있었으며 이것은 이곳에 서 있는 다 기울어져가며 연기와 먼지에 검어진 초라한 건물들과 함께 극히 불쾌한 풍경을 이루고 있었다.[2)](박천홍, 『매혹의 질주, 근대의 횡단』, 산처럼, 2003, 167~168쪽.)

---

1) 독립신문, 1897. 3. 30, 4쪽.
2) 러시아 대장성, 최선·김병린 옮김, 『국역 한국지』, 한국정신문화연구원, 1984, 181쪽.

위 예시문의 주석 1)은 본문 속에 원문을 그대로 인용한 예이고, 주석 2)는 내용이 길어 별개의 단락으로 제시한 직접인용의 예이다.

2) 간접인용

다른 사람의 글을 그대로 인용하지 않고, 그 내용을 자신의 말로 바꾸어서 제시하는 것이 간접인용이다. 이때 인용한 내용이 자신의 생각이 아님을 분명하게 밝혀야 한다. 용어나 구절을 인용할 경우 용어나 구절에 홑따옴표(' ')를 붙여야 하며, 이에 대해서도 주석을 달아주어야 한다. 주석이 없는 경우에는 표절에 해당된다. 다음의 예를 보자.

【예시 2】

식민지 한국에 대한 기존 연구에서는 식민지 지배하 국가-사회의 관계에 대해 일반적으로 세 가지 관점을 제시한다. 국가-사회의 관계가 식민지적 억압과 민족주의적 저항 사이의 대립 관계였다는 민족주의적인 시각에서는 식민지 국가-사회 관계를 제로섬zero-sum의 결과만 양산하는, 기본적으로 투쟁을 점철된 관계로 이해한다. 이 견해를 극단적으로 말하자면, 한국에서 일본은 식민지 질서를 유지하기 위해 강제와 억압만을 행하였고 이에 대해 모든 한국인들이 저항하였다는 것이다.[1)]

…〈중략〉…

두 번째 주요한 견해는 식민주의를 지주제와 관련시킴으로써 식민지 지주제를 강조한다. 이 견해는 일본인들이 본국인들에게 식량을 조달하기 위해 농업 생산을 증가시키는 것 외에 경제발전을 촉진하는 데 거의 관심을 가지지 않았으며, 농업 생산과 지방 통제·동원을 위해 후진적인 지주제를 유지하거나 강화하였다고까지 묘사한다. 이 견해를 극단적으로 말하자면, 한국은 식민지 반봉건 사회 형태였으며 지주제는 1945년 해방될 때까지 식민

지 지배의 근간으로 유지되었다는 것이다.[2)]

세 번째 관점인 식민지 전체주의는 그레고리 헨더슨Gregory Henderson이 주장하였다. 그에 의하면, '급속한 도시화·공업화'와 광범위한 '전쟁 동원'을 추구한 한국의 강력한 식민지 정부는, '중재하는 사회단체들'도 없이 인민들이 중앙집권적 정부의 노골적인 조작과 동원에 종속된 '대중사회'를 창출하였다는 것이다. 그 결과 "'엘리트와 대중 사이를 중재할 수 있는 조직의 취약함'으로 인하여 '양자가 서로 직접적으로 대면'하는 '원자화된' 사회, 사회적 관계의 무정형성과 고립성을 특징으로 하는 사회"가 되었다. 그리하여, 이러한 식민지적 국가-사회 관계의 방식이 종전 이후에도 이어져 현대 남북한에서 '소용돌이 정치'를 낳았다.[3)](신기욱·한도현, 「식민지 조합주의: 1932~1940년의 농촌진흥운동」, 『한국의 식민지 근대성』, 삼인, 2006, 132쪽.)

---

1) 박경식, 『일본 제국주의의 조선 지배』, 도서출판 청아, 1986 참조.
2) 예를 들어 장시원, 「식민지하 조선의 반봉건적 토지 소유에 관한 연구」, 『경제사학』 4, 1980, 38~139쪽 참조.
3) Gregory Henderson, *Korea: Politics of the Vortex*, Cambridge, Mass.: Harvard University Press, 1968.

위 예시문의 각주 1)은 해당 자료를 요약하여 제시한 간접인용이고, 각주 2)는 본문에서 서술한 내용에 해당하는 대표적인 논의를 주석을 통해 밝힌 간접인용의 예이다. 한편 각주 3)은 외국 문헌을 요약 및 번역하여 제시한 간접인용의 예이다. 핵심 용어와 구절에 대해서 필자가 홑따옴표 및 쌍따옴표를 사용하여 구분함으로써 원문에 대한 존중의 의사를 표한 것을 볼 수 있다.

3) 주석 달기

주석은 인용한 자료의 출처를 밝히기 위한 목적에서 달기도 하지만, 본문의 서술을 보충하기 위해 달기도 한다. 즉, 부가적인 설명이나 참조 사항들을 본문의 서술에 삽입할 경우 그 흐름을 자칫 해칠 가능성이 있을 때, 주석을 통해 이를 처리할 수 있다.

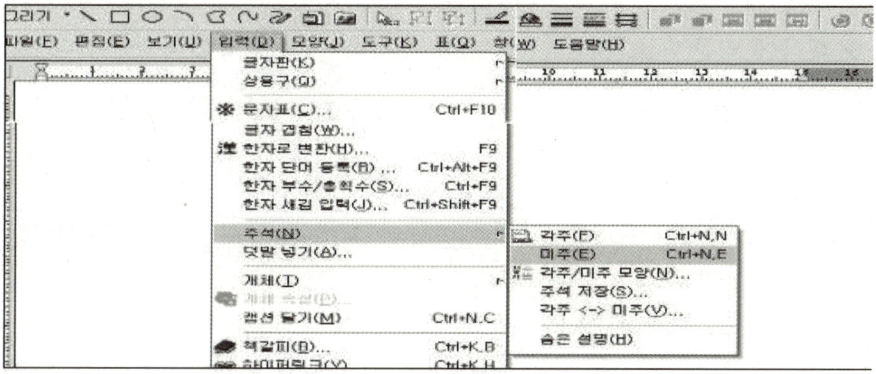

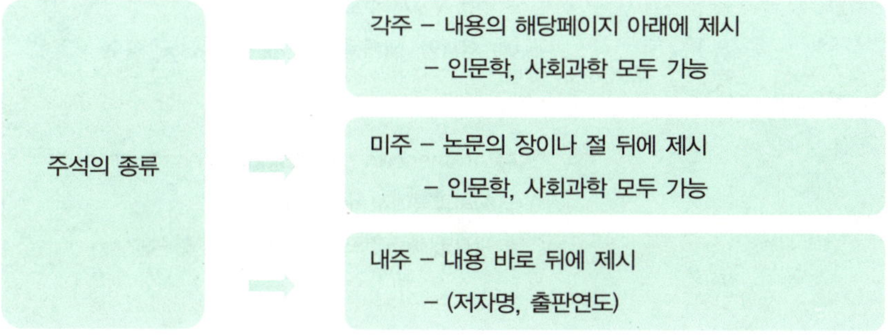

본문 내에 인용문헌을 삽입하는 내주가 있다. 내주의 기본 요소는 저자명과 인용 자료의 발행 연도, 인용의 범위(쪽 수)이며, 이 순서에 따라 본문 중 적절한 위치에 원괄호"( )"를 이용하여 기재한다. 이때 저자명과 발행

년 사이에 구두점을 사용하지 않으며 한 칸 띄워준다. 서양인명의 경우에는 저자의 성Last name만을 기재한다. 예컨대 '(Shils 1981, 12-13)'과 같은 방식이다. 저자명이 본문 중에 자연스럽게 제시된 경우 인용문에서는 저자명의 기재를 생략하고 해당 자료의 발행연도와 쪽 수만을 기재한다. 그 밖의 경우에는 저자명과 발행연도를 기재하되 쪽 수의 표기는 필요할 때 한다.

동일 연도에 간행된 동일 저자의 상이한 자료를 인용하는 경우 발행연도 다음에 영문자 소문자(a, b, c등)를 부기하여 이들 자료를 구분한다. 예컨대 '(김균진 1987a)'와 같은 식이다. 저자가 2사람일 경우 쉼표로 구분하여 모두 기재하여 주며, 3인 이상인 경우에는 '(Zipursky et al. 1959)'와 같이 첫 번째 기재된 저자명과 '외(서양서에서는 'et al.')'라는 어구를 이름 다음에 부기한다.

주석다는 방식

- MLA(Modern Language Association) 방식
  - 인문학에서 주로 사용
  - 예) 저자명, 책제목, 출판사, 출판 년도, 쪽수
- APA(American psychological Association) 방식
  - 사회과학에서 주로 사용
  - 저자명(출판연도), 책제목, 출판사, 쪽수

다음은 자료 유형에 따른 인문·사회과학 분야 각주 달기의 예들이다.

【예시 3】

* 단행본 : 저자명, 저서명, 출판사, 출판연도, 인용 쪽 순

예) 김경일, 『여성의 근대, 근대의 여성』, 푸른역사, 2004, 73쪽.

* 번역본 : 저자명, 역자명, 저서명, 출판사, 출판연도, 인용 쪽 순

예) E. H. Carr, 김택현 옮김, 『역사란 무엇인가』, 까치, 1997, 17~18쪽.

* 논문 : 필자명, 논문명, 게재지명, 출판사, 출판연도, 인용 쪽 순

예) 정현백, 「민족주의와 페미니즘」, 『페미니즘 연구』, 동녘, 서울, 2001, 30~31쪽.

고동환, 「조선 후기 서울의 인구 추세와 도시문제 발생」, 『역사와 현실』 제28호, 한국역사연구회, 1988, 191~192쪽.

김병길, 「한국 근대 신문연재 역사소설의 기원과 계보」, 연세대학교 박사학위논문, 2006, 32쪽.

R. Barbrook & A. Cameron, 안정욱 옮김, 「캘리포니아 이데올로기」, 홍성태 편, 『사이버 공간·사이버 문화』, 문화과학사, 1996, 150~152쪽.

* 신문 기사 : 필자명, 기사명, 신문명, 연월일, 게재면 순

예) 전성은, 「대학, 교육의 질로 승부할 때다」, 동아일보, 2004. 9. 20, 6쪽.

* 인터넷 자료 : 전자주소를 함께 표기

예) 임지현, 「화산재는 국경이 없다」, 조선일보, 2010. 4. 28, 14쪽.
http://news.chosun.com/site/data/html_dir/2010/04/28/2010042802574.html)

* 약식 주석 : 동일한 문헌을 반복적으로 인용할 경우 약식 부호를 사용한다.

1) Ibid : 바로 위의 각주에서 완전하게 소개한 다음 같은 문헌을 다시 인용할 경우 인용한 쪽수만 제시한다. 국내 문헌의 경우 Ibid 대신 '위의 책', '위의 글'이라고 한다.

예) Ibid, p.7.

위의 책, 9쪽.

2) op. cit. : 바로 위가 아니라 앞부분에서 인용했던 문헌을 다시 인용할 경우 저자명 다음에 이 부호를 적고 인용한 쪽수를 적는다. 한글 문헌의 경우 '앞의 책' 또는 '앞의 글'이라고 한다.

Yi-Fu Tuan, op. cit., p. 47.

김경일, 앞의 책, 73쪽.

5.3 참고문헌 작성하기

논문을 쓰는 과정에서 참고한 자료를 목록화하여 논문의 본문이 끝난 다음에 제시하는 참고문헌 작성은 인용한 쪽수 표기를 제외하면 주석과 표시 항목이 동일하다. 그 세부 원칙은 다음과 같다.

◉ **참고문헌 작성의 세부 원칙**

1. 1차 자료와 2차 자료를 구분하여 작성한다.
2. 문서 자료와 사진 및 동영상 등 여타 자료를 구분하여 작성한다.
3. 참고문헌 목록을 국내 논저와 국외 논저 항목으로 나누어서 작성한다.
4. 인문·사회과학분야에서 참고문헌의 서지 사항 기재 방식은 각주의 경우와 같다.
5. 국내 논저는 저자 이름에 따라 가나다순, 국외 논저는 알파벳순으로 배열한다.
6. 자연과학분야에서 참고문헌은 영문으로 쓰는 것을 원칙으로 하며 알파벳 순서로 배열한다. 단 국문으로 작성하는 경우 가나다순으로 정리해 영문문헌 앞에 기재한다.
7. 자연과학분야에서 단행본은 저자명, 발행연도, 서명, 판수, 총서명과 총서번호, 발행사항(발행지: 발행처), 쪽수(인용 첫 쪽–끝 쪽)의 순서로 기재한다. 공저자가 2인 이상인 경우에는 표제면의 순서대로 모든 저자명을 기재한다.
8. 정기간행물은 저자명, 발행연도, 논문제목(표제), 발행지명, 간행사항(권차, 호차, 간행 달이나 계절), 쪽수(인용 첫 쪽–끝 쪽)순서로 기재한다. 이때 호차는 권차 다음에 원 괄호 속에 기재한다. 정기간행물의 약호는 영문인 경우 ISI Journal Abbreviation Index에 따르고, 동양어 논문인 경우는 저자명, 제목, 정기간행물명을 국가가 지정한 표기법에 따라 영문으로 표기한다. 단 고전서와 같이 영문표기가 곤란할 경우는 내용의 정확성을 위해 국문으로 표기할 수 있다.

9. 서명은 정보원에 기재된 형식 그대로 기재한다. 양서에서는 도서의 서명이나 연속간행물의 지명誌名을 이탤릭체로 기재하여 구분할 수 있다. 장이나 학술지에 수록된 논문의 표제는 인용 부호(“”) 안에 기재할 수 있다.

다음은 위의 세부 원칙에 따른 참고문헌 작성의 예이다.

【예시 1】

* 단행본

신형기, 『민족이야기를 넘어서』, 삼인, 2003

김호기·임경순·최혜실 외 49인, 『지식의 최전선』, 한길사, 2002

Gary, S. Becker, *The Economics of Discrimination*, University of Chicago Press, 1957

* 논문

박성창, 「비평과 진실-과잉 해석된(포스트)모더니티와 90년대 문학」, 『세계의 문학』 103, 2002 봄

J. Lacan, Le Séminair, tone 11 : *Les Quatre Concepts Fondamentaux de la Psychoanalyse*, 1964

참고문헌

연세대학교 연구처 편, 『새논문작성법』, 연세대학교 출판부, 2002

Gordon Harvey, *Writing with Source: A Guide for Students*, Hackeh Publishing Company, 1998

Ilona Leki, *Academic Writing*, 2nd ed, Cambridge University Press, 1998

부록

케이트 밀레트, 『성의 정치학』 · 데카르트, 『성찰』 · 맹자, 『맹자』

토마스 쿤, 『과학혁명의 구조』 · 레이첼 카슨, 『침묵의 봄』 · 홉스봄, 『혁명의 시대』

장 자크 루소, 『사회계약론』 · 소포클레스, 『안티고네』 · 채만식, 『탁류』 · 톨스토이, 『예술이란 무엇인가』

케이트 밀레트, 『성의 정치학』

제2장 성의 정치에 대한 이론 (부분)

친밀한 남녀 관계에서 정치적 관계를 읽어내는 것은 대단한 비약처럼 보일 수 있다. '성性의 정치政治'라는 용어를 소개할 때, 우리는 먼저 "성을 정치적 입장에서 볼 수 있는가?"라는 질문에 답해야 한다. 이에 대한 답은 우리가 정치를 어떻게 정의하느냐에 달려 있다. 여기서 정치는 회의, 의장議長 또는 정당을 의미하는 협의의 배타적 세계를 뜻하는 것이 아니다. '정치'라는 용어는 권력의 여러 관계, 즉 한 무리의 인간이 다른 무리의 인간을 지배하는 것을 말한다. 이상적理想的 정치란 타인을 힘으로 지배하는 것과는 아주 거리가 먼 것으로, 합리적이고 합의할 만한 기본 원리 위에 세워진 인간 생활의 제도라고 생각할 수 있다. 그러나 우리가 알고 있는 정치의 현실은 이러한 이상적 상황과는 거리가 멀다는 것을 시인是認해야 하며, 바로 이 점에 관해서 언급해야 한다.

지금부터 기술하는 내용은 '가부장제 이론家父長制 理論에 관한 글'이라고 할 수 있다. 이 장의 내용은 성性이 정치적 의미를 지니는 범주에 속하는 것임을 증명하려는 것이다. 이것은 개척적인 작업에 속하므로 필연적으로 잠정적暫定的이고 불완전할 수밖에 없다. 전반적인 현상에 대한 진단을 위해, 개별적인 사례가 보여 주는 예외를 논외로 할 것이다. 그리고 반복되는 소주제를 일반화할 수밖에 없으며, 또한 다소 독단적이 될 수밖에 없다.

여기서 '정치'라는 용어는 주로 양성兩性에 관하여 언급할 때 사용된다. 그 이유는 이러한 어휘가 현재에서도 역사적으로도 양성 간의 상대적 지위에 대한 순수한 본질을 분명하게 하는 데에 유용하기 때문이다. 따라서 '정치'라는 용어는 전통적으로 규정된 개념의 한계를 넘어, 좀 더 적절한 힘의 관계를 나타내기 위해 심리학과 철학의 개념으로 발전시킬 필요가 있다. 무엇보다 이러한 용어의 재규정이 오늘날 시급한 일로 요청되고 있다. 또한 나는 특정한 집단을 구성하는 사회 구조에서 개인 간의 상호관계를 나타내는 인종, 카스트, 양성이라는 범주를 힘의 관계로 접근하는 것이 적절하다고 생각하였다. 그것은 일부 집단이 지속적으로 억압되는 것을 해명하기에 적합하다. 즉, 억압받는 집단은 수많은 공인公認된 정치 기구를 가지고 있지 못하기 때문에 고정적이면서 지속적인 차별을 받는다.

미국에서 일어난 최초의 정치적 사건은 인종 간의 관계라는 것이 출생에 따라 일부 집단이 다른 집단을 지배하는 정치적인 관계임이 드러난 것이다. 그러한 자각에 힘입어 타고난 특성으로 지배 권력을 가진 집단은 급속히 소멸되고 있다. 그럼에도 불구하고 출생에 의해 하나의 집단이 다른 집단을 지배하는 오랜 보편적 조직이 아직도 남아 있다. 성의 영역에 널리

보급되어 있는 도식이 바로 그것이다. 인종주의의 연구는 정치적인 조건이 인종 간에 작용한 것임을 우리에게 확신시켰다.

오늘날 양성 관계의 제도에 대해 고찰한다면, 양성 간의 상황은 현재와 역사를 통하여 막스 베버Marx Weber가 헤어샤프트Herrschaft라고 정의한 현상, 즉 '지배와 복종의 관계'의 대표적인 사례임을 지적하지 않을 수 없다. 우리의 사회 질서 속에서 거의 검토檢討되지 않고 때로는 인식조차 되지 않은 채(그럼에도 불구하고 제도화된) 지나쳐 버리게 되는 것은 '타고난 우월성에 대한 이념'인데, 이것에 의하여 남성이 여성을 지배하여 왔다. 이러한 제도를 통하여 '내부 식민지화'의 가장 교묘한 형태가 유지되어 왔다. 그것은 또한 어떠한 형태의 인종 차별보다도 더 완강하며 계급 차별보다 더 엄격하고 획일적이며 영속적이다. 아무리 그것이 현재 뚜렷이 나타나고 있지 않다 하더라도 성의 지배는 아마도 우리 문화 속에 가장 널리 퍼져 있는 이념으로 우리 문화의 가장 기본적인 권력 관계를 형성한다.

그것은 우리의 사회가 모든 다른 역사상의 문명 사회와 마찬가지로 가부장제기 때문이다. 경찰의 강제력을 포함하여 군대, 산업, 과학기술, 대학, 과학, 행정 관청, 경제 등 사회 내 모든 권력의 통로가 모두 전적으로 남성의 손에 있다는 것을 상기想起한다면, 이 사실은 곧 명백해질 것이다. 정치의 본질은 힘이기 때문에 이와 같은 구도는 영향력을 미치지 않을 수 없다. 엘리어트T. S. Eliot가 관찰한 바와 같이, 아직도 남아 있는 초자연적 권위인 신과 신의 선교는, 윤리와 문화의 소산인 철학과 예술(문명 그 자체인)과 함께 남성의 손에 의하여 만들어진 것이다.

만일 가부장제 정부를, 인구의 반을 차지하는 남성이 나머지 반의 인구인 여성을 지배하는 제도로 간주한다면, 가부장제의 원칙은 남성이 여성을 지배하고 연장年長의 남성이 연소年少의 남성을 지배하는 이중의 역할을 하는 것으로 나타날 것이다. 제도로서의 가부장제는 모든 대표적 종교에 침투되어 있는 것과 마찬가지로, 카스트나 계급은 물론이고 모든 정치적·경제적 형태를 관류하고 있을 만큼 깊이 침투되어 있다. 그러나 인간이 만든 어떠한 제도의 경우에서나 마찬가지로 이상과 현실 사이에는 흔히 거리가 있다. 즉 제도 안에는 모순과 예외가 존재한다.

이처럼 가부장제는 사회적 불변항이지만 시간과 장소에 따라 심한 다양성을 보여 주고 있다. 예를 들면 민주주의 국가에서 여성은 공직에 임하는 일이 흔하지 않다. 있다고 하여도 현재와 같이 형식상 대표의 숫자에조차도 미치지 못할 만큼 소수에 불과하다. 그러나 귀족 사회에서는 불가사의不可思議한 왕조의 혈통을 중요시하여 때때로 여성에게 권력을 소유하도록 허용하는 일이 있었다. 그리하여 귀족 사회에서는 연장의 남성에 의한 지배 원칙이 빈번히 어겨지곤 했다. 예컨대 사우디아라비아와 스웨덴, 인도네시아와 중화인민공화국 사이에서 볼 수 있는 것처럼 가부장제의 차이를 염두에 두고 생각해 본다면, 미국과 유럽에서 가부장제의 형태는 다음 장에서 서술될 여러 개혁에 의하여 많이 변화되고 약화되었다는 것을 알 수 있다.

1. 이념적 기반理念的 基盤

한나 아렌트Hannah Arendt는 합의에 의하여 지지되든 폭력에 의하여 강제로 부과되든 그 어느 경우에도 정부란 권력에 의하여 유지되는 것이라고 보았다. 성의 정치는 기질·지위에 대해서 양성을 기본적인 가부장제의 정치 형태로 '사회화'시킴으로써 합의를 얻는다. 지위status에 관하여는 남성 우위성의 편견이 보편화되어 있다. 즉 남성에게는 우월한 지위를, 여성에게는 열등한 지위를 보장하고 있다.

첫 번째 항목에 속하는 기질은 고정화된 성별 범주('남성적'과 '여성적')에 따라 인간의 인격을 형성하는 것을 포함한다. 이러한 성별 범주는 지배집단의 필요와 가치관에 기반을 두고 있으며, 그 지배집단의 성원이 스스로 존중하며 종속집단이 있는 것을 편리하게 여기는 것에 의하여 결정된다. 즉 남성에게는 공격성, 지력, 힘, 효율성이 주어지고 여성에게는 수동성, 무지, 온순, 덕성, 비효율성 등이 주어지는 것이 그것이다. 이러한 기질을 보완하는 것이 제2의 요소, 즉 성별 역할이다. 성별 역할은 태도, 몸짓, 행위 등에 대하여 잘 다듬어진 일치된 강령을 양성에게 각각 정하여 준다. 활동 면에서 보면 성별 역할은 가사와 육아의 역할을 여성에게 부과하고, 그 외의 인간적 관심, 야심 등은 모두 남성에게 할애하고 있다. 여성에게 주어진 역할은 여성을 생물학적 경험의 차원에 머물게 한다. 따라서 동물의 활동(동물도 그들 나름대로의 방법으로 출산을 하고 새끼를 양육한다.)의 영역을 넘어서 확실히 인간의 활동으로 규정될 수 있는 대부분의 것은 남성을 위하여 확보되었다. 물론 지위란 이러한 할당의 당연한 귀결이라는 것은 말할 것도 없다. 이 세 가지의 범주를 분석한다면 지위를 정치적 구성 요소로서, 역할을 사회적 구성 요소로서, 기질을 심리적 구성 요소로서 표현할 수 있을지 모르겠다. 그러나 이 세 요소의 상호의존적 관계는 의심할 여지가 없으며 하나의 연쇄를 이루고 있다. 더 높은 지위를 부여받은 사람들은 지배의 기질을 발전시키도록 격려되었기 때문에 지배의 역할을 취하는 경향을 띠고 있다. 이러한 현상은 카스트와 계급에서도 분명하다.

2. 생물학적 기반生物學的 基盤

가부장제 종교와 일반적 태도, 그리고 어느 정도는 과학까지도 이러한 심리적 구별이 양성의 생물학적 차이에 근거하는 것이라고 가정한다. 그러므로 문화가 인간의 행동 양식을 형성하는 것으로 인식되는 곳에서는 이러한 사실은 자연에 부합되는 것이라고 본다. 그러나 가부장제 안에서 만들어진 기질의 구분(남성적 혹은 여성적 인격의 특징)은 인간의 본성에 근거한 것이 아니며, 역할과 지위의 구별은 한층 더 인간의 본성에서 나온 것으로 볼 수 없다.

제2차적인 성의 특징이며 포유동물에서 공통적으로 볼 수 있는 남성의 튼튼한 근육 조직은 그 근원에서 생물학적인 것이기는 하나, 또한 양육과 음식물과 운동을 통하여 문화적으로 조장된 것이기도 하다. 그것은 문명 내에서 정치적 관계의 기반이 되기에는 적절한 범주가 될 수 없다. 남성 우위성은 다른 정치적 신조信條와 같이 최종적으로 체력에 있는 것이 아니라 생물학적인 것과는 무관한 가치 체계를 수용하는 데에 있었다. 우월한 체력이 정치적 관계의 요인은 아니다. 인종과 계급의 정치적 관계를 보라. 문명은 항상 체력 대신에 다른 방법(기술, 무기, 지식)을 사용해 왔으며 현대 문명은 더 이상 체력을 필요로 하지 않는다. 오늘날 체력의 사용은 일반적으로 계급적 요소에 속하는 것이다. 즉 체력의 강약과 상관없이 저변에 있는 계층이 가장 힘든 일을 한다.

가부장제는 인간의 사회생활에서 고유한 것이며 인간 생리生理를 기반으로 하여 설명될 수 있고 피하기 어려운 것으로 가정되는 경우가 많다. 가부장제에 논리적 기원을 부여하는 것은 이와 같은 이론이다. 그러나 만일 일부 인류학자가 믿는 바와 같이 가부장제가 원시 시대에 그 근원을 갖고 있는 것이 아니라 우리가 전前 가부장제라고 부르는 어떤 다른 사회 형태가 선행되었다면, 체력을 가부장제의 기원으로 보는 이론의 주장은 남성의 우월한 체력이 새로운 가치관과 지식에 의해 설정된 사회 변화를 수반한 것임을 의미한다.

기원에 대한 추측은 항상 확실한 증거가 없으므로 좌절된다. 선사시대에 대한 추측은 필연적으로 그렇게 될 수밖에 없다. 그렇게 생각한다면 가부장제를 선행하는 가상의 시대가 있음직도 하다고 논할 수 있을 것이다. 이러한 전제에 결정적인 의미를 주는 것은 생식력과 생식기의 작용을 가장 중요한 원칙으로 생각하는 정신 상태일 것이다. 문명 또는 극히 소박한 기술 외에는 어떤 기술로 발달되기 이전 원시적 상태에서 인류는 아마 주변에서 볼 수 있는 어린이의 출생에서 가장 인상적인 창조의 힘의 증거를 발견했던 것이다. 그것은 하나의 기적적인 사건으로 여겨졌을 것이며 대지의 식물 발아發芽와 유추하여 결부되었을 것이다.

이러한 태도를 철저히 방향전환시켜 놓은 상황이 부권夫權의 발견이라고 생각한다. 고대 사회에서 다산숭배多産崇拜는 어느 시점에서 가부장제의 방향으로 전환하였으며, 여성의 생식 기능을 격하格下시키고 생명의 힘을 남근男根, phallus에게만 돌린 흔적이 다소 남아 있다. 가부장제적 종교는 남성

유일신 또는 남성신들을 창조하고 여신의 위치를 격하 · 말살시키면서, 가부장제의 구조를 유지하고 견고히 하였다. 즉, 남성 우월주의를 근본 원리로 하는 신학을 형성하여 남성의 위치를 확립할 수 있었다.

케이트 밀레트, 정의숙·조정호 옮김, 『성의 정치학(상)』, 현대사상사, 1976, 49~58쪽.

데카르트, 『성찰』

제1성찰 의심할 수 있는 것들에 관하여

유년기에 내가 얼마나 많이 거짓된 것을 참된 것으로 간주했는지, 또 이 것 위에 세워진 것이 모두 얼마나 의심스러운 것인지, 그래서 학문에 있어 확고하고 변치 않는 것을 세우려 한다면, 일생에 한 번은 이 모든 것을 철저하게 전복시켜 최초의 토대에서부터 다시 새로 시작해야 한다는 것을, 이미 몇 해 전에 깨달은 바가 있다. 그런데 이것은 보통 일이 아니라고 생각했기 때문에, 이 일을 적절하게 실행할 수 있는 성숙한 나이가 되기를 기다렸다. 이 일을 오랫동안 연기해 왔으므로 내 여생을 다른 것에 소비한다면 죄를 짓는 꼴이 되고 말 것이다. 그러나 다행히 오늘 내 정신은 모든 근심에서 벗어나 있고, 은은한 적막 속에서 평온한 휴식을 취하고 있으므로, 내가 지금까지 갖고 있던 모든 의견을 진지하고 자유롭게 전복시켜 볼 참이다.

그러나 이를 위해 모든 의견이 거짓임을 증명해 보일 필요는 없다. 이것은 내가 도저히 해낼 수 없기 때문이다. 오히려 이성이 설득하고 있는 바는 아주 확실하지 않은 것, 그리고 의심할 수 없는 것이 아닌 것에 대해서도, 명백히 거짓인 경우와 마찬가지로 동의를 해서는 안 된다는 것이므로, 의견들 각각에 의심할 만한 이유가 조금이라도 있다면 그 의견들 전체를 충분히 거부할 수 있는 것이다. 그렇다고 의견들을 일일이 검토해야 하는 것은 아니다. 이것은 끝이 없는 일이기에 말이다. 이보다는 오히려 토대가 무너지면 그 위에 세워진 것도 저절로 무너질 것이기에, 기존의 의견이 의존하고 있는 원리들 자체ipsa principia를 바로 검토해 보자.

내가 지금까지 아주 참된 것으로 간주해 온 것은 모두 감각으로부터a sensibus 혹은 감각을 통해서per sensus 받아들인 것이다. 그런데 감각은 종종 우리를 속인다는 것을 이제 경험하고 있으며, 한 번이라도 우리를 속인 것에 대해서는 전적으로 신뢰하지 않는 편이 현명한 일이다.

그러나 감각이 비록 아주 작은 것과 멀리 떨어진 것에 대해 종종 우리를 속일지라도, 감각으로부터 알게 된 것 가운데는 도저히 의심할 수 없는 것도 많이 있다. 예를 들면, 지금 내가 여기에 있다는 것, 겨울 외투를 입고 난롯가에 앉아 있다는 것, 이 종이를 손에 쥐고 있다는 것 등이 그것이다. 이 두 손이, 그리고 이 몸통이 내 것이라는 것을 어떻게 부인할 수 있는가? 이것을 부인하는 것은 미치광이의 짓과 다름없을 것이기에 말이다. 미치광이는 검은 담즙에서 생기는 나쁜 종기로 인해 두뇌가 아주 혼란되어 있기 때문에 알거지면서도 왕이라고, 벌거벗고 있으면서도 붉은 비단 옷을 입고 있다고, 머리가 진흙으로 만들어졌다고, 몸이 호박이나 유리로 되어 있다고 우겨댄다. 그렇지만 이들은 한갓 미치광이일 뿐이다. 그래서 내가 이들의 언행 가운데 몇 가지만이라도 흉내낸다면 나 역시도 미치광이로 보일 것이다.

그렇지만 나도 한 인간이다. 밤에는 으레 잠을 자고, 꿈속에서는 미치광이가 깨어 있을 때 하는 짓과 똑같은 것을, 아니 종종 더 괴상한 것을 그려낸다. 옷을 벗고 침대에 누워 있건만, 평소처럼 내가 여기 있다고, 겨울 외투를 입고 난롯가에 앉아 있다고 잠 속에서 그려낸 적이 어디 한두 번이었던가? 그러나 나는 지금 두 눈을 부릅뜨고 이 종이를 보고 있다. 내가 이리저리 움직여 보는 이 머리는 잠 속에 있지 않다. 나는 의도적으로 손을 뻗어 보고, 또 느끼고 있다. 내가 잠자고 있을 때 이런 것은 이처럼 판명判明하지 않았던 것 같다. 그러나 꿈속에서도 이와 비슷한 생각을 하면서 속은 적이 어디 한두 번이던가. 이런 점을 곰곰이 생각해 보면, 깨어 있다는 것과 꿈을 꾸고 있다는 것을 확실히 구별해 줄 어떤 징표도 없다는 사실에 소스라치게 놀라게 된다. 이런 놀라움으로 인해 내가 지금도 꿈을 꾸고 있는 것은 아닌가 하는 생각에 빠져들게 된다.

그래 좋다. 우리가 지금 꿈을 꾸고 있다고 치자. 그래서 눈을 뜨고 있다는 것, 머리를 움직여 본다는 것, 두 손을 뻗어 본다는 것과 같은 개별적인 것particularia은 사실이 아니라고 하자. 아니 어쩌면 그런 손이나 몸통조차도 지니고 있지 않다고 하자. 그렇더라도 잠들어 있을 때 보이는 것은 일종의 상imagines과 같은 것이며, 이것은 참된 것의 견본대로만 그려질 수 있는 것이다. 그래서 눈, 머리, 손, 몸통 등과 같은 일반적인 것generalia만은 적어도 단순히 공상적인 것res quasdam imaginarias이 아니라 참으로 현존하는 것veras existere임을 인정해야 한다. 왜냐하면 사실 화가들이 사이렌이나 사티로스를 아주 기이한 모양으로 나타내려고 해보았자, 그들은 아주 새로운 본성을 그것에 부여할 수는 없으며, 다만 다양한 동물의 지체肢體들을 이리저리 뒤섞어 놓을 뿐이다. 그렇지만 혹시 그들이 이와 유사한 것을 전혀 본 적도 없는, 그래서 극히 허구적fictitium이고 거짓된falsum 어떤 새로운 것을 고안해 낸다고 하더라도, 이것을 구성하고 있는 색깔만은 적어도 참된 것이어야 하지 않겠는가. 이런 이유에서, 눈, 머리, 손 등과 같은 일반적인 것이 공상적인 것이라 하더라도, 이것과는 다른 것, 즉 더 단순하고 보편적인 것magis simplicia & universalia은 실제로 존재한다는 것을 인정해야 할 것이다. 화가들이 기이하게 만들어 낸 것이 참된 색깔들로 구성되어 있는 것처럼, 우리 사유 속에 있는 사물의 상像들은 모두, 참된 것이든 거짓된 것이든 간에, 이 단순하고 보편적인 것이 뒤섞여 만들어진 것이다.

이런 것에 속하는 것으로 생각되는 것은, 물질적 본성 일반 및 그 연장extensio, 그리고 연장延長적 사물의 형태, 그것의 양, 즉 그것의 크기와 수, 그것이 존재하는 장소, 그것이 지속하는 시간 등이다.

이제 다음과 같은 것이 정당하게 귀결된다. 즉, 자연학, 천문학, 의학 및 이 밖에 복합적인 것을 고찰하는 모든 학문은 의심스러운 것인 반면에, 대수학, 기하학 및 극히 단순하고 일반적인 것을 다루는, 그래서 자연 속에서 이런 것들의 존재 여부를 문제 삼지 않는 학문들은 의심할 수 없는 확실성을 담지하고 있다는 것이다. 왜냐하면 내가 깨어 있든 잠들어 있든 간에, 둘에 셋을 더하면 언제나 다섯이고, 사각형은 네 변밖에 가지지 못하므로, 이렇게 분명한 진리들이 거짓일 수 있다는 의혹을 받는 일은 있을 수 없는 것으로 생각되기 때문이다.

그러나 내 정신 속에는 오래된 한 가지 의견이 새겨져 있다. 즉, 모든 것을 할 수 있고, 또 지금의 내 모습대로 나를 창조했을 신이 존재한다는 의견이다. 그렇다면 땅, 하늘, 연장적 사물, 형태, 크기, 장소는 존재하는 것이 아니라, 이것들을 지금 보는 그대로 있는 것처럼 생각하도록 저 신이 만들지 않았다고 어떻게 장담할 수 있는가? 심지어 또한 다른 사람들은 자기가 완전하게 알고 있다고 생각하는 것에서도 가끔 오류를 범하고 있듯이, 나 역시도 둘에 셋을 더할 때, 사각형의 변을 셀 때 혹은 이보다 더 쉬운 것을 할 때 잘못을 범할 수도 있지 않은가? 그러나 신은 아주 선하기 때문에 내가 속는 것을 원하지 않았을 것이다. 하지만 내가 항상semper 잘못을 저지르도록 신이 나를 창조했다는 것이 그의 선성善性과 어긋나는 것이라면, 내가 가끔interdum 잘못을 저지르는 것을 신이 허용하고 있다는 것 또한 어느 정도는 신의 선성과 어긋나는 것처럼 보인다. 그렇지만 내가 가끔 잘못을 저지른다는 것은 분명한 사실이다.

물론 모든 것이 불확실하다고 믿을 바에야 차라리 이처럼 유능한 신이 현존한다는 것을 부정하려는 사람들도 많이 있겠지만, 지금은 이런 사람과 말싸움을 벌이고 싶지 않고, 여기서 내가 신에 대해 말한 것은 일종의 우화寓話라는 것만을 인정해 두겠다. 그러나 그들은 운명에 의해, 우연에 의해, 사물의 지속적인 연쇄에 의해, 아니면 어떤 다른 것에 의해 내가 지금의 나로 되었다고 생각할 수도 있겠지만, 잘못을 저지르고 오류를 범한다는 것은 일종의 불완전성이며, 따라서 내 기원의 작자가 지니고 있는 힘이 작으면 작을수록 나는 불완전하여 항상 잘못을 저지른다는 것은 확실하다. 이런 논거에 대해 나는 마땅히 대답할 것은 없으며, 그래서 마침내 이전에 참된 것으로 간주한 모든 것에 대해 의심할 수 있다는 것을 인정해야 했고, 그렇지만 내가 이렇게 모든 것을 의심할 수 있다고 말했을 때는 내 생각이 짧아서나 경솔해서가 아니라 나름대로 깊이 숙고해서 한 것이었다. 그러므로 내가 만일 확실한 것을 발견하고자 한다면 명백히 거짓인 것에 대해서처럼, 이런 의심스러운 것에 대해서도 조심스럽게 동의하지 말아야 한다고 생각했다.

그러나 이런 사실들을 그저 한번 깨닫는 것만으로는 충분치 않고, 항상 그것을 염두에 두어야 한다. 왜냐하면 타성화된 의견은 집요하게 나에게 되돌아오고, 또 이런 의견은 경솔하게 믿어 버리는 내 마음에 이를테면 오랫동안 친숙한 습관처럼 붙어 있어서 내 의지와는 상관없이 내 마음을 점령해 버리기 때문이다. 그래서 내가 이런 의견을 사실 있는 그대로, 즉 앞에서 말했듯이, 조금은 의심스럽지만 그래도 아주 그럴 듯한 것으로 간주해서, 그것을 부정하기보다는 믿어 버리는 편이 보다 합당하다고 생각하는 동안은, 이런 의견에 동의하고 신뢰하는 습관에서 벗어나지 못할 것이다. 그러므로 나는 여기서 정반대로 하리라고 다짐하면서, 나 자신을 속여 잠깐이라도 이런 의견을 거짓되고 공상적인 것으로 가정하고, 이렇게 해서 양쪽 편견이 마침내 균형이 잡히면, 이제부터는 내 판단이 삐뚤어진 습관에 지배되지 않도록, 사물에 대한 올바른 인식에 이르는 길에서 벗어나지 않도록 해야 한다. 내가 이런 의견을 거짓되고 공상적인 것으로 가정한다고 해서 부당한 짓을 하고 있다고는 생각되지 않는다. 왜냐하면 이런 가정을 한다고 해서 어떤 위험이나 오류가 생기는 것이 아님을 알고 있으며,

또 내가 문제 삼고 있는 것이 행위가 아니라 전적으로 인식에 관한 것이므로 아무리 불신해도 상관이 없기 때문이다.

그래서 나는 이제 진리의 원천인 전능한 신이 아니라, 유능하고 교활한 악령genium aliquern malignum이 온 힘을 다해 나를 속이려 하고 있다고 가정하겠다. 또 하늘, 공기, 땅, 빛깔, 소리 및 모든 외적인 것은 선불리 믿어 버리는 내 마음을 농락하기 위해 악마가 사용하는 꿈의 환상ludificationes somniorum일 뿐이라고 가정하겠다. 나는 또 손, 눈, 살, 피, 어떠한 감관도 없으며, 단지 이런 것을 갖고 있다고 잘못 믿고 있을 뿐이라고 생각하겠다. 나는 집요하게 이런 성찰을 견지하겠다. 이렇게 하면 비록 어떤 참된 것을 인식할 수는 없을지라도, 거짓된 것에 동의하지 않는 것, 또 기만자가 아무리 유능하고 교활하더라도 적어도 속임을 당하지 않도록 조심하는 것은 내가 확실히 할 수 있는 일이다.

그러나 이런 일은 아주 힘이 드는 것이므로 조금만 나태해도 나는 일상적인 생활 태도로 다시 돌아가게 된다. 이는 마치 꿈속에서 공상적인 자유를 만끽하고 있던 죄수가 이것이 꿈이 아닐까 하고 의심하게 되었을 때 잠에서 깨어나는 것을 두려워하며 그 달콤한 환상 속으로 더 빠져 들려고 하는 것처럼, 나도 저절로 과거의 의견 속으로 다시 잠겨 들어가고, 또 이 안락한 휴식 다음에 오는 저 고통스런 각성이 나를 빛으로 인도하는 것이 아니라, 오히려 이때 나는 앞에서 언급한 풀리지 않는 난국의 암흑 속에서 지내는 것은 아닐까 하고 두려워하면서 말이다.

데카르트, 이현복 옮김, 『성찰』, 문예출판사, 1997, 34~41쪽.

맹자, 『맹자』

고자告子 상上 제 1~6장

제1장 인간의 본성本性은 버드나무와 같다

고자 : 인간의 본성은 마치 버드나무와 같고, 의리義理는 마치 소쿠리와 같습니다. 사람의 본성이 어질고 의롭다 함은 마치 버드나무로 소쿠리를 만듦과 같습니다.

맹자 : 그대는 버드나무의 본성을 따라 소쿠리를 만든다고 생각하는가? 아니면, 버드나무의 본성을 해친 뒤에 소쿠리를 만든다고 생각하는가? 만약에 버드나무를 해침으로써 소쿠리를 만든다면, 역시 사람의 본성을 해침으로써 어질고 의롭게 된다 함인가? 천하 사람들로 하여금 어질고 의로움을 해칠 것은 반드시 그대의 이 말일

것이다!

제2장 인성人性은 마치 소용돌이치는 물과 같다

고자 : 인성은 마치 소용돌이치는 물과 같아서, 동쪽으로 트면 동쪽으로 흐르고, 서쪽으로 트면 서쪽으로 흐릅니다. 인성이 착하다 착하지 않다 구분이 없는 것은 마치 물이 동서의 구분이 없는 것과 같습니다.

맹자 : 물은 정녕 동서東西 구분은 없지만, 상하上下에 대한 구분도 없는가? 인성이 착하다는 것은 마치 물이 아래로 내려감과 같다. 사람은 착하지 않음이 없고, 물은 아래로 내려가지 않음이 없다. 이제 물을 쳐서 튀게 하면 이마를 지나게 할 수 있고, 세차게 밀어 보내면 산에도 올라가게 할 수 있지만, 이것이 어찌 물의 본성이랴. 그 형세가 그런 것이다. 사람이 착하지 않도록 하게 할 수 있는 것도, 그 본성이 또한 이와 같은 것이다.

제3장 생긴 대로가 본성이다

고자 : 생긴 대로가 본성이라 합니다.

맹자 : 생긴 대로가 본성이라 한다면, 마치 백색이 희다고 함인가?

고자 : 그렇습니다.

맹자 : 흰 깃털의 흰 것은 마치 백설白雪의 흰 것과 같고, 백설의 흰 것은

마치 백옥白玉의 흰 것과 같다는 것인가?

고자 : 그렇습니다.

맹자 : 그렇다면 개의 본성은 마치 소의 본성과 같고, 소의 본성은 마치 사람의 본성과 같다 함인가?

제4장 식食과 색色이 본성이다

고자 : 식과 색이 사람의 본성입니다. 인仁은 안에 있고 밖에 있는 것이 아니며, 의義는 밖에 있고 안에 있는 것이 아닙니다.

맹자 : 무엇을 가지고 인은 안에 있고, 의는 밖에 있다고 하는가?

고자 : 그가 나이가 많아서 내가 그를 어른으로 대접하는 것이지, 나에게 어른으로 대접함이 먼저 있었던 것이 아닙니다. 이는 마치 그것이 희기 때문에 내가 그것을 희다고 여김과 같습니다. 흰색이 밖에 나타나 있음을 따른 것입니다. 그러므로 의義를 밖에 있다고 하는 것입니다.

맹자 : 백마의 흰 것과 백인의 흰 것은 다를 바 없지만, 모르긴 해도 늙은 말을 대접하는 것과 노인을 대접하는 것이 다름이 없을까? 또한 노인을 의라고 하는가? 노인대접 하는 것을 의라고 하는가?

고자 : 내 동생이면 사랑하고 진인秦人의 동생이면 사랑하지 아니합니다. 이것은 나를 좋아하는 표준으로 삼은 것입니다. 그러므로 안에 있다고 합니다. 초인楚人의 어른도 내가 어른으로 대접待接하고, 또한 나의 어른도 어른으로 대접합니다. 이것은 어른을 좋아하는 표준

으로 삼은 것입니다. 그러므로 이를 밖에 있다고 합니다.

맹자 : 진인秦人의 불고기를 먹기 좋아하는 것은 내가 만든 불고기를 먹기 좋아하는 것과 다름이 없다. 대저 사물은 역시 그러함에 있는 것이다. 그렇다면 불고기를 즐겨 먹는 것도 밖에 있다 하겠는가?

제5장 먼저 향인鄕人에게 술을 따른다

맹계자孟季子가 공도자公都子에게 물었다.

맹계자 : 무엇을 가지고 의가 안에 있다고 합니까?

공도자 : 내가 공경심을 나타내므로, 그것이 안에 있다고 함이다.

맹계자 : 향인이 큰 형보다 한 살 많다면, 누구를 공경합니까?

공도자 : 형을 공경한다.

맹계자 : 술을 따를 때는 누구에게 먼저 따릅니까?

공도자 : 먼저 향인에게 따른다.

맹계자 : 공경하는 것은 이 사람(형)이고, 어른 대접하는 것은 저 사람(향인)이니, 과연 밖에 있는 것이지, 안에서부터 나오는 것이 아닙니다.

공도자가 대답할 수 없자, 이 사실을 맹자에게 고하였다.

맹자 : "숙부를 공경恭敬하는가? 동생을 공경하는가?" 하면, 그는 "숙부를 공경한다"라고 말할 것이고, "동생이 신주神主가 되면 누구를 공경하는가?" 하면 "그는 동생을 공경한다"라고 할 것이다. 그대가

"숙부를 공경하는 이유가 어디 있는가?"라고 물으면 "그는 지위에 달려 있다"라고 할 것이다. 그대 역시 "지위地位에 달려 있다"라고 말한다. 평소에는 공경심이 형에게 있지만, 잠시 동안의 공경심이 향인에게 있다.(향인에게 먼저 술을 따르는 것은 그가 손님의 지위에 있기 때문이라고 대답하라는 것이다.)

계자季子가 이 말을 듣고는 말했다.

계자 : 숙부를 공경하는 것도 공경이고, 동생을 공경하는 것도 공경입니다. 과연 밖에 있는 것이지, 안에서부터 나오는 것이 아닙니다.

공도자 : 겨울철에는 더운 물을 마시고, 여름철에는 냉수를 마신다. 그렇다면 음식을 먹고 마시는 것도 밖에 있다는 것인가?

제6장 자기의 성정性情에 따르면 착하게 된다

공도자 : 고자는 '사람의 본성은 착함도 없고 착하지 않음도 없다'라고 하였습니다. 어떤 사람은 '본성이란 착하게 될 수도 있고, 착하지 않게 될 수도 있다. 그러므로 문왕과 무왕이 일어나자, 백성들은 착한 일을 하기 좋아했고, 유왕과 여왕이 일어나자, 백성들은 포악한 짓을 하기 좋아했다'라고 하였고, 어떤 사람은 '본성이 착함도 있고, 본성이 착하지 않음도 있다. 그러므로 요堯를 임금으로 삼았지만, 상象과 같은 고약한 백성이 있었고, 고수를 아버지로 하였는데도 순舜과 같은 효자가 있었다. 주紂를 조카로 두고, 또

그를 임금으로 삼았지만, 미자계微子啓와 왕자 비간比干 같은 어진 사람이 있었다'라고 하였습니다. 이제 본성이 착하다고 말하시니, 그렇다면 저들은 모두 그른 것입니까?

맹자 : 만약 그 성정에 따르면, 착하게 될 수도 있으니, 이것이 착하다는 것이다. 만약에 착하지 못하게 된다면, 재질才質의 죄가 아니다. 측은한 마음을 사람은 다 가지고 있고, 부끄러워 하는 마음을 사람은 다 가지고 있고, 공경하는 마음을 사람은 다 가지고 있고, 시비를 가리는 마음을 사람은 다 가지고 있다. 측은한 마음이 '인'이고, 부끄러워 하는 마음이 '의'고, 공경하는 마음이 '예'고, 시비를 가리는 마음이 '지'다. 인仁, 의義, 예禮, 지智는 밖을 통하여 나에게 주어진 것이 아니고, 내가 본래 가지고 있는 것인데, 생각을 아니할 뿐인 것이다. 그러므로, '구하면 얻고 버리면 잃는다'라고 한다. 혹은 서로 차이가 한 배, 다섯 배, 그리고 헤아릴 수 없는 것은, 그 재질을 다 발휘할 수 없었던 것이다. 『시경』에 '하늘이 여러 백성을 내셨으니, 사물이 있으면 법칙도 있도다. 백성들은 불변하는 마음을 지녀, 이 아름다운 덕을 좋아하는도다.'라 하였다. 공자는 "이 시를 지은 사람은 아마 도리를 알 거야! 그러므로 사물이 있으면 반드시 법칙이 있고, 백성이 불변하는 마음을 지니고 있어, 그래서 이 아름다운 덕을 좋아한다."라고 하셨다.

맹자, 홍인표 옮김, 『孟子』, 서울대학교 출판부, 1996, 353~358쪽.

제9장 과학혁명의 성격과 필연성 (부분)

과학혁명科學革命이란 무엇인가? 그리고 그것은 과학의 발전에서 어떤 기능을 하는가? 이들 질문에 대해서는 앞의 장들에서 상당부분 다루었다. 특히 바로 앞 장에서 과학혁명이란 옛 패러다임이, 전반적으로 혹은 부분적으로, 서로 양립兩立되지 않은 새 것으로 대치되는 비축적적non-cumulative인 발전 과정의 에피소드들로 이루어진다고 설명했다. 그러나 이외에 말해야 할 것이 더 있는데, 그 본질적 요소要素는 다음과 같은 물음을 제기함으로써 파악할 수 있다. 패러다임의 변화는 어째서 혁명이라 불려야 하는가? 정치적 발전과 과학의 발전 사이에는 엄청난 본질적인 차이가 있음에도 불구하고, 어떠한 유비관계類比關係, parallelism가 혁명이라는 은유隱喩, metaphor를 가능케 하는가?

그러한 유비 관계의 한 측면은 앞의 논의 과정에서 이미 뚜렷해졌음에 틀림없다. 정치혁명은 기존 제도가 주위 상황에 의해 제기되는 문제들을 더 이상 적절하게 해결解決할 수 없다는 의식이 정치적 사회집단 사이에서 팽배해지면서 시작된다. 이와 상당히 비슷한 방식으로 과학혁명은 자연 현상을 다각적으로 탐사하는 데 주도적이었던 기존의 패러다임이 더 이상 적절한 구실을 하지 못한다는 의식意識이 과학자 사회의 좁은 분야에 국한되었다가 점차로 증대增大되면서 시작된다. 정치적 발전의 양쪽 모두에서 위기를 초래하는 기능적 결함을 깨닫는 것은 혁명의 선행 조건이다. 이러한 유비 관계는 코페르니쿠스와 라부아지에의 경우에서도 주요 패러다임의 변화를 설명하는 데 적용될 뿐만 아니라, 산소나 X선처럼 새로운 현상의 동화同化와 연관된 국부적인 패러다임 변화에 대해서도 역시 성립된다. 제5장 마지막 부분에서 보았던 것처럼 과학혁명은 그것에서 영향을 받는 사람들에게만 혁명 같아 보이면 된다. 그 밖의 사람들에게는 20세기 초의 발칸 혁명과 같이, 변화는 과학의 발달 과정에서 나타나는 정상적 현상처럼 보일 것이다. 예컨대 천문학자들은 X선을 한 무더기의 지식에 단지 하나를 더 추가하는 것으로 받아들였는데, 왜냐하면 천문학자들의 패러다임은 새로운 복사선의 존재로 달라질 것이 없었기 때문이다. 그러나 연구 과정에서 복사 이론 또는 음극선 관을 다루었던 켈빈Kelvin, 크룩스Crookes, 뢴트겐Roentgen 같은 학자들에게 X선의 출현은 새로운 패러다임을 창출하게 하였고, 다른 하나의 패러다임을 위배할 수밖에 없게 하였다. 이것은 이전의 정상 연구에 무언가 잘못된 점이 있다는 것을 안 다음에 복사선이 발견될 수 있었음을 말해 준다.

정치적 발전과 과학적 발전 사이의 이러한 원천적 유사성은 더 이상 의심할 여지가 없다. 그러나 그 원천적 유사성은 더 심오한 측면을 지니고 있다. 일반적으로 정치혁명은 기존 정치제가 금지하는 방식으로 그것들을 개혁하고자 한다. 그러므로 정치혁명의 성공은 다른 제도를 위하여 기존 제도의 일부를 파기하는 것을 필연적으로 요구하며, 그러는 동안 사회는 기존의 제도로 완전히 통제될 수 없는 상황이 된다. 이미 앞에서 위기가 기존 패러다임의 역할을 약화시키는 것을 보았듯이, 기존 정치 제도의 역할을 약화시키는 것도 위기다. 위기가 점점 증대하면서 점차로 많은 사람들이 기존의 정치 생활로부터 소원해지고 그 속에서 점점 더 정상 궤도를 벗어나게 행동한다. 위기가 심화됨에 따라 이런 사람들의 대부분은 새로운 제도의 틀 속에서 사회를 재구성하는 어떤 구체적 대안代案을 밝히게 된다. 그 시점에 이르면 그 사회는 여러 갈래의 경쟁적 진영이나 당파로 나뉘게 되는데, 한 쪽은 옛 제도를 옹호하는 입장을 취하고, 다른 한 쪽은 새로운 제도의 수립을 추구하게 된다. 그리고 일단 진영의 양극화兩極化가 발생하면, 정치에 대한 의존은 무너져 버린다. 각 진영들은 정치적 혁명이 수행되고 평가되는 제도적 모형에 관한 의견을 달리하기 때문에, 그리고 혁명에서의 차이를 조정하는 데 제도 이상의 골격supra-institutional framework을 알지 못하기 때문에, 혁명의 투쟁에 나선 당파들은 결국 무력을 포함한 대중 설득 기술에 호소하게 된다. 혁명은 정치 제도의 진보에 결정적 역할을 해왔지만, 그 역할은 혁명이 부분적으로 정치 외적인 또는 제도 외적인 사건들이라는 사실에 의존해 왔다.

이 에세이의 나머지 부분에서는 패러다임 변화에 관한 과학사적 고찰이 과학의 진화와 매우 유사한 특성을 가진다는 것을 증명하려고 한다. 서로 경쟁하는 정치 제도들 사이의 선택과 마찬가지로, 경쟁하는 패러다임들 사이의 선택은 서로 양립되지 않은 과학자의 사회생활 양식 사이의 선택이라는 것이 밝혀진다. 따라서 선택은 단순히 정상과학의 특징을 평가하는 방법에 의해 결정되는 것이 아니며, 또 그렇게 결정될 수도 없다. 왜냐하면 선택은 부분적이고 특정 패러다임에 의존하고 있으며, 그 패러다임이 바로 논의의 주제가 되고 있기 때문이다. 패러다임은 반드시 선택에 관한 논쟁으로 이어지게 되며, 여기서 패러다임의 역할은 필연적으로 순환성을 띠게 된다. 이는 그룹마다 제각기 그 패러다임을 옹호하는 논증에 그 고유의 패러다임을 이용하기 때문이다.

물론 그에 따르는 순환성循環性이 논쟁들을 잘못된 것, 또는 무력한 것으로까지는 만들지 않는다. 오히려 패러다임의 방어 논쟁에서 기존의 패러다임을 전제로 삼는 사람은 과학 활동이 자연에 대한 새로운 견해를 받아들이는 사람들에게 어떤 모습일 것인가에 관해서 명백한 증거를 제시할 수 있다. 그런 증거는 엄청나게 설득력이 클 수도 있으며, 흔히 그렇게 밀어붙인다. 그럼에도 불구하고, 그 위력이 무엇이든 간에, 순환적 논증의 상태는 다만 설득說得의 상태일 뿐이다. 그것은 논리적으로 또는 심지어 확률적으로 그 순환에 끼어들기를 거부하는 사람들을 억지로 끌어들일 수는 없다. 왜냐하면 패러다임에 관한 논쟁의 두 파에 의해서 공유되는 전제와 가치는 그럴 정도의 포괄성을 가지고 있지 못하기 때문이다. 정치적 혁명에서처럼 패러다임 선택에서도 마찬가지다. 해당 집단의 동의 이상의 상위 기준은 존재하지 않는다. 그러므로 과학혁명이 어떻게 달성되는가를 알아내려면, 자연과 논리의 충격뿐만 아니라 과학자 사회를 구성하는 아주 특이한 집단 내에서의 효과적 설득의 논증 기교를 검토해야 할 것이다.

패러다임 선택이라는 이 주제가 논리와 실험만으로 확고하게 풀릴 수 없는 이유가 무엇인지를 찾기 위해, 우리는 전통적 패러다임의 지지자들을 혁명적인 후계자들과 구별 짓는 차이가 무엇인지를 살펴보아야 한다. 이것이 제9장과 제10장의 주요 목표다. 우리는 이미 앞에서 그 차이점에 관한 다양한 사례를 보았으며, 어느 누구도 역사가 또 다른 많은 사례들을 제공할 것임을 의심하지 않을 것이다. 그런 사례가 존재했는가와 더불어 고려해야 할 것은 그런 사례들이 자연의 본질에 관한 결정적 정보를 제공한다는 것이다. 패러다임의 폐기가 역사적 사실이었다는 점을 받아들인다면, 그것은 인간이 너무 쉽게 믿어버리는 경향이 있다거나 인간은 혼돈스러운 존재라는 것 이상의 무언가를 말해줄 수 있는가? 새로운 종류의 현상이나 새로운 과학 이론의 동화同化가 그것보다 구식인 패러다임의 폐기를 강요하는 본연의 이유가 존재하는 것은 아닌가?

만일 그런 이유들이 존재한다면, 그것은 과학적 지식의 논리적 구조로부터 유도되지 않는다는 점에 주목해야 한다. 원칙적으로 새로운 현상은 과거의 과학 활동의 어느 부분에도 파괴적인 영향을 미치지 않으면서 출현할 수 있다. 달에서 생명체를 발견하는 것은 오늘날에 존재하는 패러다임에는 파괴적이겠지만,(이들 패러다임은 달에서의 생명체의 존재와 모순되어 보이는 것들을 우리에게 말해 준다.) 보다 미지의 장소인 은하계에서 생명체를 발견한다면 그렇지 않을 것이다. 마찬가지 이치로, 새로운 이론이 그것에 앞섰던 다른 것들과 모순되어야 하는 것은 아니다. 양자 이론이 20세기 이전에는 알려지지 않았던 원자 이하의 입자들의 현상subatomic phenomena을 다룬 (그러나 유의미하게 다룬다는 것이지 완벽하게 다룬다는 뜻은 아니다) 것처럼, 새로운 이론은 예전에는 알려지지 않았던 현상을 전적으로 다룰 수도 있다. 또는 새로운 이론은 이전에 알려졌던 것들보다 단순히 수준을 좀 더 높인 이론일 수도 있는데, 그것은 보다 낮은 차원의 이론들의 전체 집합을 별다른 변형 없이 하나로 연결시킨 이론이다. 오늘날 에너지 보존 이론theory of energy conservation은 역학, 화학, 전기학, 광학, 열 이론 등 사이에서 바로 그런 연결의 역할을 하고 있다. 이런 것 말고도, 옛 이론과 새로운 이론 사이에 서로 양립할 수 있는 관계들이 얻어질 수 있다. 그런 관계들은 전부 과학이 전개되어 온 역사적 과정에 의해서 예시될는지도 모른다. 만일 그렇다면, 과학의 발전은 원칙적으로 축적적蓄積的일 것이다. 새로운 종류의 현상이란, 이전에는 아무것도 보이지 않았던 자연의 한 측면에서 규칙성을 노출시키는 것일 따름이다. 과학의 진화에서 새로운 지식은 다른 모순되는 종류의 지식을 대치하기보다는 무지無知를 대치하게 될 것이다.

토마스 쿤, 김명자 옮김, 『과학혁명의 구조』, 까치, 2002, 141~145쪽.

레이첼 카슨, 『침묵의 봄』

제2장 참아야 하는 의무

지구 생명의 역사는 생명체生命體와 환경이 상호작용해 온 역사라고 할 수 있다. 넓은 의미로 지구에 서식하는 동식물의 물리적 형태와 특성은 환경에 따라 규정된다. 지구가 생성된 이후 전체적인 시간을 고려할 때 그 반대 영향, 다시 말하면 생물들이 주변 환경에 미치는 영향은 상대적으로 미미하다. 20세기에 들어서 오직 단 하나의 생물종生物種, 즉 인간만이 자신이 속한 세계의 본성을 변화시킬 수 있는 놀라운 위력을 가졌다.

지난 25년 간 이 위력은 불안감을 심어줄 정도로 크게 증가했을 뿐 아니라 그 본질도 변화하였다. 인간이 환경에 가한 공격 중 가장 놀라운 것은, 위험하고 치명적인 유독물질을 가지고 공기와 하천과 바다를 오염시킨 일이었다. 이렇게 피해를 입은 자연은 원상태로 회복이 불가능하다. 또 그 오염으로 인한 해악害惡은 생명체를 유지하는 외부 세계뿐만 아니라 생물의 세포와 조직에 스며들어 다시 되돌릴 수 없는 재난을 불러일으킨다. 환경오염에 있어서 화학물질은 대체적으로 세상의 근원(생명의 본질마저도)을 변화시키는 방사능의 사악하고 비밀스러운 동반자 역할을 한다. 핵폭발을 통해 공기 중으로 유출되는 스트론튬90은 빗물에 섞이거나 낙진 형태로 토양에 스며들어 밭에서 자라는 건초나 옥수수, 밀 등에 침투된다. 그 뒤 그것을 먹은 인간의 뼈 속에 축적되어 그가 죽을 때까지 체내에 남아 있게 된다. 이와 유사하게 농경지와 숲, 정원에 뿌려진 화학약품은 토양 속에 머물러 있다가 생체기관 속으로 흡수되어서, 생명체를 독극물 중독이나 죽음에 이르게 만든다. 화학약품은 우리가 모르는 사이에 지하수로 침투한 다음 대기나 태양과 결합하여 식물을 죽이고 가축을 병들게 한다. 또 예전에는 깨끗했지만 이제는 오염된 우물물을 마신 사람들에게 그 모습을 드러내지 않은 채 해를 입히곤 한다. 앨버트 슈바이처가 말한 것처럼, 인간은 자신이 만들어낸 해악을 깨닫지 못한다.

지구상에 사는 생명체가 만들어지는 데는 수억 년의 시간이 걸렸다. 마치 영겁永劫처럼 느껴지는 이 기간 동안 생물들은 계속 진화하고 분화하면서 주변 환경에 적응하고 균형을 이루어 왔다. 그런 생물들을 형상화하고 인도하는 주변 환경에는, 도움이 되는 요소뿐 아니라 적대적인 요소도 포함되어 있다. 어떤 암석은 위험한 방사능을 방출한다. 모든 생명체의 에너지원이 되는 태양빛에도 해로운 방사능이 존재한다. 단지 몇 년이 아니라 수천 년에 이르는 시간 동안 생명체들이 환경에 적응해 온 결과, 적절한 균형 상태에 도달到達하게 되었다. 이와 같이 시간은 생명체가 생존하는 데 필수적인 요소로 작용하지만, 오늘날의 사람들은 그렇게 충분한 시간 동안

기다리지 못한다.

인간의 충동적이고 부주의한 활동으로 인하여 자연의 신중한 속도와는 비교조차 할 수 없이 빠른 속도로 새로운 변화가 초래되고 있다. 방사능은 암석에서 방출되거나 우주로부터 오기도 하고, 지구상에 생명체가 존재하기 훨씬 오래 전부터 지금까지 빛나고 있는 태양 자외선 내에도 포함되어 있다. 하지만 이것이 전부는 아니다. 오늘날의 방사능은 원자 조작을 통해 만들어진 인공적인 산물이다. 생물들이 적응해야 할 대상은 칼슘, 규소, 구리를 비롯해 암석으로부터 씻겨 내려와 강을 타고 바다로 흘러가는 광물질만이 아니다. 이제는 인간의 상상력이 고안하고 실험실에서 만들어낸, 자연 상태에서는 전혀 대응할 수도 없는 합성물질에 적응해야만 한다.

생명체가 화학물질에 적응하려면 자연의 척도尺度에 따라 적절한 시간이 필요하다. 이는 단순히 인간이 생각하는 몇 년 정도를 의미하는 것이 아니다. 몇 세대에 이르는 오랜 시간을 필요로 한다. 설령 기적이 일어나 이런 물질에 쉽게 적응한다고 해도, 실험실에서 계속 새로운 화학물질이 꼬리에 꼬리를 물고 계속 쏟아져 나올 것이므로 별 성과가 없게 된다. 미국에서만 매년 500여 가지의 화학물질이 등장하고 사용된다. 이 놀라운 수치가 암시하는 것은 인간과 동물이 매년 500종의 새로운 화학물질에 적응해야 한다는 사실이다. 이미 생물학적 한계를 넘어서고 있는 수준이다.

이와 같은 새로운 물질 중 대다수는 인간이 자연에 대항하기 위해 만들어졌다. 1940년대 이후 '해충害蟲'이라는 현대적 용어로 설명되는 곤충, 잡초, 설치류와 유기체들을 없애기 위해 200여 종의 기본적인 화학물질들이 제조되었고, 수천 개의 제품으로 만들어져 팔리고 있다. 스프레이, 분말,

에어로졸 형태의 화학제품들은 농장과 정원, 숲과 가정에서 광범위하게 사용되는데, '해충'은 물론 '익충益蟲'에 이르기까지 모든 곤충을 무차별적으로 죽였고 노래하는 새와 시냇물에서 펄떡거리며 뛰놀던 물고기까지 침묵沈默하게 만들었다. 나뭇잎을 치명적인 유독물질로 도포塗布했고, 토양에까지 침투해 들어갔다. 화학물질을 사용하는 원래 목적은 잡초와 해충의 몇 가지 종류만을 없애는 것이었다. 과연 모든 생물을 위협으로 몰고 가지 않는 정도로 적절한 양의 화학물질을 살포한다고 믿는 사람들이 있을까? 이런 화학물질은 '살충제'가 아닌 '살생제殺生劑'라고 불러야 할 것이다.

살충제를 뿌리는 과정은 끝없는 나선형처럼 이어지게 마련이다. DDT가 보편적으로 허용된 이래, 독성이 더욱 심한 화학물질을 만들어내는 노력이 계속되었다. 그런데 다윈이 제창한 적자생존론適者生存論을 증명하듯, 곤충은 살충제에 내성을 지닌 놀라운 종으로 진화해 갔고, 그러다 보니 이런 곤충을 잡기 위해 더욱 강력한 살충제가 나오고, 그 다음에는 이보다 독성이 강한 살충제가 등장하는 악순환이 계속되었다. 나중에 다시 설명하겠지만, 해충은 살충제 살포 이후 생존 능력이 더욱 강해져서 이전보다 오히려 그 수가 많아졌다. 따라서 인간은 이 화학전에서 결코 승리를 거두지 못할 뿐 아니라, 격렬한 포화砲火 속에 계속 휩싸이게 된다.

핵전쟁으로 인한 인류의 절멸絕滅 가능성과 더불어, 우리 시대의 중요한 문제로 등장한 것이 바로 심각한 해악을 불러일으키는 물질로 인한 환경오염이다. 이 물질은 식물과 동물의 세포 조직에 축적되어, 심할 경우 세포를 뚫고 침입해 유전물질을 변형시키기도 한다. 미래 세계의 건설자를 자칭하는 사람들은 언젠가 인위적으로 인간 형질도 변형시킬 수 있다고 생각한다. 그러나 우리의 부주의로 인해 방사능을 비롯한 여러 가지 화학물질이 유전자 돌연변이 등의 위험을 초래할 수도 있다. 살충제를 선택하는 것처럼 사소해 보이는 일이 인간의 미래를 결정하게 되다니, 정말 믿기 어려운 일이 아닐 수 없다.

무엇 때문에 우리가 이런 위험을 무릅써야 하는가? 아마 미래의 역사학자들은 우리들의 왜곡된 균형 감각에 놀랄 것이다. 지성을 갖춘 인간들이 원치 않는 몇 종류의 곤충을 없애기 위해 자연환경 전부를 오염시키고 그 자신까지 질병과 죽음으로 몰고 가는 길을 선택한 이유에 대해 궁금해 할 것이다. 하지만 그것이 바로 우리가 저지른 일이다. 더구나 우리가 그 이유를 살피고 있는 지금 이 순간에도 이런 일은 계속되고 있다. 농산물 생산량을 유지하기 위해서는 광범위한 살충제 사용이 필수적이라는 주장도 있다. 그러나 현실에서 정말 문제가 되는 것은 '생산 과다'가 아닌가? 미국에서는 경작지를 줄이고 농사를 짓지 않는다는 조건으로 농부들에게 보상금을 지급할 정도다. 이렇듯 농작물 생산량이 너무 많아지다보니 미국 납세자들은 1962년만 해도 10억 달러 이상을 잉여농산물 구입프로그램에 지불해야 했다. 1958년 미국 농무부의 한 부서가 농작물 생산량을 줄이기 위해 노력하는 동안, 또 다른 부서에서는 다음과 같은 사실을 발표했다.

> 토지 관련 규정에 따라 경작지가 감소하고 있다. 단위 면적당 농산물 생산량을 최대화하기 위해 화학약품 사용에 대한 관심이 증가할 것으로 보인다.

여기서 말하고자 하는 것은 해충이 아무런 피해를 주지 않는다거나 해충 문제를 그대로 방치해야 한다는 이야기가 결코 아니다. 해충 제어는 상상이 아닌 현실에 기반을 두고 이루어져야 하며, 화학약품으로 인해 곤충과 더불어 인간이 파멸되어서는 안 된다고 말하고 싶은 것이다.

문제를 해결하기 위해 시도했다가 결국 재앙만 불러들인 이런 해결책은 우리의 생활 방식 변화와 더불어 등장한 것이다. 종류도 매우 다양할 뿐 아니라 환경적응력도 탁월한 곤충들은 인간이 등장하기 훨씬 전부터 지구상에 살고 있었다. 인간의 출현 이후 식량을 놓고 경쟁을 벌이거나 질병을 옮기는 등, 인간의 행복에 갈등을 불러온 것은 50만 종의 곤충 중 아주 적은 비율에 지나지 않는다. 인구가 늘어나면서 병균을 옮기는 곤충이 골칫거리로 등장했는데, 위생 상태가 좋지 않거나 자연재해나 전쟁, 극심한 가난과 기근이 닥칠 때에는 문제가 더욱 심각해졌다. 그러다보니 해충을 제거할 필요가 생겼다. 그러나 화학물질을 대량 살포하는 방법은 별다른 성공을 거두지 못할 뿐더러 문제를 더욱 악화시킨다는 사실이 더욱 명백해졌다.

원시적 농업시대에 곤충은 농부들에게 별로 고민거리가 아니었다. 곤충으로 인한 문제가 심각해진 것은 농업이 본격화되고 대규모 농지에 단일 작물 재배를 선호하면서부터 시작되었다. 이런 방식으로 농사를 짓게 되면 특정 곤충 개체의 수가 폭발적으로 증가할 수 있는 환경이 조성된다. 단일 작물 경작은 자연의 기본적 원칙이라기보다는 기술자들이 선호하는 방식이다. 자연은 자연계에 다양성을 선사했지만 인간은 이를 단순화하는 데 열성을 보이고 있다. 특정 영역 내의 생물에 대해 자연이 행사하는 내재적 견제牽制와 균형均衡 체계를 흐트러뜨리려 애쓰는 것이다. 자연의 견제로 인해 각각의 생물들은 자신들에게 적합한 넓이의 주거지를 확보할 수 있었다. 하지만 단일 작물을 경작할 경우(예를 들어 밀과 다른 작물을 섞어 키우는 대신 밀만 재배하는 경우)에는 다른 작물 때문에 널리 퍼져나갈 수 없게 된 해충이 급증하게 마련이다.

이와 비슷한 일이 다른 곳에서도 나타난다. 한 세대 전쯤 미국의 상당수 마을에서 길가에 느릅나무를 심은 적이 있다. 사람들은 아름다운 경치를 기대했지만 그 꿈은 삽시간에 사라졌다. 모처럼 개체수를 불릴 기회를 맞은 해로운 갑충류甲蟲類가 이 나무 저 나무로 옮겨 다니며 병을 퍼뜨려 나무를 죽게 만들었다. 다양한 수종을 섞어 심었더라면 이런 일은 일어나지 않았을 것이다.

오늘날 해충 문제를 고찰하기 위해서는 지리학적 배경과 역사적 측면을 고려해야 한다. 수천 종의 각기 다른 유기체들이 원래 서식지를 떠나 새로운 영토로 팽창해 나가고 있다. 이런 세계적 이주에 관해서는 영국 생태학자인 찰스 엘턴Charles Elton의 저서 『침략의 생태학*The Ecology of Invasions*』에 자세히 설명되어 있다. 수억만 년 전 백악기에 이르러 바다는 각 대륙을 연결해 주던 육지 연결로를 끊어 버렸고, 생물체들은 엘턴이 말한 바와 같이 '자연이 마련한 거대한 격리'를 겪게 되었다. 같은 종의 생물체로부터 지리적으로 고립된 개체들은 전혀 새로운 종으로 변모해 갔다. 1,500만 년 전, 대륙들이 다시 연결되었을 때 이런 생물체들은 새로운 영토로 이주해 번성했는데, 이 과정은 지금도 계속 진행 중이며, 인간이 이 과정을 돕고 있다.

오늘날 생물종이 다른 영토로 퍼져나가는 데 가장 중요한 매개가 되는 것은 식물의 수입이다. 동물은 이런 식물을 따라 옮겨가게 마련인데, 검역이 실시된 것은 최근의 일이고 그나마도 완벽하게 이루어지지 않고 있다.

미국 식물 수입국은 전 세계로부터 20만 종의 식물을 들여왔다. 미국의 식물에 해를 입히는 곤충 180여 종 중 절반 정도는 이렇게 외국으로부터 우연히 들어온 것으로, 그 대부분은 식물을 수입할 때 무임승차해 미국으로 건너왔다고 볼 수 있다. 원래 살던 곳에서는 천적에 의해 적절하게 통제되던 식물이나 동물이 천적의 손길이 닿지 않는 새로운 영토에서는 그 수가 엄청나게 불어날 수 있다. 우리를 괴롭히는 해충 중 상당수가 외국으로부터 수입된 것이라는 사실은 단순히 우연한 일이 아니다.

자연적으로 발생한 것이든 인간의 조력에 힘입은 것이든, 이러한 침입은 앞으로도 계속될 것이다. 해충을 막기 위해 실행되는 검역과 농약 대량 살포는 단지 시간을 벌기 위해 비싼 비용을 지불하는 방법에 지나지 않는다. 우리가 사활을 걸어야 할 문제는 '단순히 한두 종의 식물이나 동물을 억제하는 것'이 아니라고 엘턴 박사는 주장한다. 그보다는 '자연계의 균형을 유지하고 병충해의 폭발적인 위력과 새로운 공격을 약화시킬 수 있도록' 생명체의 특성, 생명체와 환경의 상관관계에 대해 기본 지식을 갖추어야 한다는 것이다. 그런 지식을 이미 보유하고 있으면서도 우리는 별로 활용하지 않고 있다. 대학에서 양성된 생태학자들이 정부의 주요 기관들에서 일하고 있지만, 그들의 조언을 귀담아듣는 사람은 별로 없다. 아무런 대응책이 없다는 듯 우리는 화학물질이라는 죽음의 비를 수수방관하며 맞고 있다. 하지만 대안은 곳곳에 존재하며, 인간이 특유의 지적 능력을 발휘한다면 더 많은 해결책을 찾을 수 있을 것이다.

어떤 것이 옳은 지에 관해 구분할 수 있는 의지나 전망을 잃어버린 것일까? 사람들은 효용성도 떨어질 뿐 아니라 훨씬 해로운 수단을 어쩔 수 없다며 그저 받아들이고 있다. 이런 상황에 대해 생태학자인 폴 셰퍼드Paul Shepard는 다음과 같이 말한다.

> 지금의 환경오염은 우리가 물에 완전히 빠질 때까지 거의 몇 인치 정도만 남겨두고, 그저 머리만 간신히 내밀고 있는 상태에 다름 아니다. 사람들은 이런 상황을 이상적으로 생각하고 있는 듯하다. ……왜 우리는 유독물질이 들어있는 음식과 집 주위의 황량한 환경과 언제 해를 끼칠지 모르는 주위 사람들과 정신이상을 불러올 듯한 소음을 참고 살아야만 하는가? 치명적인 위험에서 아슬아슬하게 비껴서 있는 세상에서 살기 원하는 사람은 대체 누구인가?

하지만 실제로 이런 세상이 다가오고 있다. 많은 전문가와 방역기관들은 화학적 처리를 통해 벌레를 없애는 세상을 이룩하려는 성스러운 전투에 열광적으로 집착하고 있다. 살충제를 뿌리는 사람들이 무소불위無所不爲의 권력을 휘두르는 증거가 곳곳에서 발견된다. 코네티컷의 곤충학자인 닐리 터너Neely Turner는 "해충 박멸을 주장하는 곤충학자들은 검사와 판사, 배심원, 세금 사정인 및 징세관과 보안관 역할을 모두 도맡아 하며 자신의 명령에 따르라고 강요한다."라고 주장했다. 아무런 견제牽制도 받지 않은 채 주정부와 연방정부 차원에서 가장 극악한 권력 남용이 이루어지고 있는 것이다.

물론 나는 화학 살충제의 전면적인 금지를 주장하려는 것은 아니다. 내가 지적하고자 하는 것은, 독성이 있고 생물학적 문제를 일으킬 수 있는 잠재성을 가진 살충제가, 그 위험성을 제대로 알지 못하는 사람들의 손에 쥐어져 있다는 사실이다. 우리는 수많은 사람들이 이 독성물질을 다루도록 허락

했다. 그들로부터 어떤 동의도 받지 않고, 안전한 사용을 위해 필요한 지식을 알려주지 않은 채 말이다. 물론 개인이나 공공기관이 뿌리는 치명적 독성물질로부터 시민의 안전이 보장받아야 한다는 내용은 권리장전에 포함되어 있지 않다. 놀라운 지혜와 예지를 갖추었음에도 불구하고 우리 선조들은 이런 문제가 일어날 것이라고는 전혀 생각하지 않았을 것이다. 토양이나 물, 야생동물과 인간에게 이런 화학물질이 어떤 영향을 미치는지 관련 조사가 이루어지지 않았다는 점도 문제다. 우리 후손들은 생명체를 지지하고 있는 자연계의 존엄성에 관한 우리의 관심 부족을 용서하지 않을 것이다.

자연에 닥친 위험을 인식하는 사람은 극히 소수다. 전문가의 시대라고 하지만 각기 자신의 분야에서만 위험을 인식할 뿐, 그 문제들이 모두 적용되는 훨씬 더 광범위한 상황을 인식하지 못하거나 무시하고 있다. 공업화 시대라서 그런지 어떤 대가를 치르더라도 이윤을 올리기만 한다면 별다른 제한이 가해지지 않는다. 살충제 남용이 빚어낸 문제의 확실한 증거를 목격한 일반 시민들이 항의하면, 책임자들은 절반의 진실만이 담긴 보잘것없는 진정제를 처방하곤 한다. 우리는 이런 잘못된 위안을, 그대로 받아들일 수 없는 사실에 덧씌워진 달콤한 포장을 한시라도 빨리 제거해야 한다. 해충박멸업자들이 야기한 위험을 책임져야 하는 사람은 바로 일반 시민들이다. 지금과 같은 방제법을 계속 고집할 것인지, 우리가 결정을 내리려면 현재 벌어지는 상황과 진실을 제대로 알아야 한다. 진 로스탄드Jean Rostant는 이런 말을 했다.

"참아야 하는 것이 우리의 의무義務라면, 알아야 하는 것은 우리의 권리權利다."

레이첼 카슨, 김은령 옮김, 『침묵의 봄』, 에코리브르, 2002, 36~45쪽.

홉스봄, 『혁명의 시대』

제16장 1848년을 향하여 (부분)

요컨대 1840년대의 세계는 균형을 잃고 있었다. 과거 반세기 동안에 분출된 경제적·기술적·사회적 변화의 힘은 전례 없는 것이었으며, 아주 피상적인 관찰자라도 이것을 인정하지 않을 수 없었다. 한편 그러한 변화가 제도에 미친 영향은 아직 대수로운 것이 아니었다.

예를 들어 법률상의 노예제와 농노제는 (새로운 경제 체제의 손이 아직 미치지 않은 멀리 떨어진 지역에서 과거 유제遺制로 남는 경우를 제외하고) 조만간 불가피하게 소멸될 상황이었다. 그것은 영국이 영구한 유일 공업국가의 자리를 지킬 수 없는 것과 마찬가지였다. 강력한 부르주아가 형성되고 있는 모든 나라에서 지주적 귀족제와 절대군주제가 물러나야 한다는 것은 필연적인 일이었다. 이러한 사실은 그들이 신분과 세력, 더욱이 권력까지도 그대로 유지하기 위하여 발견해낸 정치적 타협이나 처방이 어떤 종류의 것이었든 간에 마찬가지였다. 게다가 프랑스혁명이 위대한 유산으로 대중에게 정치의식과 정치적 역할을 갖게 하였다는 사실은, 조만간 이들 대중에게 필연적으로 공식적인 정치적 역할을 허용할 수밖에 없었음을 의미했다. 그리고 1830년 이래 사회 변혁이 현저히 가속화되고 세계혁명운동이 부활하면서, 이러한 변화(그 정확한 제도적 성격이야 어떤 것이든)를 오래도록 지연시킬 수 없다는 것 역시 분명한 사실이었다.

1840년대 사람들에게 닥쳐오는 변혁을 인식시키는 데는 이것만으로 충분했을 것이다. 그러나 유럽 전역에서 널리 감지되고 있었던 것, 즉 사회혁명이 임박했다는 인식을 설명하기에는 충분치 않았다. 그러한 인식은 막대한 노력을 들여 그것을 표현했던 혁명가들에게만 국한된 것이 아니었으며, 지배 계급에게만 국한된 것도 아니었다. 사회 변혁의 시기에는 집단화된 빈민들에 대한 지배 계급의 억압이 반드시 표면화되게 마련이다. 빈민들 자신이 그것을 감지했다. 빈민들 가운데서도 교육을 받은 층은 그것을 말로 표현할 수 있었다. 1847년의 기근饑饉 당시 네덜란드를 거쳐가는 독일 이민들의 심정에 대해 암스테르담의 미국 영사領事는 다음과 같이 보고했다.

> 사정에 밝은 모든 사람들이 확신하는 바로는, 당면한 위기는 이 시대의 개개의 사건과 깊이 서로 얽혀 있었으며, 따라서 '그것'은 그들 생각으로는 조만간에 현상現象의 본질적 구조를 분해시키게 될 대혁명의 시작에 불과하다.

낡은 사회의 위기와 새로운 사회의 위기는 언제나 동시에 발생하는 것처럼 보인다. 1840년대를 돌이켜보고, 자본주의 최후의 위기가 임박했다고 예언한 사회주의자들이, 사실 혁명과 현실적 전망을 혼동한 몽상가였다고 생각하기 쉽다. 왜냐하면 사실 그 뒤에 온 것은 자본주의의 붕괴가 아니라 자본주의의 가장 급속하고도 거역하지 못할 확대와 승리의 시대였기 때문이다. 그러나 1830년대와 1840년대에는 새로운 경제가 그 어려움을 극복할 수 있거나 극복하게 되리라는 것이 분명히 눈에 보이지 않았으며, 오히려 날로 그 어려움이 더해 가는 것처럼 보였다. 즉 새로운 경제 체제가 한층 더 혁신적인 방법으로 대량의 상품을 생산하여 그 힘이 강해질수록 그 어려움도 그만큼 더 증대하는 것처럼 보였던 것이다. 이론가들 자신도 '정체상태停滯狀態', 즉 경제를 전진시키는 원동력이 정지한다는 전망에 사로잡혔다. 그들은 18세기의 이론가들이나 그 다음 시대의 이론가들과는 달리 그것을 그저 이론상의 예비적 전망으로 보기보다는 오히려 눈앞에 닥쳐온 일로 믿었다.

자본주의 경제의 투사들은 자본주의의 미래에 대하여 갈피를 못 잡고 있었다. 프랑스에서 후일 고급 금융업 및 중공업의 우두머리가 된 사람들(생시몽주의자들)은, 1830년대에는 산업사회의 승리를 달성하는 최선의 방법이 사회주의인가 자본주의인가에 대해 아직 마음을 정하지 못하고 있었다. 미국에서 산업주의적 팽창의 선각자로서 불후의 명성을 얻은 그릴리(Horace Greeley: "청년들이여, 서부로 가자"라는 말을 했다)와 같은 사람은 1840년대엔 단지 유토피아 사회주의의 지지자였다. 그들은 푸리에주의적인 '팔랑크스Phalanxes'의 가치, '키브츠'식 공동체의 가치를 처음으로 창도했는데, 그러한 가치란 오늘날 아메리카니즘에는 너무나 걸맞지 않는 것이었다.

사업가들 자신은 사생결단의 처지에 있었다. 브라이트John Bright와 같은 퀘이커 교도 사업가들과 랭커셔의 면공업가들이 가장 강력하게 확대되고 있던 산업 상황에서도 오직 관세를 억제하려는 목적 하나만으로 정치적인 공장폐쇄를 단행하여 나라를 혼란과 굶주림과 폭동으로 몰아넣으려고 했던 것을 돌이켜 보면, 이해할 수 없는 현상일 지도 모른다. 하지만 그 끔찍스러웠던 1841~1842년 시기에 산업의 계속적 확대를 가로막는 방해물이 당장 제거되지 않으면 단지 불편과 손실에 그치는 것이 아니라 모든 산업이 목졸려 죽게 된다고, 당시의 사려 깊은 자본가들이 생각했다고 해도, 전적으로 무리라고는 할 수 없다.

일반 대중에게는 문제가 한결 더 단순했다. 앞에서 살펴본 바와 같이 서부 및 중부 유럽의 대도시와 제조업 지역에서 그들의 처지는 필연적으로 그들을 사회혁명으로 몰아갔다. 당시의 부자나 세도가에 대한 증오와 보다 나은 세계에 대한 환상이 절망에 빠진 그들에게 사물을 보는 안목과 목적의식을 제공해 주었다. 그들에겐 조직적이고 집단적인 행동 능력이 힘이 되었다. 프랑스혁명으로 말미암은 일대 각성은 민중이 부정을 보고도 힘없이 참고만 있을 필요가 없다는 것을 그들에게 가르쳐 주었다.

> 국민은 이전에는 아무것도 몰랐다. 그리고 사람들은 국왕이 지상의 신이며 또한 국왕이 어떤 일을 해도 잘된 일이라고 말해야만 한다고 생각했다. 그러나 이젠 달라져서 사람들을 통치하기가 더 어려워졌다.

이것은 유럽에 출몰한 '공산주의의 도깨비', 즉 랭커셔나 북부 프랑스의 공장 소유자들뿐만 아니라 독일의 농촌 지역관료, 로마의 성직자, 이곳저곳의 교수 등등을 공포에 떨게 한 '프롤레타리아'의 공포였던 것이다. 이들이 무서워한 것은 당연했다. 왜냐하면 1848년의 처음 몇 달 동안에 일어난 혁명을 사회혁명이라고 일컫지 않은 것은, 사회 계급 전체를 동원한 혁명이 아니었다는 단 한 가지 이유 때문이었다. 그것은 문자 그대로 서부 및 중부 유럽의 여러 도시(특히 수도)에 존재하는 노동빈민의 봉기였다. 팔레르모에서 러시아의 국경 지방에 이르기까지 구체제를 무너뜨린 힘은 그들 노동빈민의 것이었고, 또한 거의 그들만의 것이었다. 솟아오른 먼지가 구체제의 폐허 위에 내려앉았을 때, 노동자들(프랑스에서는 사회주의 노동자들)이 빵과 일자리뿐만 아니라 새로운 국가와 사회를 요구하면서 그 폐허 위에 서 있는 것을 볼 수 있었다.

한편에서 노동빈민이 분기奮起하고 있을 동안, 다른 한편에서는 유럽 구체제의 약화와 퇴폐가 더욱 심해져서 부자와 세도가의 세계 내부에서도 위기가 증대했다. 이들 내부의 위기는 그 자체로는 대수로운 것이 아니었다. 만약 그런 위기들이 다른 때에 일어났다면, 다시 말해 지배 계급의 여러 층이 자신들의 대립 관계를 평화적으로 조정할 수 있는 제도 안에서 일어났다면, 혁명에까지 이르지는 않았을 것이다. 18세기 러시아의 궁궐 안에서 끊임없는 당파 싸움이 차리즘의 몰락을 가져오지 않았던 것과 마찬가지로 말이다.

예컨대 영국과 벨기에에서는 농업 이권자利權者들과 산업가들 사이에, 그리고 이들 각각의 상이한 층들 사이에 많은 갈등이 있었다. 그러나 그들은 다음과 같은 사실을 뚜렷이 알고 있었다. 즉 1830~1832년 사이의 변혁으로 인해 권력의 문제가 산업가에게 유리하게 결정되었다는 것, 그럼에도 불구하고 정치적인 현상 유지에는 혁명의 위험이 따른다는 것, 그리고 이 혁명은 어떠한 희생을 치르고서라도 피해야만 한다는 것 등이 그것이었다. 따라서 자유 무역을 주장하는 영국의 산업가와 농업 보호주의자 간의 곡물법을 둘러싼 격렬한 싸움은 차티스트 운동의 소란이 한창이던 때 치러졌고 결국 농업보호주의자들이 승리를 거둘 수 있었지만(1846), 이 싸움이 보통 선거권의 위협을 막으려는 지배 계급 전체의 단합을 위태롭게 하지는 않았던 것이다.

벨기에에서는 1847년의 선거에서 카톨릭파에 대해 자유주의파가 승리했기 때문에 산업가들은 잠재적인 혁명 대열에서 이탈했으며, 또 조심스런 판단 아래 단행된 1848년의 선거법 개정으로 유권자의 수가 두 배로 늘어남으로써 하층 중류 계급 중 주요 계층의 불만은 제거되었다. 벨기에, 그중에서도 플랑드르 지방은 현실적으로 당한 고통 면에서 보면 아일랜드 이외에 서부 유럽의 그 어느 나라보다도 생활 상태가 나빴지만, 1848년에는 아무런 혁명도 일어나지 않았다.

그러나 1815년 엄격한 절대주의 체제 하의 유럽에서는 아주 온건한 반대자들에게도 현상 유지냐 혁명이냐 외에는 다른 선택의 여지가 남아 있지 않았다. 그 정치 체제는 자유주의적인 것이든 무엇이든 모든 변혁을 막아내도록 짜여져 있었던 것이다. 그들은 아마도 스스로 반란을 일으키려 했던 것이 아니었을지도 모른다. 그러나 다른 누군가가 반란을 일으킨다면 돌이킬 수 없는 사회혁명이 되고 말 것이라는 것 이외에, 그들이 얻은 것은 아무것도 없었다. 1815년의 정치 체제는 조만간 소멸되어야만 했다.

그들 자신이 그것을 알고 있었다. "역사는 그들의 편이 아니다."라는 의식이 그들의 저항 의지를 약화시켰는가 하면, 또 그러한 '사실' 역시 똑같이 저항 의지를 약화시켰다. 1848년에는 혁명의 최초의 약한 한 가닥 바람—흔히 그것은 외국에서 일어난 혁명의 바람이었지만—으로도 그들은 쓰러져 버렸다. 그러나 만약에 그런 바람이나마 불지 않았더라면 소멸되지 않았을 것이다. 반대로 그런 나라의 비교적 대수롭지 않은 내부 알력—프로이센과 헝가리에서의 의회와 지배자들 간의 분쟁, 1846년의 '자유주의적인' 교황(즉 교황정치를 19세기에 몇 걸음 접근시키려고 갈망했던 사람)의 선출, 바바리아왕 첩妾의 앙심 등등—이 정치적인 대변동으로 치달았을 것이다.

이론상으로는 루이 필립 치하의 프랑스는 영국과 벨기에, 그리고 네덜란드인과 스칸디나비아인 같은 정치적 유연성을 갖추고 있어야 했다. 그러나 실제로는 그렇지 않았다. 왜냐하면 프랑스의 지배 계급(은행가, 금융업자, 소수의 대사업가)은 중류 계급이 지닌 이해관계의 일부분을 대표하는 데 불과했고, 더구나 그 지배 계급의 경제 정책은 여러 기득권을 가진 관련자들은 물론, 보다 활동적인 산업가들도 이를 분명히 싫어했기 때문이다. 그러나 1789년 대혁명의 기억이 개혁의 길을 가로막고 있는 데 불과했다. 즉 반대파는 불만을 품은 부르주아지만이 아니라 정치적으로 결정적인 역할을 하는 하층 중류 계급, 특히 파리의 하층 중류 계급(그들은 1846년의 제한선거에도 불구하고 정부에 반대 투표를 했다)으로 이루어져 있었기 때문이다. 선거권을 확대하면 잠재적인 자코뱅, 다시 말해 공식적으로 금지하지 않았다면 공화주의자가 되었을 급진주의자들을 끌어들이게 될지도 모를 일이었다.

그래서 루이 필립 왕정의 내무부장관이었던 역사가 기조Guizot, 1787~1874는 정치 체제의 사회적 기반 확대를 경제발전에 맡겨두는 편이 낫다고 생각했다. 경제발전은 정치권 안에 들어올 재산을 갖춘 시민의 수를 자연스럽게 증가시킬 것이기 때문이었다. 실제로 그렇게 되었다. 유권자 수는 1831년 16만 6,000명에서 1846년에는 24만 1,000명으로 증가했다. 그러나 그 증가는 충분하지 않았다.

자코뱅 공화국에 대한 공포 때문에 프랑스의 정치 구조는 여전히 경직된 상태에 머물렀고, 정치 전세는 더욱더 긴장되었다. 영국의 조건에서라면 프랑스의 반대파가 1847년에 시작한 것과 같은 만찬 후의 연설을 이용한 공개적인 정치투쟁은 전혀 무해無害했을 것이다. 그러나 프랑스적인 조건 아래에서 그것은 혁명의 서막이 되었다.

그 까닭은 유럽의 계급적인 정치가 겪었던 다른 여러 위기들과 마찬가지라는 점이다. 즉 정치적인 위기가 사회적인 파국, 즉 1840년대 중반부터 대륙을 휩쓸었던 대불황과 때를 같이하여 일어났기 때문이다. 농업의 작황作況, 특히 감자가 좋지 않았다. 아일랜드의 주민들, 그리고 그보다는 덜했지만 실레지아와 플랑드르의 주민 대부분이 굶주림에 시달렸다. 물가는 마구 뛰었고, 불황 때문에 실업자도 늘었다. 도시의 노동빈민 대중은 생활비가 치솟는 바로 그 순간에 알량한 밥벌이마저 잃게 된 것이다.

사정은 나라마다 달랐고 각 나라 안에서도 달랐다. 그리고 현존하는 정치 체제에는 천만다행으로 아일랜드인이나 플랑드르인과 같은, 아니면 몇몇 지방의 공장 노동자와 같은 가장 비참한 주민들이 정치적으로는 가장 미성숙한 계층에 속해 있었다. 예컨대 프랑스의 노르드 지방 면직공들은 절망적 상태의 원인이 정부나 고용주에 있는 것이 아니라 오히려 북부 프랑스로 쇄도해 들어온, 똑같은 처지의 벨기에 이민들 때문이라고 생각했다. 게다가 가장 공업화된 나라에서는 1840년대 중반의 대산업 붐과 철도 건설 붐으로 불만의 가장 날카로운 예봉銳鋒이 이미 꺾여 버린 뒤였다.

1846~1848년은 불경기였다. 그러나 1841~1842년만큼 나쁘지는 않았으며, 이 두 해는 눈에 띄는 번영의 상승 사면斜面에 갑자기 나타나는 급강하 국면에 불과했다. 그러나 서부 및 중부 유럽을 통틀어 말한다면, 1846~1848년 시기의 파국은 일반적인 것이었다. 언제나 겨우 입에 풀칠하면서 생계를 유지하는 수준에서 맴돌고 있는 처지였던 대중의 마음은 긴장되고 격앙되어 있었다.

유럽의 경제적인 일대 변동은 이렇듯 구체제 내부의 눈에 보이는 부식腐蝕작용과 때를 같이하여 일어났다. 1846년 갈리시아의 농민 봉기, 같은 해의 '자유주의적' 교황의 선출, 1847년 말 스위스에서 가톨릭과의 싸움에서 승리한 급진주의, 1848년 초 팔레르모에서 일어난 시칠리아 자치주의자들의 연쇄폭동 등과 같은 일련의 사건은, 단순히 풍향(여론)이 아니라 (앞으로 불어닥칠) 일대 강풍을 알리는 초기 돌풍이었다. 모두가 그것을 알고 있었다. 혁명이 이처럼 널리 어디서나 예견된 적은 일찍이 없었다. 다만 혁명이 일어날 나라들과 일어날 시점을 바로 알아맞히지 못했다는 것뿐이다.

대륙 전체가 이제는 혁명의 뉴스를 전신電信으로 거의 즉각적으로 도시에서 도시로 알릴 준비를 갖추고 대기했다. 1831년에 빅토르 위고는 이미 "혁명의 둔탁한 소리가 들려온다."라고 썼다. "이 혁명은 아직은 땅 속에 묻혀 있지만, 파리라는 광산의 중심 수직갱으로부터 그 지하 갱도를 유럽의 모든 왕국 밑으로 뻗치고 있다." 1847년에는 그 소리가 점점 커지고 가까워졌다. 그리고 1848년에 마침내 폭발했다.

에릭 홉스봄, 정도영·차명수 옮김, 『혁명의 시대』, 한길사, 1998, 549~556쪽.

장 자크 루소, 『사회계약론』

사회계약론

제1장 제1부의 주제

인간은 본래 자유인으로 태어났다. 그런데 그는 어디서나 쇠사슬에 묶여 있다. 어떤 사람은 자기를 다른 사람들의 지배자支配者로 믿기도 하는데, 실은 이 사람은 더 심한 노예奴隷가 되어 있다. 어떻게 이런 뒤바뀜이 생겨났는지 나는 모른다. 그렇다면 이것을 정당한 것으로 만드는 것은 무엇인가. 나는 이 물음에 답할 수 있다.

만약 내가 힘(폭력)과 그것에서 비롯되는 결과만을 고려한다면 나는 이렇게 답할 것이다. "한 국민이 복종僕從을 강요당하고 또 그대로 복종하는 한 그들은 잘하고 있다. 이 국민이 속박束縛에서 벗어날 힘을 갖게 되고 이내 그것을 떨쳐 버린다면 그들은 더 잘하는 것이다. 왜냐하면 국민은 자유를 빼앗긴 것과 똑같은 권리로 이것을 되찾는 것이므로 그들이 자유를 회복回復하는 것은 정당한 일이 되거나 아니면 애초에 그들에게서 자유를 빼앗아 간 것이 부당한 일이 되기 때문이다."라고.

사회질서는 다른 모든 질서의 기초가 되는 신성한 법이다. 반면 이 법은 자연에서 유래하는 것은 아니다. 이것은 계약契約에 의해 성립된다. 문제는 이 계약이 어떤 것인가를 알아보는 일이다. 이 문제에 들어가기 전에 나는 방금 이야기한 것을 입증立證해야만 한다.

제6장 사회계약에 관하여

나는 인간의 생존에 해로운 장애물들이 그 강력한 저항력으로 각 개인이 자연 상태에서 자신을 유지하기 위해 사용할 수 있는 힘을 능가해 버린 시점을 가정해 본다. 그렇게 되면 그 원시元始 상태는 더 이상 존속할 수 없게 되고 인류는 그의 존재양식을 바꾸지 않으면 멸망하고 말 것이다.

그런데 인간은 새로운 힘을 만들어낼 수는 없고 단지 기존의 힘을 통합하여 새로운 방향으로 운영할 수밖에 없으므로 인간이 생존하기 위해서는 단결하여 그러한 저항을 이겨내야 하며, 그것을 단 하나의 동기로써 여기 합심해서 행동하는 것 외에 다른 방법이 없다.

이 힘의 총화總和는 다수의 협력에서만 생겨날 수 있다. 그러나 개개인의 힘과 자유는 자신의 생존을 위한 기본적인 수단인 만큼 어떻게 해야 자신을 해치지 않고 또 자신을 돌볼 의무에 소홀함이 없이 그것들을 사용할 수 있겠는가? 이 난제는 나의 주제에 귀착시켜 보면 다음과 같이 표현될 수 있다.

"모든 공공의 힘으로부터 각 구성원의 신체와 재산을 방어하고 보호해 주는 한 연합의 형태, 그리고 이것에 의해 각 개인은 전체와 결합되어 자기 자신에게만 복종하고 이전과 마찬가지로 자유로울 수 있는 그런 연합의 형태를 발견할 것." 이것이 곧 사회계약이 답해야 할 근본 문제다.

이 계약 조항條項들은 그 성격상 엄격히 규정되어 있기 때문에 조금만 수정하더라도 공허한 것이 되고 효력을 잃을 것이다. 그러기에 이제껏 명문화되어 공포公布된 적은 한번도 없었지만 어디서나 동일하고 어디서나 암암리에 받아들여져 인정받았던 것이다. 이것은 사회협약이 파기됨으로써 각자가 최초의 권리로 되돌아가 계약상의 자유를 버리고, 그 때문에 포기했던 자연적 자유를 되찾을 때까지 계속되었다.

이 조항들을 잘 이해하면 모두가 하나의 조항으로 귀결된다. 즉, 구성원 각자가 전체 공동체에 모든 권리와 함께 자신을 전적으로 양도하는 것. 왜냐하면 각자가 자신을 전적으로 양도하게 되면 조건은 누구에게나 평등해지고 또 조건이 평등하면 누구도 타인의 조건을 과중하게 만드는 데 관심을 갖지 않을 것이기 때문이다.

게다가 이 양도는 전적인 것이므로 결합도 더할 수 없이 완전한 것이 되고 구성원은 누구나 더 이상 요구할 것이 없게 된다. 왜냐하면 개인에게 어떤 권리가 남아 있다면, 그들과 공중 사이에서 심판을 내려줄 공동의 상급자가 없는 마당에 각자가 어떤 점에서 자신의 심판자가 되고 또 그렇게 되면 급기야는 모든 사람들에게 스스로 심판자라고 주장하고 나설 것이므로, 그렇게 되면 자연의 상태는 여전히 존속할 것이고 또 연합체는 필연적으로 전제적인 것이 되거나 아니면 있으나마나 한 것이 되고 말 것이다.

각자는 자신을 전체에 양도함으로써 결국 아무에게도 양도하지 않는다. 그리고 구성원은 누구나 남에게 양도하는 자신에 대한 권리와 동일한 권리를 남에 대해 획득하므로, 결국 자기가 상실한 모든 것과 동일한 대가를 얻게 되고 자기가 소유하는 것을 보존하기에 더욱 큰 힘을 얻는다.

그러므로 사회협약에서 그 본질이 아닌 것을 제거해 버린다면 우리는 이 협약이 다음과 같은 말로 요약됨을 알 수 있다. "우리는 각자 자신의 신체와 모든 능력을 공동의 것으로 만들어 전체 의사la volonte generale의 최고 감독 하에 둔다. 그리고 우리는 각 성원을 전체와 불가분의 부분으로서 한 몸으로 받아들인다."

그 순간, 각 계약자의 개인적 인격은 사라지고 대신 이 결합 행위는 하나의 집합적인 법인체를 만든다. 총회의 투표 수와 동일한 수의 성원으로 조직된 이 단체는 바로 그 결합 행위로부터 자신의 통일성과 공동 '자아', 그리고 자신의 생명과 의사를 받는다. 이처럼 개인의 인격이 모두 결합되는 이 공적 인격을 이름하여 옛날에는 '도시국가Cite'라 불렀고, 지금은 '공화국Republique' 또는 '정치체corps Politique'라 부른다. 그리고 구성원들은 이것이 수동적일 때는 '국가', 능동적일 때는 '주권자'라 부르고, 그와 같은 류의 것들과 비교할 때는 '대국Puissance'이라 칭한다. 또 이러한 단체의 구성원은 집합적으로는 '국민'이라 불리고, 주권에 참여하는 개인이라는 뜻에서는 '시민Citoyens', 국가의 법률에 종속된다는 의미로는 '신민臣民'이라 불린다. 그러나 이 용어는 혼동되어 서로 뒤바뀌어 쓰이기가 일쑤다. 그러므로 우리는 이 말들을 정확한 용법에서는 어떻게 구별되는가를 알기만 하면 된다.

제7장 주권자에 관하여

이 형식을 통해 결사結社 행위는 전체[公]와 개인 사이의 쌍무계약雙務契約이라는 뜻을 내포한다. 또 각 개인으로 말하자면 자기 자신과도 계약을 맺고 있는 셈이므로 결국 이중으로 계약을 맺고 있다는 점을 알 수 있다. 즉, 주권자의 한 사람으로는 개인들에 대해, 그리고 국가의 구성원으로는 주권자에 대해 계약이행의 의무를 지는 것이다. 그러나 여기서는 누구도 자기 자신에게 한 약속을 지켜야 할 법적 의무는 없다는 민법상의 준칙을 적용할 수는 없다. 왜냐하면 자신에 대해 의무를 가지는 것과 자기가 속하는 전체에 대해 의무를 가지는 것 사이에는 커다란 차이가 있기 때문이다.

또한 지적할 것은, 신민은 누구나 두 개의 다른 관계에서 고찰되기 때문에, 공공의결公共議決은 전체 신민에게는 주권자에 대한 의무를 부과할 수는 있어도 그 반대 이유로 주권자에게 자기 자신에 대하여 의무를 부과할 수는 없으며, 또 주권자가 스스로 파기할 수 없는 법률을 자신에게 부과한다는 것은 결과적으로 정치체의 본질에 어긋난다는 점이다. 그러나 주권자는 오직 하나의 관계로만 고찰되는 만큼 이 때 그는 자기 자신과 계약을 맺는 한 개인의 경우와 같은 입장에 서게 된다. 그렇기 때문에 전체 국민에게 의무적으로 부과되는 어떤 종류의 기본법도 존재하지 않고 또 존재할 수 없다는 사실을 알 수 있다. 사회계약도 마찬가지다. 그렇다고 해서 이 계약에 위배되지 않는 일에 있어서 타자와 계약을 맺을 수 없다는 뜻은 아니다. 왜냐하면 외부와의 관계에 있어서 그는 단순한 하나의 존재, 한 개인이 되기 때문이다.

그러나 정치체 또는 주권자는 계약의 신성불가침이 인정될 때에만 그 존재가 성립되는 만큼 이 최초의 행위에 저촉되는 행위, 예컨대 자신의 일부를 양도한다든지 아니면 다른 주권자에게 복종한다든지 하는 행위는 비록 그것이 타자에 대해서일 지라도 절대 해서는 안 된다. 자신의 존재의 근원이 되는 계약을 파기하는 것은 자신을 무화無化시키는 것이며, 무無에서는 아무 것도 생산되지 않는다.

다수가 결합하여 이처럼 하나의 단체를 이루면 누구도 단체를 공격하기 전에는 한 사람의 구성원도 해칠 수 없다. 구성원의 분노를 사지 않고 그 단체를 공격하는 것은 더욱 불가능하다. 이처럼 의무와 이익은 계약 당사자인 쌍방 모두를 똑같이 서로 도울 수밖에 없게 만든다. 그래서 이 사람들은 이 이중의 관계 하에서 그것에 따르는 모든 이득을 거두어 모으려고 노력한다.

그런데 주권자는 실은 그것을 구성하는 개인들로 형성된 것이므로 그들의 이익에 상반되는 이익은 갖지도 않고 또 가질 수도 없다. 따라서 구성체가 구성원 모두를 해치려 든다는 것은 있을 수 없기 때문에, 그리고 또 그 누구도 개별적으로 해칠 수 없다는 것도 앞으로 알게 되겠지만, 주권은 국민에 대해 보증할 필요가 없다. 주권자는 그것이 존재한다는 사실 한 가지만으로도 항상 있어야 할 모습으로 존재한다.

그러나 주권자에 대한 신민들의 관계에서는 그렇지 않다. 이 경우에는 양자의 공동 이해관계에도 불구하고 주권자가 신민의 충성을 보장받을 방법을 발견하기 전에는, 신민이 그들의 계약을 지키리라는 하등의 보장도 없기 때문이다.

실제로 각 개인은 시민으로서 가지는 전체 의사에 상반되거나 그것과는 다른 개인 의사를 한 인간으로서 가질 수도 있다. 어떤 개인에게는 자신의 특수한 이익과 공동의 이익이 전혀 다르다고 생각될 수 있다. 본래 독립적이고 절대적인 그의 존재는 그에게, 공동이익에 대한 의무는 무상의 기여 행위라고 생각하게 할 수도 있다. 그리고 이 무보수의 기여 행위를 그만 둠으로써 타인이 받는 손해는, 그 때문에 자신이 가르치는 부담보다는 가볍다고 생각한다. 그리고 또, 국가를 구성하는 법적 주체를 그것이 실재하는 사람이 아니기에 관념적 존재로 보고, 이 사람이 신민의 의무는 수행하려 하지 않으면서 시민의 권리만을 향유하려고 할 수도 있다. 이런 불의한 행위가 발전하면 종래는 정치체의 파멸을 초래하고 말 것이다.

따라서 사회계약은 유명무실한 형식이 되지 않기 위해서, 전체 의사에 복종하기를 거부하는 자는 누구를 막론하고 전 단체가 그것에 따라야 한다는 약속을 암암리에 내포하고 있다. 우선 이 약속이 있어야만 다른 약속들도 효력이 발생할 수 있기 때문이다. 이것은 개인이 자유롭도록 강요한다는 것 외에 다른 의미가 없다. 왜냐하면 시민을 조국에 바침으로써 모든 개인적 종속으로부터 그를 보호하는 조건, 정치 조직의 기교(奇巧)와 운영의 묘를 이루고 유일하게 사회의 모든 계약을 정당화시키는 조건은 바로 그런 것이기 때문이다. 이 조건이 없다면 사회적 계약은 불합리하고 포악暴惡해지며 엄청난 폐단弊端을 일으킬 것이다.

제8장 시민 신분에 관하여

자연적 신분에서 시민 신분으로의 이행移行은 인간의 행위에 있어서 본능에 정의正義를 대치시키고 인간의 행동에 과거에는 없었던 도덕성을 부여함으로써 인간 안에 매우 주목할 만한 변화를 일으킨다. 의무의 소리가 육체적 충동의 뒤를 잇고 법이 욕망을 대신함으로써 그때까지는 자신만을 바라보던 사람도 이제는 다른 원리에 따라 행동하고 또 자기의 요구에 귀 기울이기 전에 자기의 이성理性과 의논하지 않을 수 없음을 알게 된다. 비록 이 상태에서 자연으로부터 얻은 여러 가지 이점을 상실한다 해도 그는 큰 이점을 새로 얻는다. 그의 능력은 단련되고 계발되며, 생각은 폭이 넓어지고, 감정은 고상高尙해지며, 또 영혼은 온통 고양되므로, 만약 이 새로운 신분을 남용하여 인간이 벗어난 이전의 상태 이하로 그를 타락시키지만 않는다면, 그는 자기를 그것에서 영원히 해방시켜 준 이 순간, 어리석고 무지한 일개 동물을 지적인 존재 그리고 한 인간으로 만들어 준 이 행복한 순간을 길이 축복해야만 할 것이다.

이 모든 득실의 대조를 비교하기 쉬운 말로 요약해 보자. 인간이 사회계약으로 상실하는 것은 자연적 자유와 마음이 끌리면 언제나 취할 수 있는 모든 것에 대한 무제한의 권리다. 그가 얻는 것은 사회적 자유와 그가 소유하는 모든 것에 대한 재산권이다. 이 득실의 대조에 있어 오류가 없으려면, 개인의 힘만이 한계를 이루는 자연적 자유와 전체 의사에 의해 제한받는 사회적 자유를 올바르게 분별해야 한다. 그리고 힘의 결과거나 먼저 점유한 자의 권리일 뿐인 소유와 확실한 명분 위에서만 성립되는 재산권과는 엄격히 구별되어야 한다.

이상 말한 것 외에도 시민 신분이 획득한 것으로는, 오직 그것에 의해서만 인간이 자신의 참된 주인이 될 수 있는 정신적 자유가 추가될 수 있다. 왜냐하면 단지 욕망의 충동만을 따르는 것은 노예적 굴종이고 스스로 만든 법을 좇는 것은 자유기 때문이다. 나는 이 문제에 대해 너무 많은 말을 했다. '자유'라는 말의 철학적 의미는 여기서 내가 다룰 주제는 아니다.

루소, 이환 옮김, 『사회계약론』, 서울대학교 출판부, 2004, 5~27쪽.

소포클레스, 『안티고네』

코로스장

저기 저것이 무슨 해괴한 환영이란 말인가?
내 어찌 보면서도 부인할 수가 있겠는가, 저 소녀가 안티고네가 아니라고?
아아 가엾도다, 가엾은 아버지 오이디푸스의 따님이여!
어떻게 된 일이오? 설마 그대가 왕의 법을 어기고 어리석은 짓을 하다가
붙잡혀 끌려오는 것은 아니겠지요!

(파수꾼이 안티고네를 데리고 등장한다.)

파수꾼

여기 이 여인이 범인입니다. 그를 매장하고 있을 때
우리가 붙잡았습니다. 크레온님께서는 어디 계십니까?

코로스장

때맞게 저기 집에서 다시 나오시는군.

크레온

무슨 일이오? 무슨 일에 내가 때맞게 왔다는 것이오?

파수꾼

나리, 인간들은 어떤 일이든지 결코 하지 않겠다고 맹세할 것이 아닙니다.

나중 생각이 처음 의도를 거짓말로 만드니까요.

나는 방금 나리의 심한 으름장에 주눅이 들어

다시는 이 곳에 서둘러 돌아오지 않겠다고 장담했습니다.

그러나 뜻밖의 기쁨은 그 크기에 있어 어떤 다른 행복도 능가하는 까닭에,

나는 오지 않겠다고 맹세했지만 돌아왔습니다.

장례를 치르다가 발각된 이 여인을 데리고 말입니다.

이번에는 제비도 던지지 않았습니다.

이번 행운은 내 것이고 다른 누구의 것도 아니니까요.

나리, 이제 몸소 이 여인을 잡고 실컷 묻고 심문하십시오.

그러나 나는 당연히 자유의 몸이 되어 이 번거로운 사건에서 완전히 벗어나도 되겠지요.

크레온

너는 여기 이 여인을 어떻게 어디서 붙잡아 왔느냐?

파수꾼

이 여인이 그를 묻고 있었습니다. 이젠 다 아셨겠지요.

크레온

알고 하는 말인가? 그 말이 사실인가?

파수꾼

묻지 못하게 하셨던 그 시신을 이 여인이 묻는 것을
내가 보았습니다. 이제 내 답변이 분명해졌습니까?

크레온

어떻게 발각되고, 어떻게 현장에서 붙잡혔느냐?

파수꾼

그 경위는 이러합니다. 우리는 나리에게서
그토록 심한 위협의 말씀을 듣게 되자, 그리로 가서
시신을 덮고 있던 먼지를 말끔히 쓸어 내고
썩어 가는 시신을 완전히 드러낸 다음,
그의 악취가 우리에게 불어오지 않도록
바람이 불어오는 쪽의 언덕 위에 앉았습니다.
그리고 우리는 서로 깨우며, 누가 맡은 바의 임무를
게을리하면 욕설로 위협하곤 했습니다.
그런 상태가 계속되었고, 마침내 밝고 둥근 해가
중천에 떠오르며 찌는 듯한 더위가 시작되었습니다.
그 때 갑자기 회오리바람이 땅에서 하늘의 재앙인 먼지바람을 일으키며
들판을 가득 채우고 들판에 있는 숲의 머리카락을
마구 헝클어뜨렸습니다. 넓은 하늘은 먼지바람으로 꽉 찼고,
우리는 눈을 감은 채 신께서 보내주신 고통을 참고 있었습니다.

그리고 한참 뒤에 바람이 지나갔을 때
이 소녀가 눈에 띄었는데, 마치 새끼들을 빼앗기고
빈 둥지만을 보게 되었을 때의 새처럼
날카로운 소리로 비통하게 울고 있었습니다.
꼭 그렇게 이 여인도 시신이 드러난 것을 보자
소리 높이 통곡했고, 그런 짓을 한 사람들에게
심한 저주의 말을 퍼붓고 있었습니다.
그러고는 즉시 두 손에 목마른 먼지를 가져오더니
잘 만든 청동 물항아리를 들어올려 시신 주위에 세 번 제주祭酒를 부었습니다.
우리는 그것을 보자마자 달려가서
즉시 붙잡았으나, 그녀는 조금도 놀라지 않았습니다.
그리고 우리가 먼젓번 일과 이번 일을 그녀의 소행이라고
꾸짖었으나 그녀는 조금도 부인하지 않았습니다.
그래서 나는 기쁘기도 하고 괴롭기도 합니다.
자신이 곤경에서 벗어났다는 것은 더없이
기쁜 일이지만, 친구들을 곤경에 빠뜨린다는 것은
괴로운 일이니까요. 그러나 이 모든 것들도
나에게는 내 자신의 안전만큼 중요하지는 않습니다.

크레온 (안티고네에게)

이번에는 거기 고개를 숙이고 있는 너에게 묻겠는데,
너는 네가 한 짓이라고 시인하느냐, 아니면 부인하느냐?

안티고네

내가 한 짓이라고 시인합니다. 부인하지 않겠습니다.

크레온 (파수꾼에게)

너는 무거운 혐의를 벗고 자유의 몸이 되었으니
어디든지 네가 원하는 곳으로 가도록 하라.

(파수꾼이 퇴장한다.)

(안티고네에게) 너는 장황하게 늘어놓지 말고 간단히 말하도록 하라.
너는 그렇게 하지 말라는 포고가 내려졌다는 것을 알고 있었느냐?

안티고네

알고 있었습니다. 공지사실인데 어찌 모를 리가 있겠습니까?

크레온

그런데도 너는 감히 법을 어겼단 말이냐?

안티고네

네. 그 포고를 나에게 알려 주신 이는 제우스가 아니었으며,
하계下界의 신들과 함께 사시는 정의의 여신께서도
사람들 사이에 그런 법을 세우시지는 않았기 때문이지요.
나는 또 그대의 명령이, 신들의 확고부동한 불문율不文律들을
죽게 마련인 한낱 인간이 무시할 수 있을 만큼,
강력하다고는 생각지 않았어요.
왜냐하면 그 불문율들은 어제 오늘에 생긴 것이 아니라

영원히 살아 있고, 어디서 왔는지 아무도 모르기 때문이지요.
나는 한 인간의 의지가 두려워서 그 불문율들을 어김으로써
신들 앞에서 벌을 받고 싶지가 않았어요.
나는 언젠가는 죽게 될 것이라는 것을 잘 알고 있었어요.
어찌 모르겠어요? 그대의 그 포고가 없었다 하더라도 말예요.
하나 내가 때가 되기도 전에 죽는다면, 나는 그것을 이득이라고
생각해요. 나처럼 수많은 불행 속에서 살아가는 사람이라면
어찌 죽음을 이득이라고 생각지 않겠어요?
그러니 내가 이런 운명을 맞는다는 것은 나에게는 조금도
고통스럽지 않아요. 그러나 내가 내 어머니의 아들이
묻히지 않은 시신으로 밖에 누워 있도록 내버려 두었더라면,
그것은 나에게 고통이 되었을 거예요. 하지만 이것은 나에게 조금도 고통스럽지 않아요.
그리고 만약 그대의 눈에 내 행동이 어리석어 보인다면,
나를 어리석다고 나무라는 자야말로 아마도 어리석은 자일 거예요.

코로스장

이 소녀는 자신이 성미 급한 아버지의 성미 급한 딸임을
보여 주는구려. 불행 앞에 굽힐 줄을 모르니 말이오.

크레온

잘 알아 두어라, 지나치게 완고한 마음이 가장 쉽게 꺾인다는 것을. 불에 지나치게 달군 가장 단단한 쇠가 가장 쉽게 부러지거나 부서지는 것을 너는 보지 못했느냐!

고집 센 말들도 짧은 고삐 하나로 길들인다는 것을
나는 알고 있다. 누구든지 이웃 사람의 노예라면,
자신이 잘났다고 생각하는 것은 어울리지 않는 일이다.
이 계집은 공표된 법령들을 어겼을 때
이미 반항에는 이골이 나 있었고,
저지르고 나서 자신의 소행임을 자랑하며
기뻐 날뛰는 것은 두 번째 반항이요.
정말이지 이제 나는 사내가 아니고 이 계집이 사내일 것이오.
이번 승리가 벌 받지 않고 그녀의 것으로 남는다면 말이오.
그러나 그녀가 내 누이의 딸이고 우리 집에서 제우스의 보호를 받는
그 누구보다도 나와는 가까운 핏줄이기는 하지만,
그녀와 그녀의 아우는 가장 비참한 운명을
피하지 못하리라. 그녀도 이번 장례의 음모에
똑같이 가담했다고 나는 고발하는 바이오.
그러니 그녀도 불러오도록 하라. 나는 방금 그녀가
안에서 정신을 못 차리고 미쳐 날뛰는 것을 보았다.

(한 시종이 안으로 들어간다.)

사람들이 어둠 속에서 옳지 못한 짓을 꾀하면
양심은 사전事前에 자신이 도둑임을 드러내는 법이지.
그러나 나쁜 짓을 하다가 붙잡힌 자가

그것을 미화하려고 들면 그 역시 가증스런 일이지.

안티고네

나를 붙잡아 죽이는 것보다 더 많은 것을 원하시나요?

크레온

아니다. 나로서는 그것만 가지면 다 갖는 셈이니까.

안티고네

그럼 왜 지체하세요? 그대의 말씀 가운데 나를
기쁘게 해 주는 것은 아무 것도 없고, 또 결코 없을 거예요.
마찬가지로 내가 드리는 말씀도 틀림없이 그대의 마음에 들지
않을 것예요. 하지만 나로서는 친오라버니를 무덤에
묻어 드리는 것보다 더 영광榮光스런 영광을 어디서 얻을 수 있겠어요?
여기 계신 분들도 모두 그것이 마음에 든다고 말할 거예요.
공포가 그 분들의 입을 봉하지 않는다면 말예요.
그러나 왕권에는 많은 혜택이 있게 마련인데,
마음대로 행하고 말할 수 있는 것도 그 중 하나지요.

크레온

테바이 인들 중에 너만이 그렇게 생각하고 있다.

안티고네

그들도 그렇게 보고 있어요. 그대 앞에서 입을 다물고 있을 뿐예요.

크레온

너는 그들과 달리 생각하는 것이 부끄럽지도 않느냐?

안티고네

자신의 혈육을 존중하는 것은 결코 수치스런 일이 아녜요.

크레온

그자와 맞서 싸우다가 전사한 분도 네 혈육이 아니더냐?

안티고네

같은 어머니와 같은 아버지에게서 태어난 혈육이지요.

크레온

그렇다면 너는 왜 그자에게 호의를 베풀어 그분을 모욕하느냐?

안티고네

돌아가신 분은 그렇다고 시인하지 않을 거예요.

크레온

네가 그 불경한 자를 그분과 똑같이 존중하는데도?

안티고네

돌아가신 분은 그분의 노예가 아니라, 형제예요.

크레온

그자는 이 나라를 유린하다가 죽었으나

그분은 이 나라의 수호자로서 전사戰死하지 않았느냐?

안티고네

아무튼 하데스는 이러한 의식儀式을 요구해요.

크레온

그래도 착한 이에게 나쁜 자와 같은 몫이 주어져서는 안 되지.

안티고네

그것이 하계下界에서는 신성한 규칙인지 누가 알아요?

크레온

적敵은 죽어서도 친구가 안 되는 법이다.

안티고네

나는 서로 미워하기 위해서가 아니라 서로 사랑하기 위해서 태어났어요.

크레온

사랑해야겠다면 하계로 내려가서 사자死者들을 사랑하려무나.

내가 살아 있는 한 여인이 나를 지배하지는 못할 것이다.

(이스메네가 집에서 끌려나온다.)

코로스장

보시오. 저기 이스메네가 문 밖으로 나오고 있구려.

자매의 정을 이기지 못해 눈물을 쏟으며.

이마 위에 깃들인 구름이

그녀의 발갛게 단 얼굴을 일그러뜨리며

비가 되어 고운 볼 위로 흘러내리는구려!

크레온

너는 독사처럼 내 집에 숨어들어 은밀히

내 피를 빨아먹었구나. 그런데도 나는 내 왕좌에 거역하도록

두 재앙을 기르고 있는 줄도 모르고 있었구나!

자, 말해 보아라. 너는 이번 장례에 가담했다고 시인하느냐,
아니면 전혀 모르는 일이라고 부인하겠느냐?

이스메네

언니만 동의하신다면, 나도 거기에 가담했으니
나도 함께 벌을 받겠어요.

안티고네

안 돼. 네가 그렇게 하는 것은 정의가 용납하지 않아.
너는 원치 않았고 나는 너를 참가시키지 않았으니까.

이스메네

그러나 지금은 언니가 곤경에 처하셨으니 나는 언니와 함께
고난의 바다를 항해하는 것이 부끄럽지 않아요.

안티고네

그것이 누구의 짓인지는 하데스와 사자死者들이 알고 계셔.
나는 말로 사랑하는 친구는 사랑하지 않아.

이스메네

언니, 나는 언니와 함께 죽어 고인을
공경할 수 없을 것이라고 나를 무시하지 마세요.

안티고네

너는 나와 함께 죽어서는 안 되며, 너와 무관한 것을
네 것으로 삼지 마라. 내 죽음으로 족해.

이스메네

언니가 안 계시면 내가 무슨 재미로 살아가요?

안티고네

크레온님께 물어 보아라. 너를 보살피는 일은 그분 몫이니까.

이스메네

왜 나를 괴롭히시는 거예요. 아무 도움도 안 될 텐데?

안티고네

너를 비웃어야 한다면 나도 괴로워.

이스메네

어떻게 내가 지금 언니를 도와 드릴 수 있을까요?

안티고네

너 자신이나 구하도록 해. 네가 벗어나도 나는 시기하지 않겠다.

이스메네

아아 가련한 내 신세여, 언니와 운명을 같이해서는 안 되다니!

안티고네

너는 살기를 택했고 나는 죽기를 택했지.

이스메네

하지만, 나도 할 말을 안 한 것은 아녜요.

안티고네 (손가락으로 주위와 아래를 가리키며)

너는 이분들에게, 나는 그분들에게 현명해 보였지.

이스메네

그래도 죄를 짓기는 우리 둘 다 마찬가지예요.

안티고네

안심해. 너는 살아 있어. 그러나 내 목숨은 죽은 지

이미 오래야. 내가 고인故人들을 섬기도록 말이야.

크레온

내 말하지만, 이 두 소녀 중 한 명은 방금 미쳤고,

다른 한 명은 날 때부터 미친 거야.

이스메네

나리, 타고난 총명도 불행을 당한 자와는

함께 하지 않고 떠나가는 법이지요.

크레온

네 경우에는 네가 못된 자들과 못된 짓을 꾀했을 때 그렇게 되었지.

이스메네

언니 없이 내가 혼자서 어떻게 살아가요?

크레온

'언니'란 말은 하지 마라. 언니는 더 이상 있지 않으니까.

이스메네

그대는 친아드님의 약혼녀를 정말로 죽일 작정이세요?

크레온

그가 씨를 뿌릴 밭은 그 밖에도 얼마든지 있다.

이스메네

그러나 그분과 언니 같이 서로 잘 맞는 경우는 일찍이 없었어요.

크레온

나는 아들에게 악처惡妻를 원치 않는다.

안티고네

오오 사랑하는 하이몬, 그대가 아버지에게 이런 모욕을 당하다니!

크레온

귀찮다, 너도 네 결혼도!

코로스장

정말로 아드님에게서 그녀를 빼앗을 작정이시오?

크레온

하데스가 이 결혼을 막을 것이오.

코로스장

그대는 그녀를 죽이기로 결심하신 것 같군요.

크레온

그대와 나를 위해서요. (시종들에게) 그러니 너희들 시종들은
더 이상 지체하지 말고 이들을 안으로 데려가도록 하라.
이 여인들은 단단히 묶어야 하고 풀어 놓아서는 안 된다.
대담한 자들도 죽음이 자신들의 목숨에
다가오는 것을 보게 되면 도망치려고 하는 법이니까.

(시종들이 소녀들을 안으로 데리고 들어간다.)

코로스 (두 번째 정립가)

좌 1

행복하도다, 평생 동안 고통을 맛보지 않은 자들은.
집이 한번 신에 의하여 흔들리게 되면
그에게는 재앙災殃이 그치지 않고 대대로 이어지기 때문이라.
마치 파도가 트라케 바람의
사나운 입김에 쫓겨
검은 심연深淵 위를 굴러가며
바닥에서 검은 모래를 파헤쳐 올리고
바람에 시달리는 해안들이
폭풍의 매질에 울부짖을 때와도 같이.

우 1

오래 전부터 랍다코스 가家에서는 죽은 자들의 슬픔에
또 다른 슬픔이 쌓이는 것을 나는 보고 있노라.
한 세대가 다른 세대를 구하지 못하고
어떤 신께서 그들을 허물어뜨리시니 이 가문에 구원은 없노라.
오이디푸스 가家의 마지막 뿌리 위에
비쳤던 희망希望의 빛마저
지하의 신들의 피 묻은 먼지와
어리석은 말과, 광란하는 마음에 의하여

베어져 넘어지는구나!

좌 2

제우스여, 어떤 인간의 위법違法이
그대의 힘을 제약할 수 있겠나이까?
모든 것을 제압하는 잠도,
신들의 지칠 줄 모르는 세월도 그대의 힘은
제압하지 못하나이다. 그대는
올림포스의 번쩍이는 광채 속에서 사시나이다.
가깝고 먼 미래에도
그리고 과거에도 이 법은
적용되리라. 인간들의 생활에 있어
과도한 것은 어떤 것도 재앙을 면치 못하리라.

우 2

멀리 방황하는 희망은
많은 사람들에게 위안이 되어도,
다른 많은 사람들에게는 허욕의 미끼라네.
그리하여 아무 영문도 모르고 있다가
뜨거운 불에 발을 데게 된다네.

누군가가 현명하게도

이런 유명한 말을 했었지.

신께서 그 마음을 재앙으로

인도하시는 자에게는 조만간

악도 선善으로 보인다고.

그러나 그는 가장 짧은 동안에만 재앙에서 자유로울 뿐이라네.

소포클레스, 천병희 옮김, 『소포클레스의 비극』, 단국대학교 출판부, 1998,
109~119쪽.(첫 번째 정립가 이후 두 번째 정립가 시작 부분)

채만식, 『탁류』

7. 천냥만냥千兩萬兩 (부분)

"이애야 초봉아?"

유씨는 음성이 정이 간곡하게 부르면서 잠깐 고개를 쳐들고 본다. 초봉이는 모친이 무슨 긴한 이야기가 있길래 음성까지 가다듬어 가지고 그러는고 해서 마주 고개를 쳐든다.

"…… 너도 벌써 나이가 스물한 살이니……."

유씨는 이윽고 이렇게 허두를 내놓고는, 그러고는 또 한참이나 잠잠하다가 비로소.

"…… 흰말[1]이 아니라, 우리가 고향에서 그래두 조석朝夕 걱정은 않구서 살던 그 때 같은 처지라면야 너를 나이 스물한 살이나 먹두룩 두어두었

1) 흰말: 흰소리. 터무니없이 떠벌리거나 희떱게 하는 말.

을 것이며, 또 너를 내놔서 그 푸달진 돈벌이를 시키느라고 오늘처럼 박제호 따위가 우리를 호락호락허게 보구서 그런 경우 빠진 짓을 하게 하긴들 했겠느냐?…… 그것이 다 집안이 치패[2]해서 궁하게 살자니까 범사가 모두 그 지경이로구나!"

유씨는 이렇게 시초를 잡아가지고, 넉넉 아마 삼십분 동안은 별별 잔사설을 다아 늘어놓더니, 급기야 그러하니 네 나이 한 나이라도 더 들기 전에 마땅한 혼처가 있으면 하루바삐 혼인을 해야겠다. 너의 부친과 앉아서 그 걱정을 하던 참이다 라고 겨우 장황스런 서론을 끝마친다.

마치고 나서는 또 한번 음성을, 이번에는 썩 의논성 있게 가다듬어.

"너 혹시 저 너머 한 참봉네 싸전집 말이다. 그 집에 기식하구 있는 고태수라는 사람, 저 아따, 저 00은행소 다닌다는 사람 말이다. 그 사람 더러 본 일 있느냐?"

유씨는 고개를 쳐들면서 말을 멈춘다.

초봉이는 고태수라는 이름을 듣자, 앗! 기어코 여기까지 바싹 들이대고 육박을 했구나! 하고 몸을 떨었다.

그 동안 초봉이는 고태수라는 사람의 독하고 세찬 정기가 미묘하게도 심장 속으로 뚫고 들어오는 것을 막으며 밀리며 실로 악전고투惡戰苦鬪를 해왔었다.

고태수라는 사람의 얼굴을 알아내고, 동시에 그가 이러저러한 속이 있다는 것을 알던 그날부터 초봉이의 가슴에는 저도 모르게 동요動搖가 시작

2) 치패: 致敗. 살림이 아주 안 좋게 패한 것.

되었다.

초봉이가 맨 처음 그날, 태수의 모습을 머릿속에 그려보다가 승재와 비교해서 승재가 그만 못하니까, 그것을 시기하여 태수한테 반감이 생긴 것, 그것이 벌써 심상치 않을 시초였던 것이다.

그 뒤로 늘 태수는 초봉이의 머릿속에 가서 승재의 옆에 가 차악 붙어서는 초봉이가 아무리 눈치를 해도 찰거미같이 떨어지지를 않았다.

초봉이는 승재를 자꾸만 추켜 앉히고 싸고 돌고 해도 그럴수록 태수는 자꾸만 더 드세게 파고들었다.

태수는 마치 색채色彩 강렬한 꽃이나 진한 향수처럼 초봉이의 신경을 자극시켰다. 초봉이는 눈이 아프고 콧속이 아려서 그 꽃을 안 보려고, 그 향내를 안 맡으려고 눈을 감고 고개를 두르고 했어도 끝끝내 큰 운명인 것처럼 그것이 피해지질 않았다.

피하재도 피해지지는 않고, 그게 안타깝다 못해 필경 제 마음이 울고 싶게 짜증만 났었다.

그러나 다만 한 가지. 이제 오래잖아 서울로 가는 날이면 그것도 활활 털어지고, 마음 가뜬하겠지, 이렇게 믿고 일변 안심을 했었다.

이렇듯 초봉이로서는 이 판이 말하자면 아슬아슬한 땅재주를 넘는 살판인데, 별안간 서울가자던 것이 와해가 돼 단지 서울을 가지 못하는 것 그것만 해도 큰 실망인데 우황 고태수라니!

마침내 승재를 갖다가 한편 구석으로 밀어젖히고 제가 어엿하게, 모친 유씨의 옹위까지 받아가면서 이마 앞으로 바로 다가선 그 고태수!

초봉이는 모친이 말을 묻는 것도 잊어버리고 저 혼자서, 시방 태수라는 사람이 던지는 그물에 옭혀매어 옴나위하지도 못하면서, 그러면서도 어느덧 방그레니 웃으면서 그한테 손을 내미는 제 자신을 바라보다가, 깜빡 정신이 들어 다시금 몸을 바르르 떤다.

"그 사람 말이, 너를 안다구, 그리구 너두 자기를 알 것이라구 그러더란다."

하면서 이야기를 또 내놓는데, 계봉이가 말허리를 꺾고 나서서 한마디 참견을 하느라고,

"으응, 그 사람?……. 나두 더러 봤지……. 그런데 사람이 어떻게 너무 말쑥한 것 같더라!"

"네깐 년이 무얼 안다구, 잠자쿠 있덜 않구서 오르르 나서? 주제넘게!"

유씨는 계봉이를 무섭게 잡도리를 해놓고서 다시 초봉이더러.

"그래, 느이 아버지두 그러시구, 또 내가 보기두 사람이 퍽 깨끗허구 똑똑해 뵈더라……. 나이는 올해 스물여섯이구, 서울서 아따 뭣이냐, 전문대학교專門大學校를 졸업했다구……?"

"어이구 어머니두!"

욕을 먹을값에. 계봉이는 제 낯이 따가워서 그대로 듣고 있을 수가 없던 것이다.

"전문대학교가 어디 있다우? 전문학교는 전문학교구 대학이문 대학이지."

"이년아, 그럼 더 높은 학꾠 게로구나!"

"어이구 참 볼 수 없네! 혼인婚姻허기두 전에 지레들 반해가지굴랑……. 난 고런 사내 얄밉더라! 뺀질뺀질한 거……."

"아, 저년이!"

유씨는 소리를 버럭 지르면서 당장 무슨 거조擧措를 낼 듯이 돋보기 너머로 계봉이를 흘겨본다. 행여 건드릴세라 사리고 조심하는 아픈 자리를 마치 들여다보는 듯 공짱나게 칼끝으로 쑤셔낸다구야, 이 당장 같아서는 자식이 아니라 원수요, 쳐죽이고 싶게 밉던 것이다.

초봉이는 종시 고개를 떨어뜨리고 있고 유씨는 계봉한테 흘기던 눈을 고쳐서 초봉이에게로 돌려 한번 힐끗 기색氣色을 살핀 뒤에, 죽 설명을 늘어놓는다.

"태수는 고향이 서울이요, 양반의 집 과부의 외아들이요, 재산은 천 석 추수나 하고, 지금 은행에 다니는 것은 장차 무슨 큰 경륜經綸이 있어 일을 배울 겸 그리하는 것이요, 결혼식은 이제 예배당이나 공회당에 가서 신식으루 할 테고 잔치는 돈을 많이 들여 요릿집에 가서 할 테고 우리 집이 가난해서 마음은 있어두 혼인할 엄두를 못 낸다니까, 그렇잖아도 혼인 비용을 전부 제네가 대줄 요량을 하고 있단다고 하고, 그러니 털어놓고 말이지, 시방 이 지경이 된 우리한테 당자가 그만큼 잘나고 집안이 좋고, 그밖에 여러 가지로 규격이 맞는 그런 혼처가 좀처럼 생기기가 어려운 노릇인데 그게 다아 연분緣分이라는 것이니라. 그래서 느이 아버지와 내가 잘 상의를 해보고 나서 이 혼인을 하기로 아주 작정을 했다. 그러니 너도 그렇게 알고 있거라. 느이 아버지는 너의 의향을 물어보라고 하시지만 너도 노상 그 사람을 모르는 배 아니니 물어보나마나 네 맘에도 들 것이다."

이렇게 유씨는 이야기를 마치고 잠긴 숨을 내쉬면서 고개를 들어 딸의 기색을 엿본다.

모친의 여러 가지 설명으로 해서 초봉이의 머릿속에 들어 있던 태수의 영상은 이제는 더할 나위도 없이 찬란해 가지고, 승재의 그렇잖아도 뒤로 밀려난 희미한 영상을 더욱 압박했다. 초봉이는 그것이 안타까워 몸부림을 치면서,

"나두 몰라요!"

고함쳐 포악이라도 하고 싶었다.

세 모녀가 잠시 말이 없이 잠잠하고 있다가 유씨가 다시 무슨 말을 하려고 하는데, 계봉이가 얼른 내달아 초봉이한테 의미있는 눈을 찌긋찌긋.

"언니 참 잘됐구려? 그만하문 오케이[OK]지, 무얼 생각하구 있어? 하하하……. 우리 언니가 인전 다네노코시[3]를 타게 됐단 말이지! 하하하."

웃어대면서 언중유언言中有言의 말로 짓궂게 놀려 주고 있다.

초봉이는 눈을 흘기다가 다시 고개를 숙이고 말이 없다.

"언니, 내일 아침버텀은 밥 내가 하께. 응? 헤헤……. 척 이렇게 서어비슬 해야 한단 말이야…… 그 대신 이제 언니 결혼結婚하구 나서 혹시 서울로 가게 되거들랑 나 공부 좀 시켜 주어야 해? 응?"

"……."

"아이, 왜 대답을 안 해?……. 난 많이두 바라지 않구, 자그마치 의학醫學 전문이나 약학藥學 전문 하나만 마쳐 주문 그만이야."

계봉이는 이 자리에서는 형을 놀리느라고 장난삼아 하는 말이지만, 그가 의학 전문이나 약학 전문을 다녀 한 개 버젓한 기술을 캐치하고 싶어하는 것은 노상 두고 하던 말이요 진정이었었다.

3) 다네노코시: 신혼차의 일본말.

"온…… 같잖은 년이!"

유씨가 계봉이를 타박을 하는 것이다.

"이년아, 네 따위가 공분 더해서 무얼하니? 사람 의젓잖은 것 공부시키기 공력功力만 아깝지!"

"어이구 어머니두……. 어머니 그래두 나두 언니 덕 좀 볼걸……. 아버지두 이제 부자 사위한테 단단히 덕 볼려문서……."

"저년의 주둥아리를……."

유씨는 고만 펄쩍 뛰면서 계봉이를 때릴 듯이 벼른다.

"안 그러께요 어머니! 다신 안 그러께요……. 그렇지만 어머니?……저 거시기 조사나 좀 해보았수?"

"아 이년아, 조사가 무슨 조사야?"

"그 사람이 부자요, 다아 양반이요, 그리구 어머니 말대루 전문대학교를 졸업하구, 그리구 또……."

"그년이 곤 달걀 지구 성 밑엔 못 가겠네.[4]"

"하하하하……. 그럼 언니가 곤 달걀 푼수밖에 안 되나?"

"저년을 그저……. 아 이 계집애년아, 느이 아버지하면 내면 다아 오죽 알아서 할라구, 네년이 나서서 건방지게 쏘옥쏙 참견을 하려들어?"

"네에, 다아 그러시다면야……. 나두 다아 언닐 생각해서 그런 거랍니다."

"이년아, 고양이 쥐 생각이라구나 해라!"

4) 곤 달걀 지구 성 밑엔 못 가겠네: 무슨 일에 지나치게 조심하고 걱정이 많은 사람을 일컫는 말. 곯은 달걀을 지고 성 밑을 지나다가 성이 무너져 달걀이 깨질까 걱정하는 뜻에서 온 말.

"네에, 언니가 아까는 곤 달걀이더니, 인전 또 쥐라!…… 오늘 저녁에 울 언니가 둔갑을 많이 하는군!"

"저년을! 네 요년……."

유씨는 얼러메면서 옆에 놓았던 침척針尺을 집어들고, 계봉이 얼른 날쌔게 마루로 해서 건넌방으로 달아난다.

"이년 인제 보아라. 등줄기에서 노린내가 나게시리 늑신 두들겨 줄 테니……. 사람 못된 년 같으니라구!"

유씨는 부화는 났어도 일변 계봉이가 건넌방으로 가고 없는 것이 다행했다. 그가 이제 마지막으로 초봉이한테 하려는 그 말은 '여우같은 그년' 계봉이가 있는 데서는 내놓기가 겁이 났었다. 보나 안보나 그 주둥아리에 또 무어라고 말참견을 해서 속을 상해 줄 테니까(……가 아니라 실상은 계봉이가 무서워서).

유씨는 부아를 삭이느라고 한동안 잠자코 바느질만 하다가 이윽고 목소리를 훨씬 보드랍게 이야기를 꺼내 놓는다.

"그리구 이건 말이야 아직 너한테까지 할 건 없지만 기왕 말이 난 길이니……. 그 사람이 이렇게 하기로 한다더라……. 혼수婚需 비용을 자기가 말끔 대서 하기두 하려니와, 또 우리가 이렇게 간구하게[5] 지낸다니까, 원 그래서야 어디 쓰겠냐구, 그럼 이제 혼사나 치르구 나서 자기가 돈을 몇 천 원이구(유씨는 몇 천원이라고 분명히 말했다) 대디리께시니, 느이 아버지더러 무어 점잖은 장사나 해보시란다구 그런다더구나!……. 그렇다구 너라

5) 간구하게: 艱苟. 가난하고 구차하게.

두 혹시 에미애비가 사우 덕에 호강을 할려구 딸자식을 부붕부둥 우겨서 부잣집으로 떠실어 보낼려구 하지나 않는고 싶어, 어찌 생각이 들는지는 모르겠다마는 어디 설마한들 백만금을 준다기루서니 당자 되는 사람이 흠이 있다든지, 또 꺼림칙한 구석이 있다면야 마른하늘에서 벼락이 내릴 일이지, 어쩌면 너를 그런 데루다가 이 에미애비가 보낼 생각인들 하겠느냐? 그저 첫째루는 너를 위해서 하는 혼인이요, 그래 네가 가서 고생이나 않구 호강으루 살기두 하려니와, 또 그 사람이 밑천이라두 대주어서 장사라두 하면 그게 그다지 나쁠 일이야 없지 않느냐?"

유씨는 바늘귀를 꿰는 체하고 잠깐 말을 멈추고 딸의 기색을 살핀다.

"글쎄 이애야!"

유씨는 다시 바늘을 놀리면서 음성은 별안간 처량하다.

"……너두 노상 그런 걱정을 하지만 느이 아버지 말이다……. 그게 허구 다니는 꼬락서니가 그게 사람꼴이더냐? 요전날 저녁에두 글쎄 두루마기 고름이 뜯어진 걸 다시 달아 달라구 내놓더구나! 아마 누구한테 멱살잽일 당한 눈치더라, 말은 안 해두…… 아이구 그 빈차리[6] 같이 뱃삭 야웨가지군 소 갈 데 말 갈 데 안 가는 데 없이 다니면서 할 짓 못할 짓 다아 하구, 그런 봉욕이나 당하구. 그러면서두 한 푼이라두 물어다가 어린 자식들 멕여 살리겠다구……. 휘유! 생각하면 애차럽구 눈물이 절루 난다!"

눈물이 난다는 유씨는 그냥 맹숭맹숭하고, 초봉이가 고개를 숙인 채 눈물이 좌르르 쏟아진다. 그것은 부친을 가엾어 하는 눈물이기도 할 것이

6) 빈차리: 가냘프고 허약한 사람.

다. 그러나 노상 그것만도 아니다.

그는 모친에게서 결혼을 하고 나면 태수가 장사 밑천으로 돈을 몇 천 원 대주어서 부친이 장사 같은 것을 하게 한다는 그 말을 듣고는 다시는 더 여부없이 태수한테로 뜻이 기울어져 버렸다.

그거야 태수가 미리서 마음을 동요動搖시킨 것이 없었다고 하더라도 그만한 조건이고 보면 필연코 응낙을 않던 못 할 초봉이다.

그러나 시방 초봉이는 제 마음의 한편 눈을 감고서라도 태수한테 뜻이 있어서가 아니요, 그 유리한 조건 그것 한 가지 때문이라고 해서나마, 안타까운 제 심정의 분열分裂을 짐짓 위로하고 싶으리만큼 일변으로는 승재한테 대하여 커다란 미련과 민망스러움이 간절했다.

그러나 가령 그렇듯 박절하게 옹색스런 회포를 꺼내지 않더라도 아무려나 아직까지는 그게 첫사랑의 싹이었던 걸로 해서 태수한테보다는 승재한테로 정은 기울어 있었던 게 사실이매 그만한 미련의 상심은 아무튼지 없지 못했을 것인데, 마침 겹쳐서 모친 유씨의 그 눈물만 못 흘리지 비극배우 여대치게 능청스런 세르프가 있어노니, 또한 비감의 거리가 족했던 것이요, 게다가 또다시 한 가지는 그러한 부친과 이러한 집안을 돕기 위하여 나는 나를 희생을 한다는 처녀다운 감격……이렇게나 모두 무엇인지 분간을 못 하게 뒤엉켜 가지고 눈물이라는 게 흘러내리던 것이다.

채만식, 『탁류』, 문학사상사, 2005, 169~177쪽.

톨스토이, 『예술이란 무엇인가』

제5장

그러면 모든 것을 혼란 속으로 몰아넣는 미美의 개념을 빼놓은 예술藝術이란 무엇일까? 미의 개념에 관계를 갖지 않는 가장 새롭고 가장 알기 쉬운 예술의 정의는 다음과 같은 것이 될 것이다. 실러, 다윈, 스펜서가 주장했던 것처럼 예술이란 이미 동물계에서도 볼 수 있는 성적性的 감정과 유희 충동에서 일어나는 작용으로, 그랜트 앨런의 말처럼 신경 에너지의 즐거운 흥분이 따르는 것을 의미할 때, 이는 생리학적·진화론적 정의라고 할 수 있다. 또 베롱이 주장했던 것처럼 예술이란 선, 색, 동작, 음향, 언어로써 인간이 경험하는 기분을 외부로 나타낸다고 할 경우, 이는 경험적 정의라고 하겠다. 아주 최근에 발표된 설리의 정의에 의하면 다음과 같다.

> 예술이란 어떤 영속적永續的인 대상이나 추이적推移的인 행위를 만들어 내는

일로서, 그 대상이나 행위는 이를 만들어 내는 자에게 생생한 기쁨을 줄 뿐만 아니라 그것을 보는 이나 듣는 이에게도 거기서 얻는 개인적 이익을 완전히 떠나서 즐거운 인상을 전달할 수 있는 것이다.

이들 정의는 미의 개념에 기초를 둔 형이상학적인 정의에 비한다면 우수하지만, 역시 정확한 것은 못 된다. 먼저 생리학적·진화론적 정의가 정확하지 않음은, 그것이 예술의 본질을 이루는 작용 그 자체에 관해 언급하지 않고 예술의 기원을 설명하고 있기 때문이다. 또 인체의 조직에 대한 생리학적 반응에 관한 정의가 옳지 않은 것은, 그 정의 속에 인간의 다른 여러 가지 작업을 더 많이 넣을 수도 있기 때문이다. 예를 들어 새로운 미학에서 아름다운 옷이나 쾌감을 주는 향료나 음식을 만드는 일을 예술로 꼽는 게 그것이다.

예술은 심적 상태의 표현이라고 보는 경험적 정의가 옳지 않은 것은, 인간이 선, 색, 음향, 언어 따위를 빌어 자기 기분을 나타냈음에도 불구하고 타인에게 영향을 주지 못할 경우, 그 나타냄 자체가 예술이 되지 못하기 때문이다.

다음으로 설리의 정의대로 창작하는 자에게 만족을 주고, 보거나 듣는 자에게 만족을 주고, 보거나 듣는 자에게 이익이 아니라 즐거운 인상을 주는 대상이 예술이라고 한다면, 예술이라고는 할 수 없는 마술이나 체조도 예술의 범주에 포함될 것이고, 이와는 반대로 시나 연극에 있어서의 어둡고 참혹한 장면과 같이 즐겁지 않은 인상을 주는 많은 대상도 의심할 나위 없이 예술 작품을 이룰 수가 있기 때문이다.

이러한 모든 정의의 부정확함은, 형이상학적 정의와 마찬가지로 예술의 목적이 거기서 향수享受하는 쾌락에 있다고 생각하고, 인간이나 인류 생활에서 예술의 사명使命을 도외시度外視하는 데서 오는 것이다.

예술을 정확하게 정의하기 위해서는 무엇보다도 먼저 이것을 쾌락의 수단으로 보는 것을 그치고 인간 생활의 조건 중 하나로서의 예술을 검토해 보아야 한다. 예술을 그렇게 검토할 경우 우리들은 예술이 사람들 상호간 교류 수단의 하나임을 인정하지 않을 수가 없다. 모든 예술 작품은 그것을 만든 사람과 감상하는 사람, 다시 말하면 과거·현재·미래를 통해 그 예술적 인상을 받는 모든 사람들로 하여금 교류하게 한다.

사상이나 경험을 전달하는 언어가 사람들을 결합하는 수단이 되는 것처럼, 예술도 그와 같은 작용을 한다. 다만 예술이라는 특수한 교류 수단이 말과 다른 점은, 말로는 어떤 한 사람이 자기 생각을 남에게 전달할 뿐이지만, 예술로는 많은 사람들이 서로 공감할 수 있다는 것이다.

예술 작업은, 인간이 귀나 눈으로 타인의 감정 표현을 접했을 때 그 감정을 나타내는 사람이 경험한 것과 동일한 감정을 경험하는 능력을 가지고 있다는 데 근거를 둔다. 가장 알기 쉬운 예로, 남이 웃으면 상대하는 자도 명랑해지고, 울면 이 울음소리를 듣는 자도 슬퍼진다. 울컥하든지 시무룩하든지 하면 상대방도 이를 보고 같은 상태가 된다. 동작이나 목소리의 울림으로 용기勇氣나 결단력決斷力 또는 외로움이나 의젓함을 나타내면, 이 기분은 상대방에게 옮아간다. 괴로움이 있을 때 신음 소리나 경련으로 고통을 나타내면 이 괴로움은 곧 상대방에게 옮겨간다. 또 어떤 사물 또는 인물이나 현상에 대한 환희, 존경, 공포의 마음을 나타내면, 이것이 다른 사람들에게도 전염되어 같은 사물이나 인물, 현상에 대하여 똑같은 감정을 보이게 된다. 진실로 예술 활동의 기초는, 인간이 남의 마음에 감염感染시킬 수 있는 능력을 지니고 있다는 점에 있다.

그러나 비록 사람이 어떤 감정을 경험하는 그 순간에 얼굴 표정이나 음성 따위로써 직접 한 사람이나 여러 사람에게 이를 감염시킨다 하더라도, 그러니까 자기가 하품이 나왔을 때 남도 하품을 하게 만든다든지 자기가 무슨 일로 웃음을 터뜨렸을 때 남을 웃긴다든지, 자기가 괴로울 때 남에게도 괴로움을 끼친다든지 하더라도, 이러한 사실만으로는 아직 예술이라고 말할 수 없다.

예술 활동은 사람이 자기가 경험한 감정을 타인에게 옮길 목적으로 재차 자기 속에 불러일으켜 일정한 외면적인 부호로 이를 표현할 때 비롯된다. 그러면 가장 간단한 예를 들어 보자. 가령 늑대를 만나서 공포를 경험한 소년이 있어 그 상황을 얘기한다고 하자. 그리고 타인에게도 자기가 경험한 느낌을 불러일으키고자, 늑대를 만나기 전의 자기 상태나 주위 형편, 숲, 상쾌한 기분, 이어서 거기에 나타난 늑대의 모양, 그 움직임, 자기와 늑대의 거리 따위를 묘사한다. 만일 소년이 얘기하는 사이에 이미 경험한 그 느낌을 다시 새로이 경험하고, 이를 듣는 이에게 감염시켜 얘기하는 소년이 경험한 일을 그들에게도 모두 경험시킨다고 하면, 이런 모든 것은 예술이다. 또 그 소년이 늑대를 본 적은 없지만 노상 이를 무서워했었다고 치고, 자신이 느끼던 공포감을 타인에게도 불러일으키고자 하여 늑대와 만난 것으로 이야기를 만들어내어 자기가 늑대를 상상할 때 느끼는 기분을 듣는 이에게 느낄 수 있도록 교묘하게 얘기했다고 하면, 그것도 역시 예술이다.

사람이 실제 또는 공상 속에서 고통의 두려움이나 쾌락의 매력을 경험, 캔버스나 대리석에 이 느낌을 표현하여 다른 이로 하여금 그 느낌에 감염되게 하였을 경우에도, 역시 예술이 된다. 또 사람이 명랑, 환희, 우수, 절망, 용맹, 권태 등을 느끼고, 다른 느낌으로 옮아가는 과정을 경험하든지 상상하든지 해서 그 느낌을 소리로 나타냈을 때, 듣는 이가 이에 감염되어 동일한 것을 경험한다고 하면, 이 역시 예술이 된다.

감정이 아무리 다양하더라도, 강하든 약하든, 대단한 것이든 하찮은 것이든, 나쁘든 좋든, 독자나 관중, 청중에게 감염시킬 수만 있다면 그것은 예술의 대상이 되는 것이다. 극劇에 의해 전달되는 자기희생의 정신이나 운명과 신神에 대한 인종忍從의 감정, 소설로 쓰인 연인들의 황홀감, 그림으로 그려진 육욕肉慾, 개선 행진곡으로 전달되는 웅장한 감동, 무용으로써 불러일으켜지는 명랑한 기분, 우스갯소리가 자아내는 해학의 맛, 저물녘의 풍경화나 자장가에 의해 전해지는 고요한 느낌, 이는 모두 예술이다.

관중이나 청중이 작가가 경험한 것과 같은 느낌에 감염되기만 하면 그것으로 예술이 되는 것이다. 일단 경험한 느낌을 자기 속에 불러일으킬 것, 그리고 동작, 선, 색, 음향, 언어의 형태로써 이 느낌을 타인도 경험할 수 있도록 표현할 것, 이것이 예술의 작업이다. 즉 예술이란 어떤 사람이 자기가 경험한 느낌을 의식적으로 외면적인 부호로써 타인에게 전하고, 타인은 이 느낌에 감염되어 이를 경험한다는 것으로서 성립되는 인간의 작업이다.

예술은 형이상학자들이 말하는 것처럼 미라든지 신이라든지 하는 어떤 신비적인 관념의 나타남도 아니고, 생리학적 미학자가 주장하는 것처럼 인간이 축적한 에너지의 여분을 발산시키는 유희도 아니다. 또한 외면적인 부호에 의한 감정의 발로도 아니고, 즐거운 대상을 만들어 내는 일도 아니며, 특히 쾌락 따위는 더더구나 아니다. 그것은 개개 인간 및 인류의 생활과 행복에의 발걸음에 없어서는 안 될 인간 상호 간의 교류 수단이요, 모든 사람을 동일한 감정으로 통일하는 수단이다.

모든 사람은 말로 표현된 사상을 이해할 수 있는 능력의 혜택으로 사상계에서 전 인류가 자기를 위해 해준 일을 모두 다 알 수 있고, 타인의 사상을 이해할 수 있는 능력 덕분에 타인의 활동에 참가할 수 있다. 또 자신도 이 능력을 소지한 덕택으로 타인에게서 얻은 사상이나 자기 자신 속에서 우러나온 사상을 동시대同時代 사람이나 후세 사람에게 전할 수가 있다. 이와 마찬가지로 사람은 예술에 의하여 타인의 감정에 감염될 수 있으므로 감정의 세계에서도 그 이전의 인류가 경험한 일을 모두 이해할 수가 있고, 동시대 사람들이 경험한 감정이나 천 년 전의 타인이 맛본 느낌을 알 수 있으며, 또한 자기의 느낌을 타인에게 전할 수도 있는 것이다.

만일 인간에게서 말로써 전해지는 옛날 사람들의 사상을 죄다 몰수해 버리거나 자기 사상을 타인에게 전달하는 능력을 없앤다면, 인간은 야수 아니면 카스페르 하우젤(Kasper Hauser, 말도 모르고 사람도 만난 적이 없는 기아棄兒와 마찬가지의 존재가 되었으리라. 그리고 만일 또 다른 인간의 능력—예술에 감염될 수 있다고 하는—이 없었다면, 인간은 더 야만스러워졌을 것이고 중구난방衆口難防으로 서로 원수 사이가 되어 버렸으리라. 그러므로 예술의 작용이라는 것은 매우 중요한 것이다. 그 중요함은 언어의 작용에도 필적할 만한 것이고 또 그만큼 보급되어 있기도 하다. 말이 설교나 예술이나 서적뿐만 아니라 우리가 자신들의 사상적 경험을 서로 전달하는 모든 이야기에 의하여 우리에게 작용하는 것처럼, 예술도 넓은 의미로는 우리의 모든 생활 속에 스며들어 있는데, 우리는 그 가운데 몇 가지 표현만을 좁은 의미로 한정해서 예술이라 부르고 있는 것이다.

우리는 책을 읽거나 연극, 음악회, 전람회에서 보고 듣고 하는 것만을, 그러니까 건축이나 조각, 시, 소설 따위만을 예술이라고 부른다. 그러나 이것들은 우리가 생활상에서 상호 교류하는 수단으로 사용하고 있는 예술의 극히 작은 부분에 지나지 않는다. 무릇 인간 생활은 자장가나 농담, 흉내, 주거住居, 의복, 가구류의 장식에서부터 교회의 의식이나 개선凱旋 행렬에 이르기까지 모든 종류의 예술 작품으로 충만해 있다. 이들은 어느 것이나 다 예술의 작업이다. 그러므로 우리가 좁은 의미로 예술이라고 부르는 것은 감정을 전달하는 인간의 작업 전부를 말함이 아니라, 이 작업 전체 가운데서 어떠한 이유를 달아 구별하고 특별한 의의를 부여하는 데 지나지 않는다.

모든 사람들이 이러한 특수한 의미로 줄곧 불러온 것은 그 작업 중에서도 인간의 종교적 의식意識에서 흘러나오는 감정을 전한 부분이었으며, 사람들은 예술 전체 중에서 이 작은 부분을 예술이라는 전체적 의미의 이름으로 불러온 것이다.

예술을 이런 식으로 본 것은 고대인들, 즉 소크라테스, 플라톤, 아리스토텔레스였다. 유대의 예언자나 초대初代 기독교도들도 예술을 그렇게 보았다. 마호메트 교도도 옛날부터 그렇게 생각하고 있었으며, 현대의 민중 속에서도 종교적인 사람들은 그런 식으로 이해하고 있다.

인류의 교사教師라고 부를 만한 사람들 가운데는 『국가편國家篇』을 쓴 플라톤, 초대 기독교도, 엄격한 마호메트교도, 불교도들처럼 모든 예술을 배척하는 예가 있다. 예술을 이런 식으로 보는 사람들은, 쾌락을 주기만 하면 어떤 예술이나 다 좋다고 하는 현대의 견해와는 반대다. 말하자면 그들은 예술이라는 것은 듣지 않아도 되는 말과는 달라서 사람들이 스스로 원하지 않는 경우에도 감염시킨다는 점에서 매우 위험한 것이라며, 뭐든지 다 허용하느니보다는 차라리 모든 예술을 추방해 버리는 쪽이 인류로서는 훨씬 손실이 적다고 생각해 왔으며 또 그렇게 생각하고 있다.

모든 예술을 배척한 이러한 사람들은 분명히 잘못된 것이다. 왜냐하면 그들은 부정否定하지 말아야 할 것—그것 없이는 인류가 생존하지 못하는 불가결한 교류 수단의 하나—을 부정했기 때문이다. 그러나 사람들에게 만족을 주기만 한다면 어떤 예술이라도 좋다고 하는 우리 유럽의 문명사회, 우리 친구들, 우리 시대 사람들도 이에 못지않게 잘못되어 있다.

이전에는 인간을 타락시키는 것이 예술의 대상 속에 들어오는 것을 두려워하여 예술 전체를 금지했다. 그런데 지금은 예술이 주는 쾌락을 하나라도 잃게 될까 걱정하여 온갖 예술을 보호하고 있다. 나는 후자의 과오過誤가 전자의 과오보다 훨씬 더 심하고, 그 결과도 훨씬 더 해롭다고 생각한다.

톨스토이, 이철 옮김, 『예술이란 무엇인가』, 범우사, 1999, 68~75쪽.